P.A.U.L. D. Oberstufe
Arbeitsheft

12/13 Bayern

Herausgegeben von:
Johannes Diekhans, Michael Fuchs
und Alexandra Wölke

Die Ausgabe für Bayern wurde erarbeitet von:
Thomas Epple, Mareike Hümmer-Fuhr,
Nicole Reed, Gerda Richter, Thomas Rudel

Mit Beiträgen von:
Peter Bekes, Marina Dahmen,
Johannes Diekhans, Wolfgang Fehr,
Katrin Jacobs, Martin Kottkamp,
Christine Mersiowsky, Achim Sigge,
Alexandra Wölke, Martin Zurwehme

Die Lösungen zu den Übungen befinden sich in der separaten Beilage.

Druck A[1] / Jahr 2024
Alle Drucke der Serie A sind inhaltlich unverändert.

Umschlaggestaltung: LIO Design GmbH, Braunschweig;
Fotos: iStockphoto.com, Calgary: blackwaterimages; DMEPhotography
Druck und Bindung: Westermann Druck GmbH, Georg-Westermann-Allee 66, 38104 Braunschweig

ISBN 978-3-14-**127878**-1

Inhaltsverzeichnis

Mit pragmatischen Texten umgehen

Einen argumentativen Sachtext analysieren (mit weiterführendem Schreibauftrag)

In Schulaufgaben und auch im Abitur begegnen Ihnen Aufgaben zur Analyse von pragmatischen Texten mit einem Zusatzauftrag. Eine Beispielaufgabe könnte so aussehen:

► **Aufgabenstellung**

1. Analysieren Sie den Text „Nein, Facebook ist nicht schuld am Mob“ von Alexander Armbruster. Berücksichtigen Sie dabei den Aufbau der Argumentation, die sprachlich-stilistische Gestaltung und die Intention.

2. Setzen Sie sich kritisch mit der Position des Autors zur Rolle der sozialen Medien beim Sturm auf das Kapitol am 6.1.2021 auseinander.

Wissen und Können

Bei der **Analyse eines argumentativen Sachtextes** geht es darum, den Leser und die Leserin sowohl über den Inhalt des Textes als auch über die **Art und Weise** zu informieren, wie der Verfasser bzw. die Verfasserin seinen oder ihren Standpunkt argumentativ und sprachlich stützt. Neben der inhaltlichen Analyse gewinnt also die **Formanalyse** an Bedeutung: Neben das **„Was“** (Was wird im Text ausgesagt?) tritt das **„Wie“** (Wie ist der Text gemacht?).

Alexander Armbruster

Nein, Facebook ist nicht schuld am Mob

Nach dem Sturm der Trump-Anhänger auf das Herz der amerikanischen Demokratie [6.1.2021] machen manche die sozialen Netzwerke hauptverantwortlich für diesen Wahnsinn. Das ist zu leicht.

Facebook und Twitter schalten Donald Trump vorübergehend stumm – und nehmen dem aus dem Amt scheidenden Präsidenten damit Kanäle, über die er jahrelang Anhänger animierte, anstachelte, aufhetzte, gegen Gegner im In- und Ausland austeilte oder Anleger aufschreckte in einem Ausmaß, das in der amerikanischen Geschichte bislang einmalig ist. Die Unternehmen begründen das mit ihren Regeln: Einerseits damit, dass die Integrität des Wahl-Prozesses gewährt bleiben muss, wozu auch zählt, dass der Kongress den Wahlsieg formal feststellt. Andererseits mit der Furcht vor fortgesetzter Gewalt.

Und sie haben nach Lage der Dinge Recht. Ja, zu funktionierenden Demokratien gehört, die eigene Meinung frei äußern zu dürfen, auch wenn sie vielen anderen nicht passt. Leichtfertig kann und darf niemand dieses grundlegende Recht einschränken.

Den privaten Internet-Unternehmen, auf deren Plattformen gegenwärtig ein großer Teil des gesellschaftlichen Diskurses nicht nur in Amerika stattfindet, ist traurigerweise allerdings keine andere Wahl geblieben. So, wie sich der Präsident vor und während der gewalttätigen Besetzung des Kapitols (mit Todesfolge!) mitteilte, mussten und müssen sie davon ausgehen, dass er wenig beitragen möchte, um dieses schändliche Verhalten einzudämmen.

Problem Personalisierung

Sind die Unternehmen für noch mehr verantwortlich? „Internetplattformen – FB, Instagram,

Google, YouTube, Twitter usw. – ermöglichten dies“, kommentierte etwa Roger McNamee, der zu den ersten Investoren in das wichtigste soziale Netzwerk der Welt zählte, dessen Führung jahrelang beriet, mittlerweile aber einer der bekanntesten Kritiker ist. Er führte weiter aus: „Sie verstärkten Hass, Desinformation und Verschwörungstheorien, weil es profitabel war. Sie sind Zubehör der Verbrechen, die wir auf unseren Fernsehern sehen ... und bei vielen anderen.“
Christopher Wylie, der das Gebaren der ehemaligen britischen IT-Unternehmung Cambridge Analytica[1] öffentlich machte, äußerte sich ähnlich. Er twitterte über die Trump-Anhänger: „Diese Menschen wurden alle auf Facebook radikalisiert. Diese Veranstaltung wurde auf Facebook organisiert.“
Sie bekommen viel Zuspruch. Gleichwohl sind die sozialen Netzwerke und Plattformen nicht die Ursache und auch nicht hauptverantwortlich für diese Ausschreitungen.
Natürlich können sich Menschen dort leicht und schnell organisieren, viel einfacher als ihnen dies in der Zeit vor dieser Technologie möglich war. Natürlich nutzen dies eben auch politisch extreme und zu Gewalt bereite Zeitgenossen, die dort viele Gleichgesinnte treffen und sich gegenseitig bestärken, mit Fakten und Fiktionen. Und mittlerweile ist auch belegbar, wie starke, algorithmusgetriebene Personalisierung die Öffentlichkeit verändern, fragmentieren und spalten kann.

Trump, Bannon und andere

Trotzdem macht sich zu leicht, wer nun schnell alle Schuld bei den Unternehmen sucht. Facebook, Twitter und YouTube haben in den vergangenen Jahren hohe Summen in Personal und Technologie gesteckt, um gegen Gewalt, Hass und Falschinformationen vorzugehen. Sie haben ihre ursprüngliche und zunehmend weniger begründbare Haltung längst geändert, für die Inhalte und ihre Mitglieder im Grunde gar nicht verantwortlich zu sein. Sie haben auch im Vorfeld der amerikanischen Präsidentschafts-Wahlen spezielle Maßnahmen ergriffen, etwa für Werbung oder dafür, dass jemand (Donald Trump) sich fälschlicherweise vorzeitig zum Sieger erklärt oder mit nicht belegbaren Vorwürfen das Wahlergebnis anzweifelt.
Trefflich streiten lässt sich, ob das genug war. Oder ob gerade der Facebook-Gründer Mark Zuckerberg zu sehr hin und her lavierte, der sich zumal aus Sicht seiner Kritiker zu sehr nach Trumps Wünschen richtete und zu sehr die Nähe des Präsidenten suchte – wenngleich dabei auch zu berücksichtigen ist, dass ein Konzern-Vorstandsvorsitzender naturgemäß einen ergiebigen Umgang mit der gewählten Regierung suchen muss, weil er das eigene Geschäft nicht leichtfertig gefährden darf.
Hauptverantwortlich für das schlimme gesellschaftliche Klima in Amerika und anderswo sind dennoch in erster Linie diejenigen, die dies aktiv und ganz bewusst herbeiführ(t)en. Dazu zählten in den vergangenen Jahren Präsident Donald Trump selbst, sein früherer Berater Steve Bannon, übrigens auch die ranghohen Republikaner im Kongress, die bis zuletzt mitzogen und dem (auch aus Angst) nahezu nichts entgegensetzten, sondern wegsahen, weil sie mit Trump beispielsweise in einem Konjunktur-Boom eine ökonomisch fragwürdige schuldenfinanzierte Steuersenkung auf den Weg bringen konnten.
Die privatwirtschaftlichen sozialen Netzwerke können sich aufgrund der einmaligen Infrastruktur, die sie bereitstellen, nicht heraushalten aus Fragen, wie die demokratische Meinungsbildung und der öffentliche Diskurs ablaufen. Allein und zuallererst verantwortlich dafür, dass im Jahr 2016 und nun wieder zig Millionen Amerikanerinnen und Amerikaner Donald Trump wählten, das sind sie jedoch nicht. Und auch nicht für den Sturm auf das Kapitol. Zu glauben, die Anhänger Trumps hätten sich ohne Facebook oder Twitter nicht organisieren können, ist schlicht naiv. Mark Zuckerberg, Twitter-Chef Jack Dorsey oder Google-Chef Sundar Pichai sind nicht schuld daran, dass seit vielen Jahren unzählige Amerikaner sich abgehängt fühlen, wirtschaftlich zurückbleiben, für sich und ihre Kinder keine Perspektiven sehen, mit mäßigen Schulen, mangelhaftem Gesundheitsschutz oder wenig Auskommen im Alter leben müssen. Und das zu ändern, ist ebenfalls nicht ihre Aufgabe.

FAZ.NET *(2021)*

[1] Dem Unternehmen Cambridge Analytica wurde vorgeworfen, dass es – vermeintlich aus wissenschaftlichem Interesse – im amerikanischen Wahljahr 2016 auf Daten von mehr als 87 Millionen Facebook-Nutzern/-Nutzerinnen zugegriffen habe, um zielgerichtete und manipulative Botschaften an diese zu versenden und so zu erreichen, dass sie mit ihrer Wahlentscheidung Donald Trump ins Präsidentenamt heben würden.

Wissen und Können

Um den **Aufbau und die Argumentationsstruktur eines Sachtextes zu untersuchen**, ist es sinnvoll, in einem ersten Schritt zunächst einmal zu klären, worum es **inhaltlich** geht. Dazu kann es notwendig sein, sich dem Text anzunähern, indem man beispielsweise unbekannte Begriffe nachschlägt oder erste Gedanken zum Text notiert. In einem zweiten Schritt sollten die Informationen der einzelnen Textabschnitte knapp mit eigenen Worten wiedergegeben werden, um so den Inhalt des Textes zu erschließen.

1. Lesen Sie den vorliegenden Sachtext von Alexander Armbruster zunächst einmal, um einen ersten Überblick zu gewinnen. Markieren Sie dann die Begriffe, die Ihnen unbekannt sind. Vermerken Sie zu Textpassagen, die Sie nicht verstehen, ein Fragezeichen am Rand und zu Aussagen, die Sie besonders wichtig finden, ein Ausrufezeichen. Ratsam ist es, nicht zu viel zu markieren.

2. Beantworten Sie die folgenden Fragen, um sich dem Inhalt des Textes anzunähern.

a) Was ist der konkrete politische Anlass für das Schreiben des Textes?

____

b) Um welche Streitfrage geht es? Formulieren Sie diese in einem Fragesatz.

____

3. Erarbeiten Sie den Aufbau des Textes, indem Sie die folgenden Überschriften gemäß ihrer Reihenfolge sortieren, entsprechende Zeilenangaben ergänzen und einer der folgenden Funktionen zuordnen: Einleitung: Anlass der Streitfrage, Nennung der These, Argumentation unter Entfaltung der Antithese, Schluss und Fazit.

Das Handeln republikanischer Politiker im Vergleich zu den Verantwortlichen großer sozialer Medienplattformen, Z. ______ – ______

Funktion: ______________________________

Die Rolle und Macht der sozialen Medien, Z. ______ – ______

Funktion: ______________________________

Soziale Missstände und finanzielle Probleme vieler amerikanischer Bürger, Z. ______ – ______

Funktion: ______________________________

Der Sturm auf das Kapitol und die Reaktion der sozialen Medien, Z. ______ – ______

Funktion: ______________________________

4. Wählen Sie aus, welche Aussage(n) zu Ihrem Verständnis des Textes passt (passen). Sie können auch einen eigenen Verstehensentwurf in Ihrem Heft formulieren.

- ☐ Der Verfasser möchte Internetfirmen, insbesondere soziale Netzwerke, an ihre Verpflichtung erinnern, für die von ihnen publizierten Inhalte Verantwortung zu übernehmen.
- ☐ Der Verfasser tut seine Auffassung kund, dass die Schuld an der Erstürmung des Kapitols durch radikale Trump-Unterstützer in der sozialen Not der Menschen begründet liegt.
- ☐ Es geht in dem Text um den Versuch, die sozialen Medien wie Facebook und Twitter von einer einseitigen Schuldzuweisung für die Erstürmung des Kapitols durch Trump-Unterstützer loszusprechen, und um den Appell, die Schuldfrage differenzierter zu beantworten.
- ☐ Es geht in dem Text um die Merkmale und Ausprägungen sozialer Medien und um deren Auswirkungen auf die amerikanische Gesellschaft.
- ☐ Der Verfasser vertritt in seinem Text die Auffassung, dass die Schuld für die Erstürmung des Kapitols bei den republikanischen Politikern und nicht bei den sozialen Netzwerken zu suchen ist.

5. Formulieren Sie in wenigen Sätzen, was in den Abschnitten jeweils inhaltlich ausgesagt wird. Schreiben Sie in eine weitere Spalte der Tabelle, welche Personen jeweils genannt werden.

	Inhalt	**genannte Personen**
Einleitung		
1. Abschnitt		
2. Abschnitt		
Schluss		

6. Aus den Arbeitsergebnissen der Aufgabe 5 ist bereits deutlich geworden, dass der Verfasser dieses Textes dialektisch bzw. antithetisch argumentiert. Das heißt, es wird sowohl eine These als auch die Antithese genannt und in die Argumentation einbezogen. Halten Sie in eigenen Worten die These und die Antithese fest.

These: ______________________________

Antithese: ______________________________

____

Wissen und Können

In einem nächsten Schritt geht es darum, den **Argumentationsgang zu analysieren**, also das **„Wie“** des Textes zu erschließen. Dazu gehört es auch, die **sprachliche und formale Gestaltung** des Sachtextes zu untersuchen. In **sprachlicher Hinsicht** können Sie z. B. auf den Wortschatz, den Satzbau oder die Nutzung rhetorischer Mittel achten. Mit Blick auf die **formale Gestaltung** untersuchen und beschreiben Sie zunächst den **Aufbau der Argumentation** sowie die **Art der verwendeten Argumente**. Man unterscheidet folgende **Argumenttypen: Faktenargument** (überprüfbare wissenschaftliche Fakten), **normatives Argument** (allgemein anerkannte Regeln/Werte), **Autoritätsargument** (Aussagen von Expertinnen/Experten), **analogisierendes Argument** (Vergleich), indirektes Argument (Entkräftung eines Gegenarguments), **Plausibilitätsargument** (besonders nachvollziehbare Aussage aufgrund einer logischen Schlussfolgerung). Wichtig ist, dass Sie die **Bedeutung und Wirkung der Gestaltungsmittel im Zusammenhang** mit dem Sachtext klären.

7. Im Zentrum der Argumentation steht die Frage, welche Rolle die sozialen Medien in der Diskussion um die Schuld an dem Sturm auf das Kapitol am 6.1.2021 spielen. Hierbei wird mit Eigenschaften dieser Medien argumentiert und die Frage gestellt, welche Verantwortung sie übernehmen (müssen) und wofür sie andererseits auch nicht verantwortlich gemacht werden können. Untersuchen Sie zunächst, welche Aussagen im Text hierüber gemacht werden, und halten Sie die Ergebnisse in folgender Tabelle fest.

Eigenschaften der sozialen Medien, die für die Diskussion um die Schuldfrage wichtig sind	Wofür müssen soziale Medien Verantwortung übernehmen? Was tun sie bereits?	Wofür sind soziale Medien nicht verantwortlich?

8. Um die eigene Position zu entfalten, greift der Autor auf die **gegnerische Position** zurück. Untersuchen Sie, in welcher Weise dies argumentativ und rhetorisch geschieht, indem Sie die Tabelle auf der nächsten Seite ausfüllen.

Zitate, Textpassagen	Rhetorisches Mittel bzw. Strategie	Wirkung/Ziel
„Sind die Unternehmen für noch mehr verantwortlich?“ (Z. 20)		
„Natürlich können sich Menschen […]. Natürlich […]“ (Z. 32 ff.)		
„Fakten und Fiktionen“ (Z. 35) „Problem Personalisierung“ (Z. 19)		
Autoritäten der Gegenseite: __________ __________ (Z. 21 ff.)	Autoritätsargument (Berufung auf eine/n Autorität/Experten)	
Aussagen der Gegenseite, denen zugestimmt wird: __________ __________ __________ __________ __________ __________ (Z. 32 ff.)	Zustimmung zu einzelnen Aussagen der Gegenseite i. S. einer Einräumung	

9. Untersuchen Sie nun, auf welche Weise der Verfasser die eigene Position entfaltet, indem Sie die Argumente untersuchen. Zeigen Sie dabei auch auf, inwiefern an der Person und dem Verhalten Marc Zuckerbergs ein abwägendes Urteil entfaltet wird.

Marc Zuckerbergs Verhalten:

Einerseits __________

____

Andererseits __________

____

Argument 1: Schuld an dem Sturm auf das Kapitol ist __________,

weil __________

____

____

Argument 2: Schuld an dem Sturm auf das Kapitol sind außerdem diejenigen, die __________

____

__________,

weil __________

____

Ein weiteres Argument dafür, dass die sozialen Medien nicht hauptverantwortlich sind, lautet: __________

____

__________.

Ein sehr wichtiges neues Argument greift der Verfasser erst im letzten Satz auf, nämlich die Aussage, wonach __________

____

__________.

Wissen und Können

Bei dem Schreibformat „Analyse eines pragmatischen Textes mit weiterführender Aufgabe“ handelt es sich um eine Aufgabe, die aus zwei Teilen besteht. Das Ziel ist, dass Sie sich intensiv und kritisch mit einem pragmatischen Text auseinandersetzen.

- **Einleitung:** Nach einem **hinführenden Gedanken** informieren Sie über die **wichtigsten Textdaten** (Autor/Autorin, Titel, Textart, Quelle und Erscheinungsjahr) und machen Angaben zu **Inhalt und Thema** des Textes (Worum geht es? Was wird dargestellt?). Anschließend formulieren Sie Ihren **Verstehensentwurf**.
- **Hauptteil:** Ziel ist hier, den **Verstehensentwurf** durch genaue Analyse zu prüfen und zu belegen. Er dient als roter Faden für die Analyse. In dieser beschreiben Sie den Text in seinen Kernaussagen und seiner Intention und analysieren Aufbau und Argumentationsstruktur. Auch die sprachlich-formale Gestaltung, die den Stil prägt, wird einbezogen, da sie wesentlich zur Wirkung und Überzeugungskraft des Textes im Hinblick auf den Adressatenkreis beiträgt. Bei der Gliederung der Analyse bleibt es Ihnen überlassen, ob Sie zunächst den Inhalt zusammenfassen und dann die Analyse vornehmen oder ob Sie beides vermengen. Sie belegen Ihre Arbeitsergebnisse stets am Text.
- Nach einer **Überleitung** beschäftigen Sie sich im anschließenden Teil mit der in **Aufgabe 2** geforderten Stellungnahme. Dabei setzen Sie sich kritisch und logisch nachvollziehbar mit der Position des Autors / der Autorin auseinander. Diese Stellungnahme kann zum ganzen Text oder zu einem bestimmten Zitat erfolgen. Sie können eigene Beispiele, Belege und Erläuterungen für oder wider die Argumente formulieren.

Folgende Formulierungen können bei der Analyse des Argumentationsganges im Hauptteil hilfreich sein:
Der Autor/die Autorin ...

- informiert darüber, dass ...
- vertritt die These/stellt die Behauptung auf, dass ...
- verdeutlicht seine/ihre These, indem ...
- gibt ein Beispiel/einen Beleg, um ... zu ...
- nutzt hier ein Faktenargument, um zu zeigen, dass ...
- verwendet als sprachliche Mittel ..., um ... zu verdeutlichen, dass ...
- belegt seine/ihre Position mithilfe von ...
- fasst abschließend zusammen ...

- Im **Schlussteil** ziehen Sie ein zusammenfassendes Fazit und gelangen zu einer Schlussfolgerung. Sie können auch einen Ausblick auf verwandte Themen werfen oder zukünftige Entwicklungen aufzeigen.

10. Formulieren Sie die Einleitung einer Analyse eines pragmatischen Textes auf der Grundlage Ihrer bisherigen Arbeit, indem Sie die ausgelassenen Textstellen ergänzen. Ergänzen Sie dabei zu Beginn einen hinführenden Gedanken.

... In dem Kommentar „Nein, Facebook ist nicht schuld am Mob“ von Alexander Armbruster aus dem Jahre 2021, der am 7.1.2021 auf dem Onlineportal der Frankfurter Allgemeinen Zeitung (FAZ) veröffentlicht wurde, geht es um die Frage, ...
Diese Frage verneint der Verfasser bereits in der Überschrift, was im Folgenden begründet wird. Es handelt sich bei dem Text um einen kommentierenden Beitrag zu tagespolitischen Ereignissen, welcher das Ziel verfolgt, ...

11. Setzen Sie auf der Grundlage Ihrer bisherigen Arbeit am Text den hier vorgegebenen Anfang des Hauptteils der Analyse eines pragmatischen Textes fort.

Im ersten Textabschnitt wird der Leser bzw. die Leserin direkt mit der These der Gegenseite, wonach die sozialen Netzwerke hauptverantwortlich für den Sturm auf das Kapitol durch eine Menge fanatisierter Anhänger von Donald Trump seien, konfrontiert. Dass der Verfasser diese Taten verurteilt, wird sogleich deutlich, indem er sie wertend als „Wahnsinn" (Z. 2) bezeichnet. Zugleich macht er aber in Form eines sehr prägnanten, kurzen Statements deutlich, dass er eine einseitige Schuldzuweisung an die Adresse der sozialen Medien für verkürzt hält, was er im Folgenden begründet. Bereits am Aufbau des Textes lässt sich erkennen, dass Armbruster seinen Argumentationsgang dialektisch anlegt, da er zunächst ...

Mithilfe von Materialien einen informierenden Text verfassen – die Epoche der Romantik

Wissen und Können

Der Aufgabe, selbst Texte zu verfassen, deren Grundlage neu erworbenes Wissen aus verschiedenen Quellen, etwa im Zusammenhang mit einer eigenen Recherche, ist, sind Sie sicher schon vielfach begegnet. Um gelungene Texte wie z. B. Leserbriefe, Stellungnahmen, Vortragsmanuskripte etc. zu schreiben, kommt dem **Sammeln, Ordnen, Vergleichen und Bewerten** von Informationen, was im Vorfeld geschehen muss, eine ebenso große Bedeutung zu wie dem anschließenden **Konzipieren und Abfassen**.
In vielen Fällen wird Ihnen bei diesem Aufgabentyp zunächst einmal ein situativer Kontext vorgestellt, in welchen der zu verfassende Text eingebettet ist. In diesem erhalten Sie Informationen über den Schreibanlass, die zu wählende Textform und mögliche Adressaten.
In der Aufgabenstellung können auch Informationen enthalten sein, wie der Text aufgebaut werden könnte und welche einzelnen Sachaspekte inhaltlich bearbeitet werden sollen.
In einem **Materialteil** erhalten Sie dann die zur Aufgabenbewältigung notwendigen Materialien. Diese bestehen zumeist aus verschiedenen linearen und auch nichtlinearen Texten (z. B. Statistiken, Grafiken). Da es sich bei dem Thema immer auch um eines handelt, das an den Unterricht anknüpft, sollten Sie neben den Informationen aus den Materialien auch auf **Vorwissen und eigene Erfahrungen bzw. Erkenntnisse** zurückgreifen.

Situation:
Kurz vor dem Abitur wird in Ihrem Deutschkurs eine Wiederholungsphase eingeläutet. Zu den Inhalten gehören auch die literarischen Epochen, an denen arbeitsteilig von jeweils verschiedenen Schülerinnen und Schülern gearbeitet werden soll, um die Ergebnisse dem Kurs zur Verfügung zu stellen. In diesem Zusammenhang wird beschlossen, ein kursinternes Heft zur Literaturgeschichte zu erstellen. Wichtige Epochen sollen hierin in Form eines zusammenhängenden, informierenden Textes vorgestellt werden.

Aufgabe:
Verfassen Sie für das kursinterne Heft zur Literaturgeschichte den informierenden Text zur Epoche der Romantik. Gehen Sie dabei auf den Epochenbegriff, wesentliche Merkmale, die Kunst- und Kulturauffassung sowie das Fortwirken „romantischer“ Gedanken und Auffassungen ein.
Nutzen Sie zum Verfassen des Textes Informationen der folgenden Materialien (M 1 – M 6) sowie eigene Kenntnisse und Erfahrungen.

Materialien:
M1: Alfried Schmitz: Romantik
M2: Romantik in der Kunst – Caspar David Friedrich „Zwei Männer in Betrachtung des Mondes“
M3: Christoph Keese: Romantik verzaubert die Wirklichkeit – Interview mit dem Schriftsteller Rüdiger Safranski
M4: Aussagen romantischer Künstler und Dichter zum Kunst- und Literaturverständnis der Epoche
M5: Klassik und Romantik – Eine Übersicht
M6: „Wenn nicht mehr Zahlen und Figuren“ – Ein Gedicht von Novalis

Wissen und Können

Es empfiehlt sich, zunächst einmal die **Aufgabenstellung zu klären**. Dazu können folgende Fragen hilfreich sein:

- Was ist der genaue Schreibanlass? Welche Art von Text soll geschrieben werden? Welche Merkmale hat die zu verfassende Textform? Was ist das Schreibziel?
- An wen ist der Text gerichtet? Gibt es Angaben über die Adressatengruppe? Sollen diese direkt angesprochen werden oder implizit als Leser und Leserinnen mitgedacht werden?

Im Anschluss daran sollten Sie sich vergewissern, auf welches **Vorwissen zum Thema** Sie bereits zurückgreifen können. Eigene Wissensbestände dürfen und sollen ausdrücklich in den Text mit einfließen.

1. Halten Sie fest, welche Informationen Sie der Aufgabenstellung entnehmen können.

a) Schreibanlass: ______________________

b) Zieltextformat (zu verfassende Textsorte): ______________________

c) Merkmale (Stil): ______________________

d) Adressaten: ______________________

2. Notieren Sie stichwortartig, über welches Vorwissen zum Thema, welches für den Zieltext möglicherweise verwendbar ist, Sie bereits verfügen.

____

____

____

____

____

____

Wissen und Können

Der nächste Schritt besteht darin, die **Materialien** zielgerichtet **zu sichten und auszuwerten**. Der Lesevorgang kann ggf. zweischrittig organisiert werden: Während eines ersten Durchgangs des „überfliegenden Lesens" markieren Sie Passagen, die Ihnen wichtig erscheinen, und machen sich ggf. Randnotizen.
Diese halten Sie in Form einer **Mind-Map** fest. Dabei ist es hilfreich, auf jeden Fall diejenigen Informationsbereiche auszuweisen, die in der Aufgabenstellung verlangt werden. Daneben können auch noch weitere Aspekte aufgenommen werden. Alternativ können Sie auch zu jedem der Informationsbereiche **Stichwortzettel** anlegen.

3. Legen Sie nach dem Muster auf S. 14 oben eine Mind-Map an, in welcher Sie relevante Informationen aus den Materialien nach und nach notieren.

4. Markieren Sie in dem folgenden Text relevante Informationen zu den in der Mind-Map aufgegriffenen Bereichen und machen Sie sich Randnotizen.

5. Tragen Sie anschließend wichtige Informationen in Ihre Mind-Map ein.

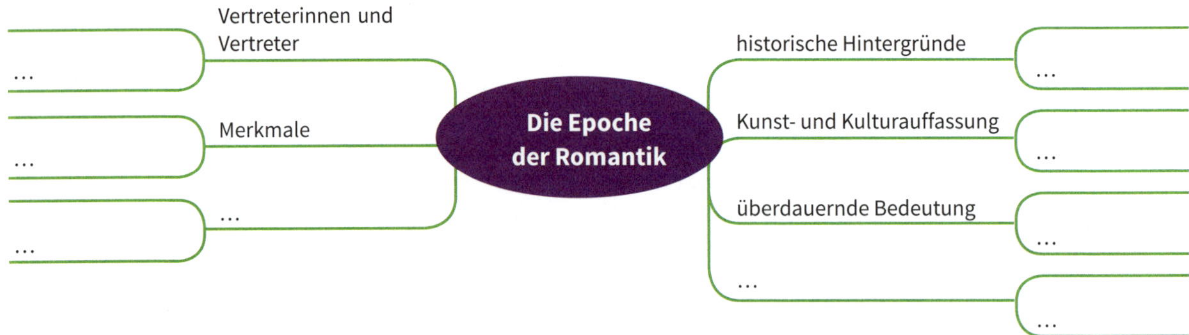

Material 1

Alfried Schmitz

Romantik

Die Epoche der Romantik hatte ihren Beginn Ende des 18. Jahrhunderts und reichte bis weit ins 19. Jahrhundert hinein. Sie erstreckte sich auf alle Kunstgattungen, inspirierte Maler, Musiker, Philosophen und Schriftsteller zu einzigartigen Werken.

Ihren Ursprung hatte die Romantik in Deutschland. Sie ist als Antwort auf das Zeitalter der Aufklärung zu sehen, das von nüchterner Vernunft und wissenschaftlicher Forschung geprägt war. Dem stellten die Romantiker das Seelenleben der Menschen, das Magische und Mystische, das Übernatürliche und Wunderbare entgegen.

Die Aufklärungsbewegung des 17. und 18. Jahrhunderts hatte mit ihren weitreichenden wissenschaftlichen Forschungsbestrebungen dazu geführt, dass viele Naturphänomene zu physikalisch erklärbaren Normalitäten geworden waren. Auch in der Gesellschaft jener Tage hatte ein Umschwung begonnen, denn in den wichtigsten europäischen Herrscherhäusern, Habsburg und Preußen, wehte ein neuer Wind. Den Untertanen wurden mehr Rechte zugebilligt und die Religionsfreiheit führte zu einem Machtverlust der etablierten Kirche. Das rationale Denken und Handeln war in Politik, Wirtschaft, Wissenschaft und Kunst in den Vordergrund gerückt.

Die Gefühlswelt der Menschen war dabei allerdings ins Hintertreffen geraten. Die Französische Revolution von 1789 und die daraus folgende Besetzung und Unterdrückung weiter Teile Europas durch die Truppen Napoleons taten ihr Übriges, um einer Sehnsucht nach Freiheit der Gefühle Vorschub zu leisten. […]

Mit ihrer poetischen Betrachtung der Wirklichkeit, die bis zur Verklärtheit reichte, trafen die Dichter der Romantik den Nerv jener Zeit und wurden enorm populär und erfolgreich. Nicht von ungefähr wurden Begriffe wie Volkslied und Volkspoesie geprägt, die von der großen Beliebtheit und Verbreitung der Werke zeugen.

Der Hang zum Unwirklichen und zum Magischen, die Rückbesinnung auf die Vergangenheit, das Wiedererstarken des katholischen Glaubens und der katholischen Kirche, die Überbetonung von Geist und Seele in der romantischen Bewegung und die große Akzeptanz der Literatur bei den Bürgern jener Zeit sind als Flucht aus der Wirklichkeit und als Kritik an der bestehenden politischen und gesellschaftlichen Situation zu deuten. […]

Auch das europäische Ausland wurde von dieser Welle erfasst, die in der Literaturwissenschaft durchaus als Kulturrevolution betrachtet wird. Durch die deutsche Romantik beeinflusst, entstand bald eine ähnliche Literaturbewegung im Ausland. In Frankreich, unter anderem durch Victor Hugo, in England, unter anderem durch Lord Byron, aber auch in Osteuropa, hier unter anderem durch Alexander Puschkin begründet, setzte sich die romantische Welle durch.

Der Hang zum Fantastischen und Irrealen steigerte sich in den einzelnen Phasen der romantischen Literatur. Auf ihrem Höhepunkt dienten der Spätromantik das Skurrile, Groteske und Dämonische als Stilmittel. Auch die Schauer- und Kriminalromane nach Art des amerikanischen Schriftstellers Edgar Allen Poe erfreuten sich größter Beliebtheit. […]

www.planet-wissen.de *(2019)*

Material 2

Romantik in der Kunst – Caspar David Friedrich: „Zwei Männer in Betrachtung des Mondes"

Caspar David Friedrich: „Zwei Männer in Betrachtung des Mondes" (1819/20)

6. Erschließen Sie das Bild, indem Sie die folgenden Fragen in Ihre Bildbetrachtung mit einbeziehen.

- Bildaufbau: Was ist im Vordergrund, was im Hintergrund zu sehen? Wie ist die Farb- und Formgestaltung?
- Welche Naturelemente werden dargestellt? Wie wirken diese? Handelt es sich Ihrer Meinung nach um eine realitätsnahe Darstellung?
- Wie wirken die Personen? In welcher Beziehung stehen sie zum Betrachter des Bildes einerseits und zur Natur andererseits? Wohin geht ihr Blick?
- Welche Gedanken und Gefühle werden bei dem Betrachter des Bildes geweckt?
- Was könnte den Künstler an dem Motiv interessiert haben? Welche Stimmung wird vermittelt?

7. Halten Sie auf der Grundlage Ihrer Bildbetrachtung Notizen zu den folgenden beiden Aspekten fest.

Zentrale Inhalte: ____________________

____

Atmosphäre: ____________________

8. Wählen Sie aus den folgenden Themen die aus, die Ihnen für dieses Gemälde besonders passend erscheinen. Begründen Sie Ihre Wahl.

☐ Einsamkeit	☐ Angst	☐ Melancholie
☐ Freude	☐ Freundschaft	☐ Gottvertrauen
☐ Naturerleben	☐ Tod	☐ Sehnsucht

Begründung:____

9. In der Rezeptionsgeschichte haben sich verschiedene Auslegungsrichtungen zu dem Bild entwickelt. Vergleichen Sie diese anhand der folgenden Aussagen und kreuzen Sie an, welche Sie ganz persönlich für besonders nachvollziehbar halten.

☐ **Die naturmystische Auslegung:** Hier wird das Bildmotiv mit der sanften, melancholischen Grundstimmung als Inbegriff für eine „romantische" Anschauung der Natur gesehen. Die beiden Männer werden deshalb mit dem Rücken zum Betrachter dargestellt, weil sie diesen quasi als Stellvertreter dazu einladen, sich mystisch in die Naturbetrachtung zu versenken, dadurch Grenzen zu überschreiten und sich gleichermaßen selbst zu finden.

☐ **Die politische Auslegung:** Hierbei wird auf die Kleidung der beiden Männer Bezug genommen, welche sich als „Altdeutsche Tracht" kennzeichnen lässt. Im Entstehungsjahr des Bildes wurde mit den „Karlsbader Beschlüssen" in politisch rückwärtsgewandter Absicht auch die Verfolgung der sogenannten „Demagogen" beschlossen, die sich neben einschneidenden Zensurmaßnahmen und Beschränkungen von Freiheitsrechten auch darin äußerte, dass eine bestimmte Kleidungsweise verboten wurde. Indem der Künstler die Männer genau diese Tracht tragen lässt, weist er auf deren politische Unterdrückung hin und zeigt, dass Menschen bereits durch ein nächtliches Treffen und ein Gespräch über den Mond und die Bäume „verschwörerische Absichten" unterstellt und sie dafür verfolgt werden konnten. Die umgestürzten und entwurzelten Bäume sowie die Nacht symbolisieren demnach die Erstarrung und Düsternis der Lebensverhältnisse.

☐ **Die religiöse Auslegung:** Die dargestellte Abendstimmung wird hier als das Ende des menschlichen Lebens gedeutet. Die Wanderer befinden sich an dem Ende eines Weges, deren Umgebung Zeichen von Vergänglichkeit trägt. Statt weiterzugehen oder sich dem Weg zurück zuzuwenden, blicken sie zum Mond, der vom Abend des Lebens kündet. Der Gebrauch des Wanderstabes durch einen der Wanderer darf als Zeichen von Altersschwäche verstanden werden. Es könnte sich bei den Wanderern auch um ein- und dieselbe Person zu unterschiedlichen Zeiten des Lebensweges handeln. Der Abendstern verweist auf eine Weiterexistenz auch über den Tod hinaus.

Begründen Sie Ihre Meinung, indem Sie folgenden Satz vervollständigen.

Für mich ist die ____________________ Auslegung besonders naheliegend, weil ________

____

____

____.

10. Das folgende Interview wurde mit einem Autor geführt, welcher sich sehr intensiv mit der Epoche der Romantik auseinandergesetzt und dazu ein Buch geschrieben hat. Das Interview beginnt mit der Auseinandersetzung mit dem Künstler Caspar David Friedrich. Vervollständigen Sie Ihre Notizen zur romantischen Kunst- und Kulturauffassung, indem Sie die diesbezüglichen Aussagen Safranskis unterstreichen und die Ergebnisse dann zusammenfassend in Ihrer Mind-Map oder auf Ihren Stichwortzetteln festhalten.

Material 3

Christoph Keese

Romantik verzaubert die Wirklichkeit – Interview mit dem Schriftsteller Rüdiger Safranski

Rüdiger Safranski

Der Schriftsteller Rüdiger Safranski hat ein vieldiskutiertes Buch über die deutsche Romantik geschrieben. WELT ONLINE traf den Autor auf der Insel Rügen, wo Caspar David Friedrich die Kreidefelsen malte. Ein Gespräch über die Lebenskunst einer Wundergeneration.

WELT ONLINE: Was ist der größte Unterschied zwischen Romantik und unserer Zeit?

SAFRANSKI: Wir denken realistisch, die Romantiker suchten das Irreale. Sie wollten die offene, geheimnisvolle, unverplante Zukunft entdecken. Diese Zukunft fasst uns jedoch nicht von allein an, wir müssen sie aktiv imaginieren. Fantasie ist gefragt.

WELT ONLINE: Warum wollte Friedrich in dieses Naturschauspiel etwas hineindenken?

SAFRANSKI: Weil es dann noch schöner wird. Die Romantiker haben die Verzauberungskraft entdeckt, die in uns steckt. Sie fügen sie dem Zauber der Natur hinzu und machen damit der Religion Konkurrenz, die bis dahin für sich allein in Anspruch nahm, den Menschen über die gewöhnliche Wirklichkeit hinauszuheben.

WELT ONLINE: Romantiker waren Kinder der Aufklärung. Woher der Hang zum Spuk?

SAFRANSKI: Romantiker konnten durchaus einen nüchternen, pragmatischen Blick auf die Wirklichkeit werfen. Sie bemerkten aber, dass die eigene Fantasie eine Goldgrube ist.

WELT ONLINE: Was fanden sie in der Goldgrube?

SAFRANSKI: Sie entdeckten unbekannte Welten. Sie sahen plötzlich die Schönheit der Landschaft. Wälder, Wiesen, Seen, die Nacht, der Mond – wofür niemand Augen gehabt hatte, wurde nun enthüllt. Es war oft das Naheliegende, das Übersehene. Aus diesem neuen Blick erklärt sich ihr ungeheurer Erfolg.

WELT ONLINE: Der Blick auf Natur machte der Religion absichtlich Konkurrenz?

SAFRANSKI: Ja, die Romantiker hatten ihr Zutrauen in die Zauberkraft der Religion verloren. Sie schien abgenutzt und verbraucht, durch die Säkularisierung[1] war sie kraftlos geworden. Durch subjektive Anstrengung wollten die Romantiker auf ein höheres geistiges, spirituelles Niveau kommen. Es ist die Fortsetzung der Religion mit ästhetischen Mitteln. […] [Die Romantiker] waren Aktivisten, zugleich aber Symptome einer langsamen Veränderung der Geschmackskultur. Sie haben den Geschmack in die Breite hinein verändert. Frisch-fromm-fröhliches Wandern, die neue Form der Naturliebe, die Entdeckung Nürnbergs, Erlangens, die Beobachtung, dass man in einer schönen, reichsstädtischen Umgebung lebte – damit steckten die Romantiker ihre Zeitgenossen an.

WELT ONLINE: Vor Friedrich ist niemand auf die Idee gekommen, Kreidefelsen zu malen?

SAFRANSKI: Friedrich hat Landschaft neu erfunden. Durch seine Malerei merkt man: Die Landschaft hat Botschaften! Sie ist ein Paradies voller Ahnungen. Man kann in Landschaften lesen wie in Büchern. Diese Haltung gab es vorher nicht. Seit der Romantik ist uns die Andacht vor der Natur ganz selbstverständlich. […]

WELT ONLINE: Wenn man als Romantiker dem Gewöhnlichen einen tieferen oder höheren Sinn gibt, muss man sich dann selber gleich beim Wort nehmen?

SAFRANSKI: Keineswegs. Wörtlich nehmen heißt, die spielerische Dimension zu verlieren. Gerade das wollten die Romantiker um jeden Preis verhindern. Sie bedienten sich dazu der Ironie. Dieser verspielte Zug gehört unbedingt dazu.

WELT ONLINE: Ein Romantiker nimmt nichts ernst?

SAFRANSKI: Niemals so weit, dass daraus Fanatismus erwüchse. Das bewunderten die Romantiker an Friedrich Schiller. Sie liebten seinen Satz: „Der Mensch ist nur da ganz Mensch, wo er spielt.“ Das lasen sie als große Ermunterung.

[1] Säkularisierung: Verweltlichung, auch bezogen auf die durch die Aufklärung ausgelösten Prozesse, durch welche die Bindungen an die Religion gelockert und ethische Entscheidungen stärker an die menschliche Vernunft gebunden wurden

Welt Online: Spiel und Ironie sind aber verschiedene Dinge. Spiel heißt Zweckfreiheit, Ironie ist Spott.

Safranski: Die Romantik nimmt vieles sehr ernst. Aber sie weiß auch: Welt und Mensch sind überkomplexe Wunder, die wir nie ganz begreifen werden. Wir müssen jeden Versuch, sie zu verstehen, unter Vorbehalt stellen. Romantische Ironie ist die Relativierung vor dem Horizont des Unendlichen. Das war das wichtigste Mittel gegen Dogmatisierungen jeder Art.

Welt Online: Welche Rolle spielt darin die Kunst?

Safranski: Natürlich war den Romantikern klar, dass jede Sache einen Zweck hat. Gerade deswegen aber war es ihnen wichtig, Literatur, Malerei, Musik nur um ihrer selbst willen zu betreiben, zunächst ohne damit andere Zwecke zu verfolgen.

Welt Online: Dafür, dass die Künstler gar nichts wollten, entpuppten sie sich aber als äußerst wirkmächtig.

Safranski: Vielleicht kann man es mit Liebe vergleichen. Liebe hat immer auch einen Fortpflanzungszweck. Wenn man diesen Zweck aber an den Anfang des Erlebnisses setzt, wird nie eine richtige Liebe entstehen. Man muss die Dinge um ihrer selbst willen verfolgen, erst dann werden auch andere Zwecke möglich. Romantische Zwecklosigkeit ist nichts weiter als die Bereitschaft zur Hingabe. [...]

Welt Online: Romantik ist das erfolgreichste Produkt der Welt. Man muss einer Sache nur einen romantischen Anstrich geben, dann verkauft sie sich. Warum?

Safranski: Wegen unseres Urverlangens nach dem Traum. Begonnen haben die Romantiker mit der Erkundung der Träume. Was später bei Freud so große Karriere machte – die Entdeckung des Unbewussten –, kommt aus der Romantik. Den Menschen als Terra incognita anzusehen, als unerforschtes Gebiet, dessen Erforschung sich lohnt, ist ein Impuls der Romantiker, der auch Freud erfasste. Dieser Impuls wirkt bis heute fort. Es ist der stärkste Anstoß, den die Romantik gegeben hat, und diese Idee macht die Romantiker bis heute außerordentlich sympathisch.

Welt online *(2007)*

11. Beantworten Sie auf der Grundlage der Lektüre des Interviews folgende Fragen in Stichworten.

a) Wie wird der Mensch in der Romantik gesehen?

____

____

____

____

b) Welches Verhältnis der Romantiker zur Aufklärung wird hier deutlich?

____

____

____

____

c) Safranski verwendet den Begriff „romantische Ironie“. Was wird darunter verstanden?

____

____

____

____

d) Welches Verhältnis haben Vertreterinnen und Vertreter der Romantik zur Religion? Welche Rolle spielt für sie in diesem Zusammenhang die Kunst?

e) Worin besteht Safranski zufolge das Erfolgsrezept der Romantik bis in die Gegenwart hinein?

12. Lesen Sie zusätzlich und vertiefend die folgenden Aussagen romantischer Künstler und Dichter. Schlagen Sie ggf. unbekannte Begriffe im Lexikon nach und ergänzen Sie dann Ihre Mind-Map um weitere Notizen zu den Bereichen „Vertreter/-innen", „Kunst- und Kulturverständnis" und „überdauernde Bedeutung".

Material 4

Aussagen romantischer Künstler und Dichter zum Kunst- und Literaturverständnis der Epoche

Novalis (1772 – 1801)

Fragmente

Die Welt muss romantisiert werden. So findet man den ursprünglichen Sinn wieder. Romantisieren ist nichts als eine qualitative Potenzierung. [...] Indem ich dem Gemeinen einen hohen Sinn, dem Gewöhnlichen ein geheimnisvolles Ansehn, dem Bekannten die Würde des Unbekannten, dem Endlichen einen unendlichen Schein gebe, romantisiere ich es. [...].

Werke, hrsg. v. G. Schulz *(1798)*

E. T. A. Hoffmann (1776 – 1822)

Nachrichten von den neuesten Schicksalen des Hundes Berganza

Es gibt keinen höheren Zweck der Kunst, als in dem Menschen diejenige Lust zu entzünden, welche sein ganzes Wesen von aller irdischen Qual, von allem niederbeugenden Druck des Alltagslebens wie von unsauberen Schlacken befreit und ihn so erhebt, dass er, sein Haupt stolz und froh emporrichtend, das Göttliche schaut, ja mit ihm in Berührung kommt.

Sämtliche Werke, hrsg. v. R. Schönhaar/A. Peine *(1814)*

Caspar David Friedrich (1774 – 1840)

Äußerungen über die Kunst

Hüte dich vor kalter Vielwisserei, vor frevelhaftem Unvernünfteln, denn sie tötet das Herz, und wo das Herz und Gemüt im Menschen gestorben sind, da kann die Kunst nicht wohnen. Bewahre einen reinen, kindlichen Sinn in dir und folge unbedingt der Stimme in deinem Innern, denn sie ist das Göttliche in uns und führt uns nicht irre. [...].

W. Schmid: Caspar David Friedrich *(o. J.)*

Friedrich Schlegel (1772 – 1829)

116. Athenäums-Fragment

Die romantische Poesie ist progressive Universal-Poesie. Ihre Bestimmung ist nicht bloß, alle getrennten Gattungen der Poesie wieder zu vereinigen und die Poesie mit der Philosophie und Rhetorik in Berührung zu setzen. Sie will und soll auch Poesie und Prosa, Genialität und Kritik, Kunstpoesie und Naturpoesie bald mischen, bald verschmelzen, die Poesie lebendig und gesellig und das Leben und die Gesellschaft poetisch machen.

Kritische Schriften, hrsg. v. W. Rasch *(1798)*

13. Die Epoche der Romantik, die zumeist in den Zeitraum 1795 bis 1835 eingeordnet wird, weist zeitlich Überschneidungen mit der Epoche der sogenannten „Weimarer Klassik" auf, welche in den Zeitraum von 1786 bis 1805 datiert wird. Darum ist es sinnvoll, die Tendenzen der Epoche der Romantik auch in Abgrenzung von jenen der Klassik zu begreifen. Die folgende Tabelle gibt überblicksartig Aufschluss über zentrale Unterschiede.
Ergänzen Sie Ihre Mind-Map zur Romantik in den Aspekten „Vertreter und Vertreterinnen", „Merkmale" und „Kunst- und Kulturauffassung".

Material 5

Klassik und Romantik – Eine Übersicht

Klassik	Romantik
Alleiniges Zentrum: WEIMAR	Mehrere städtische Zentren: v. a. Berlin, Jena, Heidelberg
Hauptsächliche Protagonisten: Goethe und Schiller	Vielfalt von unabhängigen Autoren, Zirkeln und „Schulen": Heidelberger und Jenaer Romantik, Berliner Romantik, Schwäbische Schule
Affinität zum Adel (geadelte Bürger: von Goethe) Veredelung des Bürgerlichen durch die Lebensart des Adels (siehe Goethes „Wilhelm Meister")	Bürgerlicher Hintergrund bzw. verbürgerlichter Adel Antibürgerliche Haltung: Philister-Kritik und Beschäftigung mit „Volkshaftem": Märchen, Lieder, Sagen, Volksglaube
Vorbildwirkung der Antike	Mittelaltersehnsucht: Hinwendung zur eigenen Kultur: Sagen und Mythen des Mittelalters
Religiöse Skepsis	Hinwendung zu Mystizismus und zur Religion (Katholizismus)
Rationalisierung des Mythos	Sehnsucht nach dem Geheimnisvollen, Träumerischen, Unerklärlichen; Wiedergewinnung eines „neuen Mythos": Volksseele, Nationalidee
Programm: Verstand und Gefühl harmonisieren	Entdeckung der menschlichen „dunklen Seele", der Psyche, der menschlichen Abgründe, des Unbewussten (z. B. bei E. T. A. Hoffmann)
Geschlossene literarische Formen: Klassisches Drama, antike Versmaße und Formen (Elegie, Distichon, Blankvers)	Abwendung von antiken hin zu offenen Formen (Tendenz zum Fragment) und der Verschmelzung der Gattungen („Universalpoesie"); auch volkstümlich-einfache Liedformen, Kunstmärchen und Sammlung von Volksmärchen (Brüder Grimm) und Volksliedern („Des Knaben Wunderhorn")

Deutsche Literaturgeschichte *(1992)*

Material 6

Novalis (1772 – 1801)

Wenn nicht mehr Zahlen und Figuren

Wenn nicht mehr Zahlen und Figuren
Sind Schlüssel aller Kreaturen,
Wenn die, so singen oder küssen,
Mehr als die Tiefgelehrten wissen,
Wenn sich die Welt ins freie Leben
Und in die Welt wird zurückbegeben,
Wenn dann sich wieder Licht und Schatten
Zu echter Klarheit werden gatten,
Und man in Märchen und Gedichten
Erkennt die wahren Weltgeschichten,
Dann fliegt vor einem geheimen Wort
Das ganze verkehrte Wesen fort.

(1800)

Novalis (Friedrich von Hardenberg)

14. Erläutern Sie die Bedeutung der Subjunktion „Wenn“, die in diesem Gedicht drei Mal verwendet wird. Gehen Sie auch darauf ein, wie sich die Bedeutung verändert, wenn man diese einmal konditional und einmal temporal versteht.

15. Erschließen Sie mithilfe folgender Tabelle die inhaltlichen Gegensätze in ihrer jeweiligen Wertung durch das lyrische Ich.

Positiv besetzt	**Negativ besetzt**
die, so singen oder küssen (= Künstler, Liebende)	

16. Beschreiben Sie in Ihren eigenen Worten, wonach sich das lyrische Ich sehnt und was sich in seinen Augen ändern soll.

17. Dieses Gedicht wird oft als ein „poetisches Manifest“ der Romantik verstanden. Benennen Sie die Informationen über die Weltwahrnehmung, die Merkmale und die Kunst- und Literaturauffassung, die sich daraus ableiten lassen. Ergänzen Sie entsprechend Ihre Mind-Map oder Ihren Stichwortzettel.

Sie haben mit der Erstellung Ihrer Mind-Map oder Ihrer Stichwortzettel bereits eine umfängliche Auswertung des Materials geleistet. Nun geht es ans Schreiben: Legen Sie eine Reihenfolge fest, in der Sie die Informationsbereiche in Ihrem Text präsentieren wollen. Dabei können Sie den in der Aufgabenstellung geforderten Aufbau berücksichtigen. Die einzelnen Informationen zu einem der Oberbegriffe (bzw. „Äste“) können nach dem Prinzip „Vom weniger Wichtigen zum besonders Wichtigen“ geordnet werden. Ordnen Sie entsprechend Ihre Befunde, indem Sie z. B. eine Nummerierung in der Mind-Map vornehmen oder den Text im Sinne einer Gliederung konzipieren.

Wissen und Können

In der **Einleitung** Ihres Textes sollen Sie das Interesse des Adressatenkreises wecken. Dies kann auf verschiedene Weise gelingen:

a) Formulieren Sie eine prägnante Überschrift.
b) Klären Sie einleitend möglicherweise unbekannte Begriffe.
c) Verweisen Sie auf die Aktualität des Themas oder informieren Sie über den Anlass, sich damit auseinanderzusetzen.
d) Werfen Sie evtl. einen Blick in die Vergangenheit.
e) Berichten Sie davon, welche Bedeutung das Thema für Sie persönlich oder den Adressatenkreis hat.
f) Beginnen Sie ggf. mit einem Zitat, welches ein besonderes Schlaglicht auf das Thema und seine Relevanz wirft.

18. Welche der folgenden Überschriften halten Sie für den geforderten informierenden Text geeignet? Kreuzen Sie an.

- [ ] Die Epoche der Romantik (1795 – 1835)
- [ ] Der Unterschied zwischen Klassik und Romantik
- [ ] Romantik – Epoche der großen Gefühle
- [ ] Wie die Romantiker die Welt sahen
- [ ] Das Zeitalter der Romantik
- [ ] Romantik als Weltflucht?

19. Ordnen Sie die folgenden Einleitungen den verschiedenen Möglichkeiten (siehe Information S. 22) zu. Bewerten Sie anschließend, welche Sie für gelungen oder weniger gelungen halten. Formulieren Sie dann eine eigene Einleitung in Ihren Unterlagen.

Textbeispiel	Möglichkeit	Bewertung und Begründung
„Bewahre einen reinen, kindlichen Sinn in dir und folge unbedingt der Stimme in deinem Innern, denn sie ist das Göttliche in uns und führt uns nicht irre" (Caspar David Friedrich). Diese Worte entstammen nicht etwa der Bibel, sondern kommen von einem der großen Künstler aus der Epoche der Romantik. Sie verweisen bereits darauf, dass es sich bei der Romantik nicht nur um eine Beschreibung einer längst vergangenen und heute unverständlichen Stilrichtung handelt, sondern vielmehr um eine Lebensauffassung, die den ganzen Menschen betrifft und sich somit auch in den verschiedenen Richtungen von der Malerei über die Philosophie bis hin zur Poesie niedergeschlagen hat.		
Der Begriff „Romantik" bzw. das Adjektiv „romantisch" ist allgegenwärtig. Wir bezeichnen damit zum Beispiel ein stimmungsvolles Essen bei Kerzenschein, eine Verabredung mit der oder dem Liebsten oder einen traumhaften Sonnenuntergang. Die kulturgeschichtliche Epoche der Romantik jedoch hat mit diesen Vorstellungen nur wenig gemeinsam.		
Die Epoche der Romantik (1795 – 1835) liegt zwischen der Klassik, mit der es zeitlich auch Überschneidungen gibt, und dem Vormärz, Jungem Deutschland bzw. dem Zeitalter des Biedermeier.		
Der Begriff „Romantik" entwickelte sich über das Französische und über das Wort „Roman". Das Wort „romanz"/„romant" bezeichnet einen höfischen Versroman, der in der Volkssprache gedichtet wurde. Somit ist mit dem Begriff zunächst wertneutral die „Volkssprache" gemeint. Gleichzeitig wurde der Begriff „romanhaft" auch (z. T. abwertend verstanden) als Synonym für „unwirklich", „überspannt" oder „abenteuerlich" verwendet.		
Die Romantik war eine Epoche der europäischen Literatur, Kunst und Kultur, die gegen Ende des 18. Jahrhunderts begann und bis etwa zur Mitte des 19. Jahrhunderts andauerte. Auch als Reaktion auf den Rationalismus und die Verstandesbetonung der Aufklärung begannen die Menschen in der Romantik, sich Gegenteiligem, wie dem Dunklen und Rätselhaften, aber auch dem Traum und der Fantasie zuzuwenden.		

Wissen und Können

Bei der Abfassung Ihres **Hauptteils** können folgende Tipps hilfreich sein:

- Achten Sie darauf, den inhaltlichen Aufbau auch äußerlich durch Absätze kenntlich zu machen.
- Formulieren Sie die Informationsbereiche (Oberbegriffe) deutlich aus.
- Veranschaulichen Sie Ihre Aussagen, etwa durch Details oder Beispiele.
- Verwenden Sie einen sachlichen Stil und nutzen Sie gegebenenfalls auch Fachbegriffe, um Zusammenhänge aufzuzeigen.
- Arbeiten Sie einzelne prägnante Zitate aus dem Materialpool ein.
- Nutzen Sie variable Formulierungen und Überleitungen.
- Verwenden Sie rhetorische Mittel, die zu Ihrer Textform passen und mit denen Sie immer wieder das Interesse des Adressatenkreises einholen.

20. Formulieren Sie Ihren Hauptteil, indem Sie möglichst viele der oben genannten Tipps aufgreifen, in Ihren Unterlagen.

Wissen und Können

Im **Schlussteil** wird der Text abgerundet. Hierzu können wesentliche Informationen nochmals zu einem prägnanten Fazit zusammengefasst werden. Auch ein Rückbezug auf die Einleitung oder ein Appell an die Adressaten und Adressatinnen ist möglich.

21. Zeigen Sie auf, auf welche Weise hier jeweils im Schlussteil der Gedankengang abgeschlossen wird. Beurteilen Sie abschließend, welche Version Ihnen am besten geeignet erscheint.

Schlussteil	Bewertung und Begründung
Mit ihrem Impuls, den Menschen und die Natur als geheimnisvoll und als etwas Göttliches zu begreifen, und mit ihrer Hinwendung zur Fantasie und zum Gefühl haben die Romantiker nicht nur deutsche, sondern europäische Geistesgeschichte geschrieben und auch unser heutiges Denken entscheidend geprägt.	
Zusammenfassend lässt sich sagen, dass sich die Romantik als eine Flucht aus der Wirklichkeit begreifen lässt. Fantastische und unwirkliche Geschichten sowie idyllische Naturerlebnisse sollten von realen Enttäuschungen und den Folgen der beginnenden Industrialisierung ablenken und den Menschen eine Welt vor Augen führen, die unerreichbar und wunderbar zugleich ist.	
Die Epoche der Romantik grenzt sich deutlich von der Aufklärung ab. Wie Caspar David Friedrich sagt, wandten sich romantische Künstler und Literaten von der „kalte[n] Vielwisserei" ab und dem Irrationalen sowie der Fantasie zu. Damit haben sie entscheidend zu einem vieldeutigen Blick auf den Menschen und die Welt beigetragen.	

22. Überarbeiten Sie Ihren Text in der Gruppe. Jede/-r liest seinen/ihren Text vor. Die anderen machen möglichst konkrete Vorschläge zur Verbesserung. Diese Vorschläge werden vom vorlesenden Schüler bzw. von der vorlesenden Schülerin notiert und anschließend zur Überarbeitung genutzt.

Mithilfe von Materialien einen argumentierenden Beitrag verfassen – Verwendung von Satzzeichen in schriftsprachlicher Kommunikation

Situation:
2020 löste die britische Journalistin Victoria Turk mit ihrem Buch „Kill Reply All. A Modern Guide to Online Etiquette, from Social Media to Work to Love" eine Debatte über digitale Kommunikation aus. Neben sinnvoller Nutzung unterschiedlicher Kanäle (Telefon, Chat, E-Mail, Social Media, Text) in verschiedenen Bereichen wurde auch der veränderte Gebrauch von Satzzeichen in ihrem Buch untersucht. Victoria Turk stellte fest, dass die Verwendung von Satzzeichen einem generationsbedingten Bedeutungswandel unterliege und z. B. das Ausrufezeichen als „Anschreizeichen" verstanden werde.
Aufgabe:
Verfassen Sie einen argumentierenden Blog-Beitrag zur Debatte über die Frage des sinnvollen und angemessenen Gebrauchs von Satzzeichen. Nutzen Sie dazu die folgenden Materialien (M 1 bis M 6) und beziehen Sie eigene Erfahrungen und Vorwissen über Funktion und Gebrauch von Satzzeichen ein. Formulieren Sie eine eigene Überschrift. Ihr argumentierender Beitrag sollte etwa 1 000 Wörter umfassen.
Materialien:
M1: Twitter-Debatte um Autorin: „Satzzeichen machen Millennials Angst"
M2: Interpunktionszeichen in Schultexten und Chat-Nachrichten
M3: Korrektur aus Halle: Jugendliche verlernen mit WhatsApp nicht die Rechtschreibung
M4: Viola Schenz: Liebe Journalisten, Moderatoren und Schriftsteller, könnt ihr bitte damit aufhören, euch um Satzzeichen zu foutieren?
M5: Nadine Conti: Bedeutungsschwere Satzzeichen: Anschreizeichen sind keine Diagnose
M6: Harald Martenstein: Über ein Satzzeichen, das mehr Aufmerksamkeit verdient

1. Lesen Sie die Aufgabenstellung genau und klären Sie, was von Ihnen verlangt wird.

Schreibanlass bzw. Kontext der Debatte: ______

Zieltextformat (zu verfassende Textsorte): ______

Merkmale der Textsorte (vgl. S. 33): ______

Adressaten: ______

2. Notieren Sie sich in Stichworten, was Sie über das Thema der Verwendung von Satzzeichen selbst wissen und denken. Formulieren Sie dann Ihre vorläufige Meinung dazu.

______

______

______

Wissen und Können

Bei Aufgaben, die das Verfassen eines argumentierenden Textes von Ihnen verlangen, ist es ganz besonders wichtig, vor der Lektüre der angebotenen Materialien, das **Vorwissen zum Thema** zu **aktivieren** und die **eigene Meinung** vorab festzuhalten. Denn wenn Sie andere Meinungstexte zum strittigen Thema lesen, wird die Verfasserin oder der Verfasser des Textes versuchen, Sie von einer bestimmten Sichtweise zu überzeugen. Je besser der Text, d. h. je überzeugender argumentiert wird, umso schwieriger ist es, sich von dieser subjektiven Sichtweise wieder freizumachen. Haben Sie sich jedoch Ihre eigenen Argumente bewusst gemacht, können Sie neue Argumente einordnen, kritisch bewerten und so Ihre eigene Position bewusst erweitern oder verändern.

3. Lesen Sie die Materialien einmal, um sich einen Überblick zu verschaffen, und halten Sie Ihre ersten Leseeindrücke, wichtige Informationen und offene Fragen fest. Präzisieren Sie, wenn nötig, Ihre eigene erste Position.

4. Erstellen Sie in Ihren Unterlagen eine Tabelle, in der Sie Informationen und Argumente aus den Materialien sammeln, und lesen Sie die Materialien erneut.

5. „Satzzeichen machen Millenials Angst". Notieren Sie alles, was Ihnen zu diesem Titel aus Ihrer eigenen Erfahrung einfällt.

6. Lesen Sie den Text und markieren Sie alle Informationen, die den Kontext der Debatte klären. Ergänzen Sie Ihre Tabelle.

Material 1

Twitter-Debatte um Autorin: „Satzzeichen machen Millennials Angst"

Man kann es als unschuldiges, sinngebendes Element des geschriebenen Wortes verstehen – oder als angsteinflößendes Statement: den Punkt.

Glaubt man einer derzeit in sozialen Medien laufenden Debatte, stehen jüngere Generationen mit Interpunktion auf Kriegsfuß. Angehörige der Generation Z und Y deuten den Punkt am Ende eines Satzes demnach als Ausdruck von Aggression und Feindseligkeit – und als Anzeichen für die unterkühlte Haltung des digitalen Gegenübers.

Digital Natives

Die Millennials – wie Generation-Xler auch genannt werden – wurden im Zeitraum der frühen 1980er- bis zu den späten 1990er-Jahren geboren. Als Generation Z werden Menschen bezeichnet, die zwischen 1995 und 2012 zur Welt gekommen sind. Gemein haben sie, dass sie in der digitalen Welt aufgewachsen und sozialisiert wurden, sogenannte Digital Natives sind und großteils in der virtuellen Welt (etwa via Messenger-Dienste) kommunizieren.

„Nur alte Menschen oder besorgte Seelen setzen am Ende jedes Satzes Punkte", schreibt die Autorin und Journalistin Victoria Turk dazu pointiert in ihrem Buch über digitale Etikette „Kill Reply All", das Anfang dieses Jahres erschienen ist und nun im Netz weite Kreise zieht. Die jüngere Generation betrachte das Abschicken eines Textes als ausreichenden Indikator für einen vollständigen Gedankenstrang, befindet Turk. Wodurch das finale Satzzeichen überflüssig werde.

Überflüssig.

„In Messenger-Gesprächen ist ein Punkt einfach nicht notwendig", erklärt sie. „Es ist offensichtlich, wann man einen Gedanken beendet hat." Eben weil das Satzzeichen in der digitalen Kommunikation keinen Zweck mehr erfülle, könne dessen Verwendung als Äußerung von Nachdrücklichkeit missverstanden werden – „oder subtil den Anschein erwecken, man sei verärgert".

Die aktuelle Diskussion über die Interpunktion und generationsbedingte Befindlichkeiten brachte Guardian-Kolumnistin Rhiannon Lucy Cosslett ins Rollen. Auf Twitter schrieb sie kürzlich in einem mittlerweile gelöschten Tweet: „An alle älteren Menschen: Ist euch klar, dass das Beenden eines Satzes mit einem Punkt für jüngere Menschen in einer E-Mail / einem Chat abrupt und unfreundlich wirkt? Bin wirklich neugierig." Die Resonanz auf den Beitrag war enorm. Neben Zustimmung erntete die Britin auch Kritik und den Vorwurf der Altersdiskriminierung.

Dass „mit Punkt" nicht gleich „ohne Punkt" ist, haben Forscher der New Yorker Binghamton University bereits vor fünf Jahren belegen können: Sie stellten in einer Studie fest, dass Texte, die Punkte enthalten, als unaufrichtiger wahrgenommen werden.

Nonverbales fehlt

„Bei SMS fehlen viele nonverbale Signale, die in echten Face-to-Face-Gesprächen transportiert werden", kommentierte Studienleitern Celia Klin damals die Ergebnisse. „Beim Sprechen vermitteln Menschen mit Blicken, der Mimik, dem Tonfall und Pausen emotionale Informationen. Die Menschen können diese Mechanismen nicht anwenden, wenn sie eine SMS schreiben. Daher muss man sich auf das verlassen, was zur Verfügung steht – Emoticons oder absichtliche Rechtschreibfehler, die Sprachlaute imitieren."

Alter Punkt, neue Bedeutung

Autorin Turk sieht im Punkt-Dilemma auch eine Chance: Indem man das Satzzeichen in anderen Kontexten verwendet, könnten damit gezielt komödiantische Effekte erzielt werden. Werden sie etwa anderer Stelle bewusst platziert – etwa.nach.jedem.einzelnen.Wort. – könne das die Betonung auf ganz neue Art verändern.

kurier.at, pama *(2020)*

7. Arbeiten Sie aus dem Text Gründe heraus, warum die jüngere Generation mit Satzzeichen „auf Kriegsfuß" (Z. 2) steht.

Wissen und Können

Bei Aufgaben, die das Verfassen eines argumentierenden Textes von Ihnen verlangen, ist es nicht nur wichtig, den Kontext zu klären und eigenes Vorwissen zu aktivieren, sondern auch, sich weitere **Sachkenntnisse anzueignen**. Es ist also notwendig, sich auch wissenschaftliche oder informierende Sachtexte zu erarbeiten. So können Sie Meinungen, mit denen Sie konfrontiert werden, bewerten und einordnen.

Material 2

Interpunktionszeichen in Schultexten und Chat-Nachrichten

Interpunktionszeichen auf 1.000 Wörter im Vergleich

		Schultexte	WhatsApp-Chats
Syntaktische Zeichen	<.>	72,1	3,7
	<,>	54,8	2
	<;>	0,2	0,007
	<:>	6,7	1,3
Kommunikative Zeichen	<!>	2,1	1,2
	<?>	3,3	17,2
	<“>	13,6	0,3
	<(>	9,7	0,5
	<)>	11,3	0,5
Scan-Zeichen	<->	5,1	0,2
	<’>	0,1	0,4
	<…>	0,9	6,3
Σ		181,2	33,7

Deutsch in Sozialen Medien. Interaktiv – multimodal – vielfältig, de Gruyter *(2020)*

8. Beschreiben Sie, was in dieser Tabelle dargestellt wird.

[1] **Interpunktionszeichen:** Satzzeichen

9. Werten Sie die Ergebnisse der Untersuchung aus und interpretieren Sie diese mit Blick auf Ihr Thema der Verwendung von Satzzeichen. Ergänzen Sie Ihre Tabelle.

Material 3

Korrektur aus Halle: Jugendliche verlernen mit WhatsApp nicht die Rechtschreibung

Es sind meist aufgeregte ältere Herrschaften, die Panik-Geschichten über eine Jugend verbreiten, die mit all den neuen technischen Spielzeugen scheinbar verwahrlost und auch noch die Regeln unserer schönen deutschen Sprache verlernt. Aber das sind wohl wieder nur die Angstbilder von alten Menschen. Ein Hallenser Forscher hat sich jetzt wirklich mal mit den jungen Leuten beschäftigt und Erstaunliches herausgefunden.

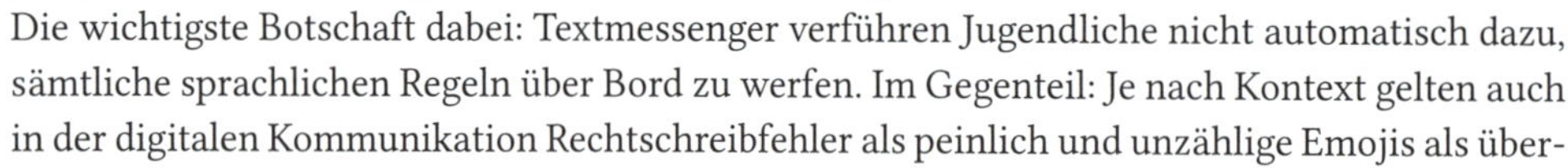

Die wichtigste Botschaft dabei: Textmessenger verführen Jugendliche nicht automatisch dazu, sämtliche sprachlichen Regeln über Bord zu werfen. Im Gegenteil: Je nach Kontext gelten auch in der digitalen Kommunikation Rechtschreibfehler als peinlich und unzählige Emojis als überflüssig. Jugendliche sind sich sehr bewusst, was in welchen Situationen angemessen ist, wie eine Studie des Linguisten Dr. Florian Busch von der Martin-Luther-Universität Halle-Wittenberg (MLU) zeigt. Darin zeigt er auch, wie Emojis digitale Gespräche bereichern und gleichzeitig komplexer machen können. [...]

„Häufig beginnt und endet ihr Tag mit dem Blick auf das Smartphone – und damit auch mit den Messengerdiensten", sagt der Linguist Dr. Florian Busch von der MLU. Im Rahmen seiner Promotion untersuchte er die schriftliche Kommunikation von Jugendlichen im Netz und in der Schule und befragte rund 200 Schülerinnen und Schüler nach ihrem Mediennutzungsverhalten, analysierte mehr als 19.000 Textnachrichten [...] sowie knapp 80 Schulaufsätze von ihnen. Außerdem führte er umfangreiche Interviews zu den Fragen, wie Jugendliche in der Schule und in der Freizeit schreiben und wann und warum sie welche sprachlichen Mittel einsetzen.

„Es gibt sehr deutliche Unterschiede zwischen dem Schreiben in der Schule und dem Schreiben mit Freundinnen und Freunden", fasst Busch zusammen. Während die Schülerinnen und Schüler in ihren Kurznachrichten mit Freundinnen und Freunden meist auf Groß- und Kleinschreibung sowie Kommata verzichten, orientieren sie sich in ihren Schulaufsätzen stark an Rechtschreib- oder Zeichensetzungsregeln[1].

„Es zeigt sich, dass Jugendliche oft sehr wohl über Rechtschreibkompetenz verfügen, in der digitalen Kommunikation aber andere Normen gelten, die ein persönlicheres, adressatengerechtes Kommunizieren ermöglichen", erklärt Busch. Als völlig bedeutungslos gelte die Rechtschreibung aber auch im Digitalen niemals. „Schreibfehler können auch in WhatsApp als peinlich wahrgenommen werden. Darauf weisen sich die Jugendlichen mitunter gegenseitig hin und korrigieren einander. Ihnen ist wichtig, nicht ungebildet zu wirken", sagt Busch.

Emojis, wie Smileys und Herzen, nehmen eine wichtige Rolle in der digitalen Kommunikation ein: Knapp ein Viertel aller Textnachrichten enthielt diese. „Entgegen zahlreicher Behauptungen werden Emojis aber in der Regel nicht dafür genutzt, ganze Wörter oder Sätze zu ersetzen", so Busch. Vielmehr seien sie eine Interpretationshilfe, wie eine Nachricht zu verstehen ist. „An die Stelle von klassischen Satzzeichen tritt hier eine große Zeichenvielfalt, die eine erfolgreiche digitale Kommunikation ermöglicht", sagt Busch weiter.

Je nach Beziehung der Jugendlichen untereinander können wiederum andere Regeln gelten: „Enge Freunde verzichten mitunter ganz auf den Einsatz von Emojis, weil sie nicht nötig sind, um einander richtig zu verstehen. In weniger engen Beziehungen werden sie verwendet, um die Bedeutung einer Nachricht zu illustrieren", sagt Busch.

Diese Vielfalt ist für die Jugendlichen übrigens Segen und Fluch zugleich. „Das Schreiben in der Schule wird von manchen Jugendlichen als eindimensionaler und in diesem Sinne als einfacher wahrgenommen, weil es mit der Standardsprache nur ein Regelwerk gibt, an dem sie sich orientieren müssen", sagt Busch. Schriftliche Konversationen über WhatsApp seien da deutlich komplexer: „Hier gibt es viel mehr Möglichkeiten und Nuancen, mit denen Bedeutung transportiert werden kann." Das mache es deutlich schwieriger, immer den richtigen Ton zu treffen.

Leipziger Zeitung *(2024)*

[1] Vgl. Tabelle in Material 2

10. Lesen und markieren Sie die wichtigsten Informationen in diesem Zeitungsartikel mit Blick auf Ihr Thema der Zeichensetzung in Texten.

11. Arbeiten Sie die Unterschiede zwischen digitaler Kommunikation über Textmessenger und schulischem Schreiben heraus, wie sie der Linguist Florian Busch erläutert.

12. Erklären Sie, warum es nach Busch in digitaler Kommunikation „deutlich schwieriger [sei], immer den richtigen Ton zu treffen" (Z. 47) und welche Rolle dabei Satzzeichen spielen. Ergänzen Sie Ihre Tabelle.

Wissen und Können

Um einen überzeugenden subjektiven Meinungstext verfassen zu können, ist es hilfreich, **verschiedene Standpunkte kennenzulernen, einzuordnen**, zu **bewerten** und die **Relevanz für den eigenen Zieltext** zu erkennen. So können Sie Ihre eigene Argumentation im Kontext der Debatte verorten, auf andere Bezug nehmen oder mögliche Gegenpositionen und Einwände schon vorab in Ihrem Text berücksichtigen. Je mehr Sie selbst wissen, umso kenntnisreicher und überzeugender wird Ihre eigene Stellungnahme.

Material 4

Viola Schenz (geb. 1968)

Liebe Journalisten, Moderatoren und Schriftsteller, könnt ihr bitte damit aufhören, euch um Satzzeichen zu foutieren[1]?

Dass der Strichpunkt aus der Schriftsprache verschwunden ist, könnte man ja noch akzeptieren. Aber dass Satzzeichen zunehmend als lästig empfunden werden, geht nun wirklich nicht.

„Und jedem Anfang wohnt ein Zauber inne", dichtete Hermann Hesse 1941 und ahnte damals natürlich noch nichts vom Zeitalter der E-Mails und ihren schlechten Angewohnheiten. E-Mails nämlich fangen gerne so an: „Liebe XY, ich hoffe, es geht Ihnen gut?" Und man wundert sich mal wieder, warum sich ein Fragezeichen eingeschlichen hat? Jaja, wackere NZZ-Leser haben es zweifellos sofort gemerkt: Es muss natürlich lauten „... hoffe, es geht Ihnen gut." und „... eingeschlichen hat." – Punkt, aus, null Fragezeichen.
Jedem Anfang, so scheint es, wohnt heute ein Grammatikfehler inne. Vielerorts wird nicht mehr zwischen direkter und indirekter Frage unterschieden oder zwischen Aussage- und Fragesatz. Besonders das Fragezeichen tappt im Dunkeln. Man vermisst es zum Beispiel hier: „Abends ging er in seine Kneipe – wohin auch sonst." Denn auch eine rhetorische Frage bleibt nun mal eine Frage. Print-Journalisten wiederum neigen zu einer Art freiwilliger Zwangsverfragung von Aussagen. In Interviews stehen als Fragen kaschierte Aussagesätze wie „Die Regierung hat das ja schon immer so gehalten?" – und man möchte ein weiteres Fragezeichen, und ja, um auch hier im Bild zu bleiben, zum Fehlerteufel jagen.

„Wir essen Opa"

Eine Mode macht sich im Schriftdeutschen breit, nicht nur in Mails, sondern auch in Medien und Büchern. Sie treibt die Interpunktion in die Anarchie. Der Strichpunkt etwa hat sich quasi aus Texten verabschiedet, das Komma taucht nach Lust und Laune auf. Satzzeichen verlieren so ihren sehr praktischen Zweck: uns mit ein paar Tupfen und Strichen zielsicher durch den Buchstabendschungel zu leiten. Sie verhindern Missverständnisse, mitunter sogar Morde, wir

[1] foutieren: (schweizerisch) sich um etwas nicht kümmern, sich über etwas hinwegsetzen

wissen das von lustigen Klassikern: „Er will sie nicht“ klingt entscheidend anders als „Er will, sie nicht“ und „Wir essen, Opa!“ sehr viel harmloser als „Wir essen Opa“.

Manche Satzzeichen werden offenbar gar als lästig erachtet. Immer mehr Schriftsteller verzichten auf Anführungsstriche. In ihren Romanen weiss[1] man bisweilen nicht, wer gerade spricht; ob überhaupt gerade gesprochen wird oder vielleicht bloss gedacht und wer dann denkt – oder ob es sich um unterschiedliche innere Monologe handelt; denn gerne kommt noch ein verwirrender Perspektivwechsel dazu. Längere Konversationen geraten da schon einmal zur Rätseltour. Warum lassen Verlage das zu? Verunstalten Anführungsstriche ihrer Meinung nach das Schriftbild? Gilt es als chic, die Leser im Wort-und-Gedanken-Nebel stehen zu lassen?

Na gut, denkt man sich, es gibt ja noch das Radio, wo Fragesätze noch Fragen sein dürfen und Aussagesätze noch Aussagen und entsprechend korrekt betont wird. Mag sein, aber es greift dort eine andere Unsitte um sich. In Standardsätzen wie „Die Aussenminister haben sich zu einer Krisensitzung getroffen“ fällt der Akzent nicht intuitiv auf die relevante „Krisensitzung“, sondern auf das sehr erwartbare „getroffen“. Radiojournalisten betonen nämlich zunehmend das letzte Wort im Satz, egal wie unwichtig und absehbar es ist.

Betont wird am Schluss

Es trifft dann fade Partizipien wie „gesehen“, „gesagt“, „erklärt“ oder „gefordert“, und man tut sich Korrespondentenberichte mit endloser Monotonie endbetonter Sätze an. Warum das so ist? Früher druckten sich Radiomacher ihre Texte aus und unterstrichen betonenswerte Wörter vor dem Verlesen. Längst aber wird der Text vom Monitor abgelesen, und weil es wohl zu aufwendig ist, dort einzelne Wörter zu markieren, hat man es sich angewöhnt, immer das letzte Wort zu akzentuieren.

Satzzeichen sind der Pfeffer der Sprache, sie verpassen Sätzen Sinn, Klang und Rhythmus. Das wussten schon schlaue Griechen oder Moabiter in der Antike, als sie diese in ihre Tontafeln einkerbten. Bitte, liebe Moderne, halte an dieser sinnigen Errungenschaft fest! *(2022)*

Neue Zürcher Zeitung

13. Formulieren Sie in eigenen Worten die Position, die Viola Schenz in der Satzzeichen-Debatte einnimmt.

____

____

____

14. Arbeiten Sie die Argumente heraus, die für die Verwendung von Satzzeichen angeführt werden. Ergänzen Sie Ihre Tabelle.

15. Analysieren und beschreiben Sie den Stil dieses Textes.

Material 5

Nadine Conti

Bedeutungsschwere Satzzeichen: Anschreizeichen sind keine Diagnose

Immer geht es nur um Sternchen. Dabei gäbe es doch auch zu Ausrufezeichen und Semikola einiges zu sagen.

Neulich bin ich bei einer alten Seinfeld-Folge[1] eingeschlafen – Sie wissen schon diese Serie, die man in den 90ern unfassbar lustig und cool fand. In der Folge ging es unter anderem darum,

[1] Die Rechtschreibung folgt den amtlichen Vorgaben in der Schweiz (kein ß, sondern immer ss).
[1] **Seinfeld-Serie:** TV-Serie über den fiktionalisierten Alltag des Komikers Jerry Seinfeld und seiner Ex-Freundin Elaine, die von 1989–1998 auf NBC lief

dass die Figur namens Elaine einen Typen abserviert, weil er es versäumt hat, in einer Telefonnotiz ein Ausrufezeichen zu setzen, wo ihrer Meinung nach unbedingt eines hingehörte.
Das gehört natürlich zum speziellen Humor der Serie und klingt jetzt erst einmal sehr seltsam (zumal er vorher die Wohnung geputzt und gekocht hatte – wofür die meisten Frauen, die ich kenne, ihm noch ganz andere Dinge durchgehen lassen würden als Zeichensetzungsfehler, aber egal).
Ich musste jedenfalls daran denken, dass *Sternchen ja möglicherweise nicht die einzigen Zeichen sind, die gerade einem dramatischen Bedeutungswandel unterliegen. Ich mag Ausrufezeichen schon seit einem Weilchen nicht mehr. Ich weiß gar nicht genau, wann das angefangen hat, bin mir aber ziemlich sicher, dass es irgendwie mit Facebook zusammenhängt.
Meine Schwester nennt sie auch nur noch „Anschreizeichen". Aber die arbeitet auch in der öffentlichen Verwaltung, da wird der assoziative Zusammenhang noch deutlicher. Ausrufezeichen sind das Lieblingssatzzeichen von Wut- und Reichsbürgern, AfD-Wählern, Trollen, Online-Kommentatoren und Leserbriefschreibern. Das ist wirklich schade für das arme Ausrufezeichen, ich glaube, es war tatsächlich mal nützlich, aber jetzt stinkt es.
An einem anderen Abend – mit Theke statt Fernseher – traf ich eine junge Frau, die sich ein Semikolon auf das Handgelenk tätowieren hatte lassen. Das bedeutet mittlerweile ganz offensichtlich auch etwas anderes als mein Deutschlehrer damals noch dachte, lernte ich bei dieser Gelegenheit. Wenn ich das richtig verstanden habe, steht es für Menschen, die unter Depressionen leiden, suizidgefährdet sind oder sich schon einmal selbst verletzt haben.
Eine junge Amerikanerin soll das „Project Semicolon" gegründet haben, nachdem sich ihr Vater das Leben genommen hatte. Berühmt gemacht hat es wohl die Netflix-Serie „Tote Mädchen lügen nicht".
Die Wahl dieses speziellen und eigentlich selbst schon fast vom Aussterben bedrohten Satzzeichens wird mit einem Satz begründet, der gut für Instagram-Kacheln taugt: „Ein Semikolon wird verwendet, wenn ein Autor einen Satz hätte beenden können, sich aber dazu entschieden hat, es nicht zu tun. Du bist der Autor und dieser Satz ist dein Leben."
Ich weiß erst einmal nicht so genau, was ich davon halten soll. Theoretisch verstehe ich natürlich den Ansatz, psychische Krankheiten von ihrem Stigma[2] zu befreien, die gesellschaftliche Aufmerksamkeit zu erhöhen, Betroffene zu ermächtigen und so weiter und sofort.
Aber irgendwie scheint mir das alles auch ein bisschen viel für dieses schmale Handgelenk auf dem dunklen Thekenholz. Sie wolle, erklärt mir die junge Frau, das Tattoo auch eigentlich wieder loswerden, es sei mit einer Phase ihres Lebens verbunden, die ihr jetzt weit weg erscheine.

taz.de *(2023)*

16. Lesen Sie den Text mit dem Ziel, die Intention der Verfasserin zu klären.

17. Beschreiben Sie den Stil dieses Meinungstextes und begründen Sie, ob dieser Stil Sie anspricht.

____

____

____

____

____

____

____

18. Lesen Sie den Text nochmal genau und formulieren Sie einen Verstehensentwurf.

[2] **Stigma:** negatives Merkmal, das zur Ausgrenzung führt

Material 6

Harald Martenstein (geb. 1953)

Über ein Satzzeichen, das mehr Aufmerksamkeit verdient

Als ich jung und fesch war, brachte ich in einem Dreißigzeiler locker acht Doppelpunkte unter. Diese Doppelpunkte wurden, was mich rückblickend wundert, beim Redigieren[1] von den Redakteuren fast nie gestrichen. Vielleicht hegten sie die Hoffnung, dass sich mithilfe von Doppelpunkten junge Leser gewinnen lassen.

Ich glaube, meine Doppelpunkte sollten damals ausdrücken, dass fast jeder Satz mit dem nachfolgenden Satz inhaltlich irgendwie zu tun hat: So verhält es sich ja auch. Aber ich glaubte, dass die Leser so etwas nicht von selbst kapieren und Hilfe brauchen. Nach dem Ende meiner Doppelpunktphase habe ich stattdessen plötzlich extrem viele Gedankenstriche verwendet – kaum ein Satz kam ohne einen durch Gedankenstrich abgetrennten Nachklapp aus, manchmal reihte ich sogar zwei Gedankenstrichkonstrukte aneinander idiotisch, oder?

Das Ausrufezeichen dagegen lehne ich bis heute aus politischen Gründen ab. Es ist autoritär! Es wirkt wie Anbrüllen auf dem Kasernenhof! Mein Lieblingssatzzeichen ist inzwischen das Fragezeichen. Fragezeichen laden zum Gespräch ein, ist es nicht so? Fragezeichen signalisieren, dass ein Autor nicht alle Fragen für geklärt hält.

Nun habe ich in der Frankfurter Allgemeinen einen brillanten, fast die gesamte Seite füllenden Essay über das Semikolon gelesen, der Autor Rainer Moritz leitet das Hamburger Literaturhaus. Solange in Deutschland noch Essays und Kolumnen über Satzzeichen geschrieben und in namhaften Medien veröffentlicht werden, gibt es Hoffnung. Nur, auf was?

Das Semikolon oder der Strichpunkt wurde, wie man aus dem Essay lernen kann, eines Tages erfunden wie die Schreibmaschine oder das Handy. Und zwar im 15. Jahrhundert von dem Venezianer Aldus Manutius. Es ist ein Satzzeichen, zu dem es sogar bei uns regulierungswahnsinnigen Deutschen keine Verwendungsregel gibt; jeder darf es einfach nach Gefühl verwenden, wie das Salz beim Kochen; sogar laut Duden; man verwende es dort, wo einem ganz spontan und subjektiv der Punkt zu stark und das Komma zu schwach vorkommt.

Das Semikolon sei folglich, wie Moritz schreibt, unbeliebt bei all denen, die „rigorose Eindeutigkeit" wollen. Es sei ein „Symbol der Ambivalenz", auch der Differenzierung, des Nuancierens; überdies ist es elitär und taugt deshalb zum Statussymbol, obwohl es nichts kostet.

In der Kulturgeschichte gab es leidenschaftliche Anwälte des Semikolons, etwa Theodor W. Adorno, der beim Betrachten dieses Satzzeichens manchmal feinen „Wildgeschmack" im Munde verspürte, wer würde das nicht mögen? Heinrich von Kleist schüttete 197 Semikolons über die 593 Sätze der *Marquise von O...* aus. Der Philosoph Ludwig Wittgenstein aber schrieb den unsterblichen Satz „Der Philosoph behandelt eine Frage; wie eine Krankheit".

Die Feinde des Semikolons werfen ihm hauptsächlich vor, dass man auch gut ohne auskommen kann und dass man durch seine Verwendung beweist, über Bildung zu verfügen; im Grunde spricht das Gleiche auch gegen das Lesenlernen und gegen das Essen mit Messer und Gabel.

Zurzeit scheint – so belegt Rainer Moritz – das Semikolon in der deutschen Literatur ein Comeback zu feiern, sogar bei jüngeren Autoren. In ihrem neuen Roman *Weiße Flecken* bringe Lene Albrecht (geboren 1986) auf 130 Seiten mehr als hundert Strichpunkte unter. Das ist aber gar nichts gegen die mehr als 1.300 Strichpunkte in dem deutlich umfangreicheren neuen Werk *Der eiserne Marquis* von Thomas Willmann. Ambivalenz wird also möglicherweise wieder modern. *(2024)*

ZEIT Magazin

[1] Redigieren: Überarbeiten und Verbessern eines Textes vor der Veröffentlichung

19. Wählen Sie aus und begründen Sie, welche der folgenden Thesen die Kernaussage des Meinungstextes trifft.

- ☐ Das Semikolon verdient mehr Aufmerksamkeit.
- ☐ Ausrufezeichen sind autoritär.
- ☐ Debatten über Satzzeichen geben Hoffnung.
- ☐ Man kann auch ohne Semikolon auskommen.
- ☐ Ambivalenz wird wieder modern.

Begründung: ____

____

20. Analysieren Sie den Argumentationsgang Martensteins. Ergänzen Sie Ihre Tabelle.

Auf Grundlage Ihrer Arbeitsergebnisse der Seiten 25 bis 33 verfassen Sie nun einen argumentierenden Blog-Beitrag zur Debatte über die Frage des sinnvollen und angemessenen Gebrauchs von Satzzeichen.

21. Klären Sie abschließend auf der Grundlage Ihrer Tabelle Ihre eigene Position zum strittigen Thema. Formulieren Sie in Ihrem Heft Ihre zentrale These und eine Überschrift, die das Thema nennt und neugierig macht.

22. Erstellen Sie eine Gliederung des argumentativen Aufbaus Ihres Beitrags.

23. Verfassen Sie einen argumentierenden Blog-Beitrag im Umfang von 1 000 Wörtern über die Frage des sinnvollen und angemessenen Umgangs mit Satzzeichen, der Ihre Position pointiert und schlüssig zum Ausdruck bringt. Achten Sie darauf, dass Ihre eigenen Argumente vollständig sind (These, Begründung, Beleg, Beispiel) und verwenden Sie unterschiedliche Argumenttypen (vgl. S. 9).

Wissen und Können

Ein **argumentierender Blog-Beitrag** ist ein Online-Textformat, das auf eine aktuelle Debatte Bezug nimmt, zielgerichtet eine bestimmte Meinung vertritt und leserfreundlich klar strukturiert aufgebaut ist. Er ähnelt dem Kommentar (vgl. S. 119). Ein **aussagekräftiger Titel** und **Zwischenüberschriften** erleichtern die Zugänglichkeit und das Lesen für die Adressatinnen und Adressaten. Als Autorin oder Autor sollte man sich darüber klar sein, wer die Zielgruppe des Blog-Beitrags ist. Davon hängt z. B. ab, ob man siezt oder duzt und welchen Schreibstil man verwendet. Wichtig ist eine **Überschrift**, die Hinweise auf das Thema gibt und neugierig macht. Auch der erste Absatz, die Einleitung muss wichtige Informationen liefern und einen Hinweis auf die Meinung der Verfasserin bzw. des Verfassers geben. Im Hauptteil wird informiert und durch Argumente überzeugt. Hier sollten unterschiedliche **Argumenttypen** eingesetzt werden (vgl. S. 9). Ebenso wie beim Kommentar kann man erzählende oder appellative Abschnitte in seinen Beitrag einbauen und sollte rhetorische Stilmittel nutzen, um die eigene Argumentation überzeugend zu gestalten (vgl. hierzu die Hinweise auf S. 119). Ein pointierter Schluss unterstreicht die eigene Meinung und bleibt in Erinnerung.

Mit literarischen Texten umgehen

Die Technik des Erzählens untersuchen

Wissen und Können

Die Technik des Erzählens

Die Instanz des Erzählers

Um epische Texte verstehen und beschreiben zu können, benötigen Sie Kenntnisse über die verschiedenen Möglichkeiten eines Autors, einen Erzähltext zu gestalten.
Jedem epischen Erzählen liegt folgende Situation zugrunde: Ein Autor bzw. eine Autorin erfindet einen **Erzähler** (eine Instanz, die auch weiblich sein kann!), die einem Leser bzw. einer Leserin eine Geschichte präsentiert.

Erzählsituation, Erzählform, Erzählhaltungen und -ebenen

In literarischen Texten kann die **Erzählsituation** untersucht werden. Das Konzept der Narratologie von Gérard Genette basiert auf den Begriffen **Diegese** (erzählte Welt) und **Diegesis** (dichterische Darstellung einer Welt) und unterscheidet Erzählhaltungen und Erzählebenen:

Erzählform	Er-Erzähler/-in – Ich-Erzähler/-in
Erzählhaltungen (Beteiligung des Erzählers / der Erzählerin)	
homodiegetisch	Der/Die Erzähler/-in ist an der Handlung beteiligt; der/die Erzähler/-in und die Geschichte gehören zur selben Welt.
heterodiegetisch	Der/Die Erzähler/-in ist unbeteiligt; der/die Erzähler/-in und die Geschichte gehören nicht zur selben Welt. Wenn Ich-Erzähler/-in zugleich die Hauptfigur ist, spricht man von **autodiegetisch**.
Erzählebenen (Ort des Erzählers / der Erzählerin)	
extradiegetisch	Der/Die Erzähler/-in steht außerhalb der Handlung. Diese Position kann durch eine Rahmenerzählung oder die sog. Herausgeberfiktion gestaltet sein.
intradiegetisch	Der/Die Erzähler/-in ist Teil der erzählten Welt

Erzählhaltung

Der/Die Erzähler/-in kann dem von ihm/ihr erzählten Geschehen und den von ihm/ihr dargestellten Figuren neutral gegenüberstehen, er/sie kann aber auch eine wertende Einstellung einnehmen und zeigen (**Erzählhaltung**). Letztere kann z. B. zustimmend oder ablehnend, ironisierend, satirisch, kritisch oder humorvoll sein.

Fokalisierung

Ein weiterer wichtiger Aspekt der Erzähltechnik ist die Sicht, aus der der/die Erzähler/-in erzählt. Diese kann mit der Kategorie der **Fokalisierung** beschrieben werden:

- **Null-Fokalisierung:** Der/Die Erzähler/-in weiß mehr, als die Figuren wissen, und kennt die Innensicht aller Figuren.
- **Interne Fokalisierung:** Der/Die Erzähler/-in weiß genau, was eine Figur weiß, und kennt ihre Gedanken, wobei innerhalb einer Erzählung der Blickwinkel auch wechseln kann.
- **Externe Fokalisierung:** Der/Die Erzähler/-in sagt weniger, als die Figuren wissen. Er/Sie schildert das Geschehen von außen und kennt z. B. die Gedanken der Figuren nicht.

Marco Beckendorf

Von blauen und roten Krawatten (2016)

Ich stehe am Kopierer und kopiere Akten.

Für einen International-Management-and-Finance-Absolventen scheint mir diese Arbeit deutlich unterqualifziert. Und weshalb diese Akten in Zeiten digitaler Medien kopiert werden müssen, ist mir schleierhaft. Aber die 400-Euro-Aushilfe ist krank. Da hat mein Chef mich dazu auserkoren, diese für das Unternehmen überlebenswichtige Aufgabe zu übernehmen. Und ich widerspreche meinem Chef nie.

Ich kehre zurück in mein Büro. Okay, genau genommen ist es nicht mein Büro. Ich teile es mit zwanzig anderen. Open Space Office nennt man das und es soll die Zusammenarbeit stärken.

Und tatsächlich, wir liegen alle auf einer Wellenlänge, haben die gleichen Interessen, Träume, Wünsche. Aber man glaube nicht, wir seien alle gleich. Individualität ist uns wichtig. Katzenfotos, Familienfotos, Urlaubsbilder – kein Schreibtisch gleicht dem anderen.

Mein Job ist ein Traum und viele neiden ihn mir.

Wie ich es bis hierher in den zehnten Stock über den Dächern der Stadt geschafft habe? Harte Arbeit und Fleiß. Schon in der Schule lehrten mich meine Eltern, dass es nur die Besten nach ganz oben schaffen. Und ich folgte immer ihren Ratschlägen. Ich absolvierte die Schule mit Bestnoten und fand sofort einen Studienplatz in der Nähe meiner Heimatstadt. International Management and Finance. Alle waren stolz auf mich. Das Studium war anspruchsvoll und fordernd. Doch unter lauter Gleichgesinnten meisterte ich auch diese Aufgabe. Meine Zukunft schien gesichert.

Und nun sitze ich hier, trotz Finanzkrise, Entlassungswellen und Skandalen. Zur Linken eine rote, zur Rechten eine blaue Krawatte. Ich habe mich heute für schwarz-weiß gestreift entschieden. Richtige Entscheidung.

Meine Kollegen und ich machen uns auf den Weg zur Kantine, vorbei an den mit Wasser gefüllten Büros der leitenden Angestellten. Dort wollen wir hin – und wir werden dort hinkommen.

Ich denke an meine Freunde. Heute ist Freitag und wie jeden Freitag treffen wir uns nach der Arbeit in unserem Stammlokal. Praktischerweise arbeiten sie gleich um die Ecke, in einem der anderen Hochhäuser. Auch sie tragen Anzüge, so wie alle hier. Einmal habe ich mich aus Versehen an einen falschen Tisch gesetzt. Erst nach zwei Bier bemerkte ich, dass dies nicht meine Freunde sind. Was die Fremden erzählten, kam mir allzu vertraut vor. Jede ihre Geschichten schien ich zu kennen.

Ich setze mich mit roter und blauer Krawatte an einen Tisch. Blaue Krawatte erzählt von einem, der es in nur zwei Jahren bis in die Chefetage geschafft hat. Rote Krawatte gibt die Story eines erfolgreichen Hedgefonds-Managers zum Besten. Er habe seinen Vorstandsposten von heute auf morgen gekündigt und ein Projekt zur Erhaltung bedrohter Haiarten ins Leben gerufen. Mit sechsundvierzig! Man lacht, kann es nicht glauben.

Wer entscheidet sich auf der Höhe seines Erfolgs für einen solchen Schritt, gibt alles auf für ein paar Haie, seine Träume, Ziele, Wünsche?

Ein Hauch von Neid kommt in mir auf.

Zurück an meinem Arbeitsplatz recherchiere ich über den Mann, und es ist wahr: „Ehemaliger Hedgefonds-Manager eröffnet Aufzuchtstation in der Karibik“. Das Wetter dort ist auf jeden Fall gut. Ich lese den Artikel, der Mann scheint glücklich zu sein mit seiner Entscheidung. Auf den Bildern sehe ich einen entspannt lachenden Mann Mitte vierzig unter der Sonne der Südsee.

Tausche Frankfurt gegen Südsee ... Noch bevor ich diesen Gedanken fassen kann, reißt mich eine Stimme heraus: „Herr Schwarz, bevor Sie alle Akten kopiert haben, sehe ich keinen Anlass, Ihre Zeit auf Urlaubseiten zu verschwenden!“

Ich blicke auf. Vor mir steht mein Chef.

Er ist ein Hai. Seine Nase ist spitz und vernarbt. Aus den Augen blitzt Aggressivität und Zorn. Seine Zähne sind scharf und groß. Aus den Ärmeln seines Anzuges ragen zwei schmale Flossen, und auf seinem Rücken ist eine dritte zu sehen. Er macht einen erschöpften Eindruck. Einer, der zu lange im Haifischbecken geschwommen ist. Immer bemüht, an der Spitze eines stetigen Stroms aus Haien zu bleiben.

Ich beobachte ihn stumm und frage mich: Wer gibt schon alles auf für ein paar Haie?

Diese Geschichte wurde von einem Schüler (Klasse 12) verfasst.

1. Notieren Sie in einem ersten Zugriff Ihre Gedanken und Fragen zum Text.

2. Formulieren Sie einen Satz, der das Thema der Kurzgeschichte treffend zusammenfasst.

3. Formulieren Sie eine eigene Deutungshypothese, die die Aussageabsicht des Textes skizziert.

4. Bestimmen Sie die Erzählform dieses Textes. Schreiben Sie einen Satz aus dem Text heraus, der Ihre Aussage belegt.

5. Arbeiten Sie anschließend Informationen über äußere Merkmale des Erzählers (Name, Geschlecht, Alter, Beruf etc.) heraus und notieren Sie diese stichwortartig.

Bei der Bearbeitung der folgenden Aufgaben haben Sie Ihre Deutungshypothese immer im Blick und überprüfen diese.

6. Bestimmen Sie die Erzählhaltung und die Erzählebene und erläutern Sie, welche Auswirkung dies auf die Wahrnehmung der Handlung durch den Leser bzw. die Leserin hat.

Erzählhaltung: ______________________________

Erzählebene: ______________________________

Auswirkungen auf den Leser bzw. die Leserin:

____

____

7. Bestimmen Sie die Fokalisierung im Text.

____

____

____

8. Mit welchem Adjektiv kann man die Erzählhaltung beschreiben? Kreuzen Sie eine passende Beschreibung an und begründen Sie diese mit Textbelegen.

- ☐ ironisch ______________________________
- ☐ neutral ______________________________
- ☐ selbstkritisch ______________________________
- ☐ überschwänglich, euphorisch ______________________________
- ☐ sachlich-nüchtern ______________________________
- ☐ humorvoll ______________________________
- ☐ nachdenklich ______________________________

Wissen und Können

In einem epischen Text lassen sich verschiedene **Darbietungsformen** unterscheiden. Dabei wird verdeutlicht, ob sich der Erzähler oder die Figuren äußern.
Unter einem sogenannten **Erzählerbericht** werden die Elemente einer Erzählung verstanden, die vom Erzähler selbst vermittelt werden. Der Erzähler kann dabei das Geschehen und auch die Verhaltensweisen der Figuren kommentieren, bewerten oder reflektieren oder sie nur neutral beschreiben.
Wenn ein Erzähler auf die Innensicht einer Figur zurückgreift und ganz hinter deren Äußerungen zurückbleibt, spricht man von einer **Figurenrede**. Wenn dabei die direkten Äußerungen der Figuren, etwa in Form von Dialogen oder Monologen, im Vordergrund stehen, handelt es sich um **szenisches Erzählen**.
Die sogenannte **erlebte Rede** ermöglicht die Wiedergabe von Gedanken und Gefühlen einer Figur und steht in der 3. Person Indikativ, meistens im Präteritum. Der **innere Monolog** gibt direkt die Innenwelt der Figuren wieder; er steht in der 1. Person Singular, meistens im Präsens, wobei der Erzähler völlig zurücktritt. So entsteht eine größere Unmittelbarkeit. Der **Bewusstseinsstrom (stream of consciousness)** erweitert den inneren Monolog, indem auch unbewusste Vorgänge der Figuren in Form von Assoziationen, Gedankenfetzen etc. dargelegt werden. Diese Darbietungsform ist häufig frei von grammatikalischen Regeln.
Auch die **indirekte Rede** ermöglicht es, die Gedanken und Gefühle einer Figur wiederzugeben. Hierbei wird größere Distanz geschaffen.

9. Bestimmen Sie die Darbietungsform, die in dem vorliegenden Text dominiert.

____

10. Bestimmen Sie in folgenden Textpassagen die Formen der Figurenrede.

A: Er habe seinen Vorstandsposten von heute auf morgen gekündigt und ein Projekt zur Erhaltung bedrohter Haiarten ins Leben gerufen. Mit sechsundvierzig! (Z. 33 ff.)

B: „Herr Schwarz, bevor Sie alle Akten kopiert haben, sehe ich keinen Anlass, Ihre Zeit auf Urlaubseiten zu verschwenden!“ (Z. 45 f.)

11. Formulieren Sie einen inneren Monolog des Chefs, nachdem er den Erzähler zurechtgewiesen hat (vgl. Z. 45 f.).

12. Beurteilen Sie anschließend, inwiefern sich die Geschichte verändert, wenn ein solcher innerer Monolog einer anderen Person hinzukäme.

Wissen und Können

Mit den Darbietungsformen hängt der **Umgang mit der Zeit** eng zusammen. Man unterscheidet zwischen **zeitdeckendem, zeitdehnendem und zeitraffendem Erzählen**. Wenn die Erzählzeit der erzählten Zeit entspricht, handelt es sich um zeitdeckendes Erzählen. Der Leser gewinnt hier den Eindruck von Authentizität.
Wenn eine längere Zeit zusammengefasst wird, spricht man von zeitraffendem Erzählen. Es ist dem Erzähler auch möglich, Zeitsprünge einzubauen, um Unbedeutendes zu überspringen.
Mit dem Begriff des zeitdehnenden Erzählens ist gemeint, dass die erzählte Zeit die Erzählzeit sogar überschreitet.
Während in einem Erzählerbericht alle drei Formen vorkommen können, verlaufen das szenische Erzählen sowie der Bewusstseinsstrom zeitdeckend.
Des Weiteren kann man untersuchen, wie der Erzähler mit der **zeitlichen Abfolge** der Ereignisse umgeht. Er kann dies in **chronologischer Reihenfolge** tun, aber auch **Rückblenden** auf die Vergangenheit oder **Vorausdeutungen** auf die Zukunft einflechten und damit die Chronologie unterbrechen.

13. Untersuchen Sie die zeitliche Struktur in dem Text, indem Sie folgende Fragen beantworten.

a) Welche unterschiedlichen Ereignisse vollziehen sich am Arbeitsplatz des Erzählers?

____

____

____

____

b) Wie lässt sich das Verhältnis zwischen erzählter Zeit und Erzählzeit beschreiben?

____

14. Finden Sie zwei Stellen im Text, an denen die Chronologie der Ereignisse unterbrochen wird. Benennen Sie, um welche Art von Unterbrechung es sich handelt, und überlegen Sie, welche Funktion damit verbunden sein könnte.

a) Z. ____**, Art der Unterbrechung:** ______________________________,

Mögliche Funktion: ______________________________

____

b) Z. ____**, Art der Unterbrechung:** ______________________________,

Mögliche Funktion: ______________________________

____

Wissen und Können

Der in fiktionalen Texten dargestellte **Raum** ist nicht nur Element der Handlung, sondern auch ein eigener Bedeutungsträger (vgl. auch S. 40). Räume können auf bestimmte kulturelle oder moralische Vorstellungen hinweisen, das Innenleben einer Figur spiegeln oder Hinweise auf das Beziehungsgeflecht, wie es sich in einem Text darstellt, geben. Insofern sollte der Gestaltung des Raumes besondere Beachtung geschenkt werden, etwa durch die Beantwortung folgender Fragestellungen:
Wie wirkt die räumliche Darstellung? In welcher Beziehung steht sie zum erzählten Geschehen? Werden Räume bestimmten Figuren zugeordnet? Wo gibt es Grenzen zwischen verschiedenartig gestalteten Räumen? Gibt es Figuren, die räumliche Grenzen überschreiten (und vielleicht auch damit verbundene soziale und kulturelle Normen infrage stellen)? Welche Hinweise kann mir die Darstellung des Raumes für die Interpretation der Erzählung geben?

15. Erarbeiten Sie mithilfe der folgenden Fragen die Darstellung der Räume im Text: Wie werden diese vom Erzähler beschrieben und wie wirken sie auf den Leser und die Leserin? Welche Bedeutung tragen die Räume im Gesamtkontext der Handlung? Ergänzen Sie die folgende Tabelle und arbeiten Sie mit Textbelegen.

Raum	Beschreibung	Mögliche Bedeutung
Büro des Erzählers		

Raum	Beschreibung	Mögliche Bedeutung
Stammlokal	Tische besetzt von ähnlich gekleideten Menschen, die allesamt in den umliegenden Hochhäusern arbeiten → Verwechslungsgefahr (vgl. Z. 23–35)	Anonymität, Gleichförmigkeit
Büros der leitenden Angestellten		
Südsee		

16. Insbesondere die Darstellung der Räume, in denen die leitenden Angestellten arbeiten, korrespondiert mit der Charakterisierung des Chefs. Erläutern und erklären Sie die Darstellung des Chefs.

17. Der Text trägt den Titel „Rote und blaue Krawatten". Interpretieren Sie diesen Titel.

18. Die Frage „Wer gibt schon alles auf für ein paar Haie?" kommt in der Kurzgeschichte zweimal vor und bildet zugleich den Schluss. Stellen Sie Vermutungen an, warum dieser Satz wiederholt wird und was er bedeutet.

19. Verfassen Sie ausgehend von Ihrer Deutungshypothese und Ihren Arbeitsergebnissen eine zusammenhängende Interpretation des Textes. Berücksichtigen Sie dabei insbesondere die Erkenntnisse zur Technik des Erzählens und die Informationen auf der folgenden Seite.

Wissen und Können

Ziel der **schriftlichen Interpretation eines literarischen Textes bzw. Textauszuges** ist es zum einen, den/die Leser/-in über den **Inhalt** des Erzähltextes zu informieren. Zum anderen geht es neben der rein inhaltlichen Information über die Protagonisten und die Handlung auch um die Art und Weise, also das **„Wie" des Erzählens**, denn der/die Erzähler/-in kann auf verschiedene Strategien zurückgreifen, mit denen er/sie seine/ihre Geschichte darbieten möchte. Diese z. T. nicht leicht durchschaubaren Erzählstrategien gilt es zu verstehen, indem man die sprachlich-rhetorischen Mittel sowie die erzähltechnischen Auffälligkeiten in ihrer Funktion für die Textaussage und ihrer Wirkung auf die Leserinnen und Leser beschreibt.

Methode/ Vorgehensweise	**1. Schritt: Planen** • Untersuchen Sie Ihre Notizen und Analyseergebnisse im Hinblick auf die formulierte Deutungshypothese. • Legen Sie fest, welche Untersuchungsergebnisse Sie in Ihrer Interpretation besonders berücksichtigen möchten. • Erstellen Sie einen Schreibplan und ordnen Sie Ihre Untersuchungsergebnisse den einzelnen Gliederungspunkten zu. **2. Schritt: Schreiben** • Schreiben Sie Ihren Interpretationsaufsatz anhand Ihres Schreibplans. **3. Schritt: Überarbeiten** • Lesen Sie Ihren Text aufmerksam durch und überprüfen Sie ihn im Hinblick auf formale, sprachliche und inhaltliche Aspekte.
Aufbau der Interpretation	**Einleitung** • hinführender Gedanke • Nennung der wichtigsten Textdaten: Titel, Verfasser/-in, Erscheinungsjahr und -ort sowie Textsorte bzw. Gattung (z. B. Kurzgeschichte, Roman) • evtl. Hinweise zum historischen Kontext • Überblick über das Geschehen • Nennung des Themas: zentrale Problematik bzw. Fragestellung des Textes • Formulieren der Deutungshypothese **Hauptteil** • kurze Inhaltsangabe • bei einem Textauszug Einordnung dessen in Handlungszusammenhang des Gesamttextes • Darstellung der Untersuchungsergebnisse im Detail mit der Deutungshypothese als roter Faden • Mögliche Schwerpunktsetzungen: – **Thema:** Ausgestaltung des zentralen Themas/Motivs/Problems – **Aufbau der Handlung:** Abschnitte/Verlauf der Handlung, Bedeutung von Anfang und Ende, Spannungsbogen, Haupt- und Nebenhandlung – **Figuren:** Unterscheidung von Haupt- und Nebenfiguren sowie deren Charakterisierung und Entwicklung, Beziehungen zwischen den Figuren, Bedeutung des kommunikativen Verhaltens der Figuren – **Ort und Zeit der Handlung:** Beschreibung des Handlungsortes, Gestaltung der Atmosphäre, (historische) Zeit der Handlung, Zeitstruktur – **Sprache:** z. B. Auffälligkeiten in Wortwahl/Satzbau, rhetorische Mittel, Stilebene – **Erzähltechnik:** z. B. Erzählform, Erzählhaltung, Fokalisierung – **Textsorte/Gattung:** Benennung und Bestimmung der Textsorte/Gattung – **Titel:** Deutung des Titels, Zusammenhang zwischen Titel und Erzähltem • Belegen der Aussagen am Text durch wörtliche Zitate oder Textbelege und Beschreiben der Wirkung • Rückbezug auf die Deutungshypothese als roter Faden für die Interpretation
	Schluss • Zusammenfassung der zentralen Untersuchungsergebnisse • Rückgriff auf die in der Einleitung formulierte Deutungshypothese

Ein Gedicht interpretieren

Die Aufgabenstellung zur Interpretation eines Gedichtes mit Motivvergleich mit einem zweiten literarischen Text könnte so aussehen:

▶ Aufgabenstellung

1. Interpretieren Sie das Gedicht „Zuversicht“ von Ludwig Tieck.
2. Vergleichen Sie es anschließend mit dem Gedicht „Rezept“ von Mascha Kaléko unter den Aspekten, wie die Welt vom lyrischen Ich wahrgenommen wird und welche Auffassung es von einer gelingenden Lebensführung hat.

Wissen und Können

Bei einer **Gedichtinterpretation** kommt es darauf an, Inhalt, Aufbau und Gestaltung eines lyrischen Textes sowie die literaturgeschichtliche Einordnung zu erfassen und zu deuten. Dies ist besonders bei Gedichten, denen eine „Verdichtung“ des Inhalts eigen ist und die somit beim ersten Lesen zuweilen verschlüsselt wirken, nicht immer ganz einfach. Am Anfang der Auseinandersetzung steht deswegen eine genaue Untersuchung des Gedichtes: Worum geht es? Wie ist das Gedicht aufgebaut? Welche sprachlichen Auffälligkeiten sind beobachtbar? Wer spricht (zu wem)? Aus den Erkenntnissen dieser genauen Untersuchung entsteht die Interpretation, bei der man den Sinn des Textes durch verständliche Erklärungen und nachvollziehbare Belege erschließt und deutet.

Ludwig Tieck (1773 – 1853)

Zuversicht

Johann Ludwig Tieck war ein äußerst produktiver deutscher Dichter, Schriftsteller, Herausgeber, Kritiker und Übersetzer in der Epoche der Romantik. Aus einem gebildeten protestantischen Elternhaus stammend, begeisterte sich Tieck früh für Kunst und Kultur. Nach einem Studium der Theologie beschloss er, als freier Schriftsteller tätig zu sein. Dabei kam ihm vor allem seine Vielseitigkeit zugute: Als Übersetzer widmete er sich den Shakespeare-Dramen und öffnete diese somit auch für das deutsche Publikum. Für das eigene Schreiben wusste er sich zahlreiche Quellen zunutze zu machen und schöpfte aus alten Volksmärchen, Epen, Geschichten, Volksbüchern und Schauspielen. Zudem unternahm Tieck auch zahlreiche Bildungsreisen, u. a. nach Dresden, Hamburg, Rom, London, Paris und Prag. In seinen späteren Jahren wandte er sich der Novellenkunst und dem Theater zu, wobei er in beiden Bereichen mit seinem scharfen Blick für Zeittendenzen auffiel und auch deshalb zur Weiterentwicklung der Literatur beitragen konnte.

Ludwig Tieck (Gemälde von Joseph Karl Stieler, 1838)

Wohlauf! es ruft der Sonnenschein
Hinaus in Gottes freie Welt,
Geht munter in das Land hinein
Und wandelt über Berg und Feld!

Es bleibt der Strom nicht ruhig stehn,
Gar lustig rauscht er fort;
Hörst du des Windes muntres Wehn?
Er braust von Ort zu Ort.

Es reist der Mond wohl hin und her,
Die Sonne ab und auf,
Guckt übern Berg und geht ins Meer,
Nie matt in ihrem Lauf.

Und, Mensch, du sitzest stets daheim
Und sehnst dich nach der Fern':
Sei frisch und wandle durch den Hain
Und sieh' die Fremde gern.

Wer weiß, wo dir dein Glücke blüht,
So geh' und such' es nur,
Der Abend kommt, der Morgen flieht,
Betrete bald die Spur.

Lass Sorgen sein und Bangigkeit!
Ist doch der Himmel blau;
Es wechselt Freude stets mit Leid,
Dem Glücke nur vertrau'.

So weit dich schließt der Himmel ein,
Gerät der Liebe Frucht,
Und jedes Herz wird glücklich sein
Und finden, was es sucht.

(1798)

Zur ersten Fragestellung wird auf den folgenden Seiten eine mögliche Vorgehensweise mit der Bearbeitung verschiedener möglicher Teilaspekte aufgezeigt, die letztlich in eine zusammenhängende schriftliche Interpretation mündet.

Wissen und Können

Für die **Interpretation eines Gedichtes** hat sich die folgende **Vorgehensweise** bewährt:

1. Lesen des Gedichts und Festhalten des ersten Leseeindrucks
2. Formulierung der Deutungshypothese
3. Wiedergabe des Inhalts des Gedichtes
4. Beschreibung der äußeren Form des Gedichts sowie Deutung mit Blick auf die Deutungshypothese
   - Aufbau (Anzahl der Strophen und Verse)
   - Reimordnung
   - Versmaß
5. Untersuchung und Deutung der sprachlichen Gestaltung
6. Erstellen eines Schreibplans
7. Verfassen eines zusammenhängenden, strukturierenden Textes, der die Deutungshypothese am Text begründet

Ein erstes Textverständnis formulieren

1. Lesen Sie das Gedicht mehrmals durch, am besten auch laut. Formulieren Sie spontan Ihre Assoziationen, Gedanken und Fragen zum Gedicht. Dafür können Sie z. B. einen Ideenstern nutzen.

Das Thema des Gedichts und eine Deutungshypothese formulieren

2. Mit welcher der folgenden Aussagen wird Ihrer Meinung nach Ihr Verständnis des Gedichtes am treffendsten wiedergegeben? Begründen Sie Ihre Entscheidung.

- [ ] Die Sehnsucht eines lyrischen Ichs nach einem anderen Leben.
- [ ] Die Kritik an Menschen, die sich nicht auf den Weg nach ihrem Glück machen.
- [ ] Das Lob der Natur, die den Menschen in seinem Lebensweg wohlwollend umgibt.
- [ ] Der Ausdruck eines zuversichtlichen Lebensgefühls.
- [ ] Die unerfüllbare Suche nach dem eigenen Lebensglück.

Begründung: ____

____

Den Inhalt wiedergeben

Wissen und Können

Ein entscheidender Teil der Interpretation eines Gedichts ist dessen **inhaltliche Wiedergabe**. Hier muss die gedankliche Struktur bzw. der Aufbau des Textes untersucht werden, indem man z. B. Themen- oder Stimmungswechsel, gedankliche Zäsuren oder Steigerungen erkennt und benennt.

3. Überprüfen Sie den gedanklichen Aufbau des Gedichts. Achten Sie auf ähnliche bzw. unterschiedliche Bilder und Motive, auf die Sprechersituation (z. B. Situation des lyrischen Ichs, Leseransprache) und auf inhaltliche Einschnitte (Zäsuren). Formulieren Sie knappe Überschriften, die den inhaltlichen Aufbau beschreiben.

Bei der Bearbeitung der folgenden Aufgaben haben Sie Ihre Deutungshypothese immer im Blick und überprüfen diese.

Die äußere Form des Gedichts beschreiben und deuten

Wissen und Können

Kennzeichen eines Gedichts ist die **Verssprache**. Ein **Vers** ist eine Gedichtzeile, deren Länge im Unterschied zum Prosatext nicht zwingend bis zum Seitenrand reicht, sondern bewusst durch den Dichter oder die Dichterin gesetzt wird. Wird der Satz über das Versende hinausgeführt, spricht man von einem **Zeilensprung (Enjambement)**. Fallen Vers- und Satzende zusammen, spricht man vom **Zeilenstil**.

Eine **Strophe** fasst mehrere Verse zu einem Abschnitt zusammen, der in der Regel auch im Druckbild deutlich von den übrigen Teilen des Gedichts abgehoben ist.

Eine wichtige Rolle spielen auch die verwendeten **Satzzeichen**. Besonders auf Ausrufe- und Fragezeichen, die etwa auf Imperative oder rhetorische Fragen hinweisen können, sowie auf Gedankenstriche, die den Gedankengang weiterführen, ist dabei zu achten.

4. Beschreiben Sie die äußere Form des Gedichts, indem Sie die Anzahl der Strophen und Verse sowie syntaktische Besonderheiten benennen.

Wissen und Können

Verse werden häufig durch einen **Endreim** klanglich miteinander verbunden. Zwei oder mehrere Wörter reimen sich, wenn sie vom letzten betonten Vokal an gleich klingen. Man kann zwischen **männlichen Reimen** (der Reim ist einsilbig, z. B. „Welt" – „Feld"), **weiblichen Reimen** (z. B. „leben" – „geben") und **reichen Reimen** (der Reim ist drei- oder mehrsilbig, z. B. „prächtige" – „mächtige") unterscheiden.
Man unterscheidet folgende **Reimfolgen**:

Paarreim: aabb
Schweifreim: aabccb
umarmender Reim: abba
Kreuzreim: abab
Haufenreim: aaa
Binnenreim: Die Wörter, die sich reimen, stehen im Versinneren, z. B. „Ihm ist, als ob es tausend **Stäbe gäbe**" (Rilke)
Unreiner Reim: Die Silben reimen sich nur annähernd, sind lautlich nicht exakt identisch (z. B. „sprießen" – „grüßen")
Freie Rhythmen kennzeichnen z. B. Gedichte des Sturm und Drang. Es handelt sich um reimlose, metrisch ungebundene Verse mit beliebig vielen Hebungen und Senkungen.

5. Benennen Sie die Reimordnung sowie die Endreime und halten Sie eventuelle Besonderheiten fest. Ergänzen Sie Ihre Notizen zu Aufgabe 4 auf Seite 48.

Wissen und Können

Die Verse vieler Gedichte weisen ein bestimmtes **Betonungsmuster** auf, d.h., **Hebungen** (betonte Silben) und **Senkungen** (unbetonte Silben) sind innerhalb eines Verses in einer festen Abfolge angeordnet. Diese Abfolge nennt man **Versmaß** oder **Metrum**.
Die häufigsten Versmaße sind:

Jambus (x**X**): z. B. Ge**dicht**, Ver**stand**
Trochäus (**X**x): z. B. **Dich**ter, **Lie**be
Daktylus (**X**xx): z. B. **Dak**tylus, **wun**derbar
Anapäst (xx**X**): z. B. Para**dies**, Ana**päst**

Je nach Anzahl der Hebungen spricht man dann z. B. von einem 4-hebigen Jambus:

*Am **grau**en **Strand**, am **grau**en **Meer*** *(Storm)*

In der modernen Lyrik findet sich oft ein unregelmäßiges, kaum zu bestimmendes Metrum.

Endet ein Vers auf einer **betonten Silbe**, nennt man das **stumpfe Kadenz**, endet er auf einer **unbetonten Silbe**, spricht man von einer **klingenden Kadenz**.
Das Versmaß steht häufig in Verbindung zum Inhalt des Gedichtes und kann für die Interpretation, vor allem, wenn es besonders regelmäßig oder unregelmäßig ist, genutzt werden. Es hat Einfluss auf die mit dem Gedicht vermittelte Stimmung.

6. Bestimmen Sie das Metrum des Gedichts einschließlich der Anzahl der Hebungen sowie die Kadenzen.

Metrum: ____________________

Anzahl der Hebungen: ____________________

Kadenzen: ____________________

7. Beschreiben Sie die Klangwirkung des Metrums, die zur Atmosphäre des Gedichts beiträgt. Unterstreichen Sie zutreffende Adjektive.

lebhaft • melancholisch • nachdenklich • euphorisch • rastlos • niedergeschlagen • optimistisch • beschwingt • fröhlich • zerrissen • überschwänglich

Inhaltliche und sprachliche Besonderheiten genauer untersuchen

Wissen und Können

Im **Hauptteil** Ihrer Gedichtinterpretation gilt es, den **Inhalt** und die **sprachlich-formale Gestaltung** genauer zu untersuchen. Durch die Beschreibung der Ergebnisse hinsichtlich beider Untersuchungsschwerpunkte in ihrem inneren Zusammenhang gelangen Sie zu vertieften Erkenntnissen.

8. Ordnen Sie die folgenden Gedichtverse den sprachlichen Mitteln (blau hinterlegt) zu. Manche können auch doppelt zugeordnet werden.

„Es reist der Mond […]“ (V. 9)

____

Ausruf/Interjektion: syntaktisch oft isolierte, wortähnliche Lautäußerung, mit der Empfindungen oder Aufforderungen ausgedrückt werden

„[…] hin und her, […] ab und auf“ (V. 9 f.)

____

„Wohlauf! […]“ (V. 1)

____

Inversion: die Umstellung der üblichen und regelmäßigen Wortfolge eines Satzes, zumeist zur Verstärkung der Aussage

„So weit dich schließt der Himmel ein“ (V. 25)

____

„Es bleibt der Strom nicht ruhig stehn,
Gar lustig rauscht er fort“ (V. 5 f.)

____

„Sei frisch und wandle durch den Hain
Und sieh' die Fremde gern.“ (V. 15 f.)

____

Gegensatz/Antithese: Gegenüberstellung gegensätzlicher Begriffe; Gegensatz

„[…] der Liebe Frucht“ (V. 26)

____

„Betrete bald die Spur.“ (V. 20)

____

„Hörst du des Windes muntres Wehn?“ (V. 7)

____

Personifikation: Gegenstände oder Erscheinungen werden wie Personen dargestellt.

„Lass Sorgen sein und Bangigkeit!“ (V. 21)

____

„Dem Glücke nur vertrau'.“ (V. 24)

____

Metapher: sprachlicher Ausdruck mit sehr bildhaftem Inhalt, ein bestimmtes Wort wird dabei aus seinem eigentlichen Bedeutungszusammenhang gerissen und in einen anderen übertragen.

„Es wechselt Freude stets mit Leid“ (V. 23)

____

Alliteration: Wortfolge, bei der mehrere Wörter den gleichen Anfangslaut besitzen

Appell: auffordernde und aufrüttelnde Mahnung; Aufforderung sowie Aufruf im Allgemeinen

„Wer weiß, wo dir dein Glücke blüht“ (V. 17)

____

Rhetorische Frage: Frage, auf die keine Antwort erwartet wird, sondern mit deren Hilfe das Gegenüber beeinflusst werden soll

„Ist doch der Himmel blau“ (V. 22)

____

„Und jedes Herz wird glücklich sein
Und finden, was es sucht.“ (V. 27 f.)

____

„[…] es ruft der Sonnenschein“ (V. 1)

____

„Die Sonne […]
Guckt übern Berg und geht ins Meer,
Nie matt in ihrem Lauf.“ (V. 10 ff.)

____

„[…] Mensch, du sitzest stets daheim“ (V. 13)

____

Lösungen

Mit pragmatischen Texten umgehen

Einen argumentierenden Sachtext analysieren

Seite 7, Aufgabe 1

Individuelle Ergebnisse

Seite 7, Aufgabe 2

a) Der Sturm auf das Kapitol durch fanatisierte Anhänger des zu der Zeit amtierenden Präsidenten Donald Trump.
b) Tragen die sozialen Medien die Hauptschuld an dem Ereignis?

Seite 7, Aufgabe 3

1. Der Sturm auf das Kapitol und die Reaktion der sozialen Medien, Z. 1 – 31, Funktion: Anlass der Streitfrage
2. Die Rolle und Macht der sozialen Medien, Z. 32 – 52, Funktion: Nennung der These
3. Das Handeln republikanischer Politiker im Vergleich zu den Verantwortlichen großer sozialer Medienplattformen, Z. 53 – 65, Funktion: Argumentation unter Entfaltung der Antithese
4. Soziale Missstände und finanzielle Probleme vieler amerikanischer Bürger, Z. 66 – 71, Funktion: Schluss und Fazit

Seite 7, Aufgabe 4

Als mögliche Verstehensentwürfe kommen infrage:

☒ Es geht in dem Text um den Versuch, die sozialen Medien wie Facebook und Twitter von einer einseitigen Schuldzuweisung für die Erstürmung des Kapitols durch Trump-Unterstützer loszusprechen, und um den Appell, die Schuldfrage differenzierter zu beantworten.

☒ Der Verfasser vertritt in seinem Text die Auffassung, dass die Schuld für die Erstürmung des Kapitols bei den republikanischen Politikern und nicht bei den sozialen Netzwerken zu suchen ist.

Seite 8, Aufgabe 5

	Inhalt	**genannte Personen**
Einleitung	Die Abschaltung der Accounts von Donald Trump durch große Plattformen der sozialen Medien nach dem Sturm auf das Kapitol wirft die Frage nach deren Anteil an der Eskalation sowie ihrer Verantwortlichkeit für die veröffentlichten Inhalte einschließlich der damit verbundenen Folgen auf.	Donald Trump
1. Abschnitt	Die derzeit populären Meinungen, wonach die sozialen Medien die Schuld an den Ereignissen tragen, weil durch sie Verschwörungserzählungen oder Hass massenhaft verbreitet werden können und Menschen sich zunehmend radikalisieren, werden aufgegriffen. Dabei werden die Reichweite und der Einfluss dieser Medien mit Bezug auf die ihnen eigenen Funktionsweisen eingeräumt.	Roger McNamee Christopher Wylie
2. Abschnitt	Die Antithese, wonach es zu einfach ist, den sozialen Medien allein die Schuld zu geben, wird entfaltet. Dabei wird vor allem die Verantwortlichkeit Trumps und der republikanischen Partei für die Ereignisse hervorgehoben, aber auch der Zwiespalt des Facebook-Gründers näher beleuchtet.	Marc Zuckerberg Donald Trump Steve Bannon

Schluss	Die Streitfrage wird deutlich mit „nein“ beantwortet, wobei die soziale und finanzielle Not vieler Amerikaner als weitere Ursache für die Unruhen genannt und als politische Aufgabe eingeordnet wird.	Marc Zuckerberg, Jack Dorsey, Sundar Pichai, unzählige Amerikaner

Seite 8, Aufgabe 6

These: Die sozialen Medien tragen eine Hauptverantwortung für den Sturm auf das Kapitol.
Antithese: Die Schuld an dem Aufruhr ist nicht bei den sozialen Medien, sondern im unverantwortlichen Handeln von Politikern und in sozialen Missständen zu suchen.

Seite 9, Aufgabe 7

Eigenschaften der sozialen Medien, die für die Diskussion um die Schuldfrage wichtig sind	Wofür müssen soziale Medien Verantwortung übernehmen? Was tun sie bereits?	Wofür sind soziale Medien nicht verantwortlich?
Kanäle für Inhalte aller Art und Plattformen, auf denen sich Menschen zusammenschließen und organisieren können	Einhaltung der aufgestellten Regeln, z. B. Wahrung der Integrität des Wahl-Prozesses	politisch fragwürdige Prozesse, z. B. schuldenfinanzierte Steuersenkungen
gewinnorientierte privatwirtschaftliche Unternehmen, die den öffentlichen Diskurs mitbestimmen	Investition hoher Summen in Personal und Technologie, um gegen Gewalt, Hass und Falschinformationen vorzugehen	politisch extreme Haltungen oder Gewaltbereitschaft mancher Nutzer und Nutzerinnen
starke, algorithmusgetriebene Personalisierung: Macht zur Veränderung der Öffentlichkeit (i. S. von Spaltung und Zersplitterung/Fragmentierung)	Änderung der ursprünglichen Haltung, für die Inhalte und Mitglieder überhaupt nicht verantwortlich zu sein	wirtschaftliche Not und das Gefühl, abgehängt zu werden seitens vieler Amerikaner

Seite 9, Aufgabe 8

Zitate, Textpassagen	Rhetorisches Mittel bzw. Strategie	Wirkung/Ziel
„Sind die Unternehmen für noch mehr verantwortlich?“ (Z. 20)	rhetorische Frage	Überleitung, Stellen der Streitfrage
„Natürlich können sich Menschen […]. Natürlich […]“ (Z. 32 ff.)	Parallelismus	Einräumung von Bereichen, in denen die Unternehmen Verantwortung übernehmen müssen
„Fakten und Fiktionen“ (Z. 35) „Problem Personalisierung“ (Z. 19)	Alliterationen	Hervorhebung der Aussagen
Autoritäten der Gegenseite: Roger McNamee Christopher Wylie (Z. 21 ff.)	Autoritätsargument (Berufung auf eine/n Autorität/Experten)	Steigerung der Aufmerksamkeit bei den Leserinnen und Lesern; authentischer Einblick in deren zentrale Aussagen
Aussagen der Gegenseite, denen zugestimmt wird: Möglichkeit der schnellen und leichten Organisation sowie gegenseitige Verstärkung durch extreme und gewaltbereite Zeitgenossen (Z. 32 ff.)	Zustimmung zu einzelnen Aussagen der Gegenseite i. S. einer Einräumung	Zeichen für eine seriöse und kenntnisreiche Argumentation: differenzierte Auseinandersetzung

Seite 10, Aufgabe 9

- Marc Zuckerbergs Verhalten

Einerseits richtete er sich aus Sicht seiner Kritiker zu sehr nach Trumps Wünschen und suchte dessen Nähe. **Andererseits** muss er als Konzern-Vorstandsvorsitzender die Interessen des Unternehmens wahren und somit auch einen ergiebigen Umgang mit gewählten Regierungen pflegen.

Argument 1: Schuld an dem Sturm auf das Kapitol ist Donald Trump selbst, weil er jahrelang Anhänger animierte, anstachelte, aufhetzte, gegen Gegner im In- und Ausland austeilte oder Anleger aufschreckte.
Argument 2: Schuld an dem Sturm auf das Kapitol sind außerdem diejenigen, die das schlimme gesellschaftliche Klima in den USA aktiv und bewusst herbeiführten (also neben Trump z. B. Steve Bannon und ranghohe Republikaner im Kongress), weil sie bis zuletzt mitzogen und bei fragwürdigem Unterfangen Trumps wegsahen.

Ein weiteres Argument dafür, dass die sozialen Medien nicht hauptverantwortlich sind, lautet: Sie haben bereits viel gegen Gewalt, Hass und Falschinformationen investiert und gezielte Maßnahmen ergriffen, um ihrer Verantwortung gerecht zu werden.

Ein sehr wichtiges neues Argument greift der Verfasser erst im letzten Satz auf, nämlich die Aussage, wonach die schlechten Lebensbedingungen vieler Amerikaner bei der Analyse der Ursachen berücksichtigt werden müssen.

Seite 11, Aufgabe 10

[individueller einleitender Impuls, z. B. zunehmende Macht von Social Media] In dem Kommentar „Nein, Facebook ist nicht schuld am Mob" von Alexander Armbruster aus dem Jahre 2021, der am 7.1.2021 auf dem Onlineportal der Frankfurter Allgemeinen Zeitung (FAZ) veröffentlicht wurde, geht es um die Frage, ob die sozialen Medien für die gewaltsamen Ausschreitungen im Kapitol verantwortlich sind. Diese Frage verneint der Verfasser bereits in der Überschrift, was im Folgenden begründet wird. Es handelt sich bei dem Text um einen kommentierenden Beitrag zu tagespolitischen Ereignissen, welcher das Ziel verfolgt, gegen den „Trend" in der Frage nach der Schuld zu argumentieren und somit zu einer differenzierteren Sichtweise beizutragen.

Seite 11, Aufgabe 11

Nutzen Sie die Hinweise in den Infokästen auf den Seiten 5, 6, 9 und 11 sowie die Ergebnisse der Aufgaben 2 bis 10.

Mithilfe von Materialien einen informierenden Text verfassen – Die Epoche der Romantik

Seite 13, Aufgabe 1

a) **Schreibanlass:** Gezielte Wiederholung abiturrelevanten Stoffes zur Information, insbesondere bezüglich literarischer Epochen
b) **Zieltextformat:** Sachtext
c) **Merkmale (Stil):** sachlich
d) **Adressaten:** Mitschüler und Mitschülerinnen

Seite 13, Aufgaben 2 – 3

Individuelle Ergebnisse

Seite 13, Aufgaben 4 – 5

Individuelle Ergebnisse

Seite 15, Aufgabe 6

Folgende Beobachtungen sind möglich:
Im Vordergrund des Bildes befindet sich ein aufsteigender Wanderweg, auf dem zwei Männer mit dem Rücken zum Betrachter abgebildet sind. Ebenso sind ein knorriger, kahler Baum und seine Äste sowie links ein Nadelbaum zu sehen, die fast kreisförmig die Bildränder beherrschen und den Blick freigeben auf die Bildmitte. In dieser ist der Mond, ein zentrales Motiv romantischer Sehnsucht, abgebildet, sodass der Betrachter förmlich dazu aufgefordert wird, dem Blick der zwei Männer zu folgen. Diese tragen schwarze Hüte und län-

gere Mäntel und sind sich in der Weise zugewandt, dass einer der beiden sich bei dem anderen mit dem Ellenbogen auf die Schulter stützt. Beide scheinen ganz in die Betrachtung des Mondes versunken.
Der Künstler zeigt mit dem Bild einen Moment des Innehaltens: Im Mondschein wirkt die nächtliche Natur unwirklich und träumerisch, was durch den Sepiaton (dunkles Braun) und das dadurch weich wirkende Licht noch unterstrichen wird. Möglicherweise hat Friedrich die Themen Freundschaft, Naturbetrachtung und das Dasein in der Nacht im Gegensatz zur Geschäftigkeit des Tages ins Bild gesetzt.

Seite 15, Aufgabe 7

Zentrale Inhalte: Die Nacht als Zeitraum magischer Entgrenzung, Freundschaft, Sehnsucht, Naturbegeisterung
Atmosphäre: träumerisch, vertraut, melancholisch, magisch

Seite 16, Aufgabe 8

Passende Themen:
☒ Naturerleben
☒ Freundschaft
☒ Tod
☒ Melancholie
☒ Sehnsucht

Seite 16, Aufgabe 9

Individuelle Ergebnisse

Seite 16, Aufgabe 10

Individuelle Ergebnisse

Seite 18, Aufgabe 11

a) Stichworte könnten sein:
- nur da ganz Mensch, wo er spielt (Schiller)
- überkomplexe Wunder, die nie ganz begriffen werden können („Terra incognita“) → Vorbehalte gegenüber Versuchen, den Menschen oder die Natur ganz begreifen zu wollen
- Betonung der Fantasie und des Traums

b) Die Romantiker als „Kinder der Aufklärung“ suchten entgegen den Vertretern der Aufklärungsepoche eher nach dem Irrealen und setzten sich von deren Zweckrationalismus ab. Anstelle der Vernunft als höchstes Gut entdeckten sie die Kraft des Unbewussten und der Fantasie.

c) Darunter versteht er einen verspielten Zug der Romantiker, der dabei helfen sollte, vieles (auch die eigenen Ansichten) zu relativieren. Dahinter verbirgt sich die Anerkennung des Unendlichen, Unbegreifbaren. Damit verbunden ist auch die Zweckfreiheit der Kunst, um echte Hingabe zu erreichen.

d) Die Romantiker wollten, vergleichbar mit der Religion, den Menschen über sich selbst und die gewöhnliche Wirklichkeit hinausheben. Die dafür notwendige „Zauberkraft“ habe ihnen zufolge die Religion verloren, und so solle nach ihren Aussagen die Kunst diese Funktion erfüllen. Dadurch, dass die Romantiker auf ein höheres, spirituelles Niveau kommen wollten, lässt sich ihre Bewegung auch als Fortsetzung der Religion mit ästhetischen Mitteln beschreiben.

e) Ein Erfolgsrezept der Romantiker besteht in ihrem neuen Blick auf die Wirklichkeit, durch den die Natur und die Menschen als wunderbar und geheimnisvoll wahrgenommen werden. Auch durch das menschliche Bedürfnis nach dem Spielerischen, nach dem Traum und dem Unbewussten als zeitlose Themen, kommt die Romantik nicht aus der Mode.

Seite 19 f., Aufgaben 12–13

Individuelle Ergebnisse

Seite 21, Aufgabe 14

Die Subjunktionen verweisen auf die Bedingungen, die erfüllt sein müssen, um die Sehnsucht des lyrischen Ichs nach dem echten, wahren Leben zu erfüllen. Diese können, wenn sie temporal verstanden werden, als Zuversicht des lyrischen Ichs, dass der ersehnte Zeitpunkt eintreffen wird, gedeutet werden. Wenn sie konditional verstanden werden, steht weniger die Zukunftsperspektive, sondern eher die Notwendigkeit, die Welt im Sinne der genannten Bedingungen zu verändern, im Mittelpunkt.

Seite 21, Aufgabe 15

Positiv besetzt	Negativ besetzt
die, so singen oder küssen (Künstler, Liebende)	die „Tiefgelehrten" (Wissenschaftler, Akademiker)
Märchen und Gedichte (fiktionaler, verspielter, geheimnisvoller Zugriff auf die Wirklichkeit)	Zahlen und Figuren (Wissenschaft, Vernunftorientierung)
Licht und Schatten (Aushalten und Befürworten der Ambivalenz, Überwindung von Gegensätzlichem), echte Klarheit	das verkehrte Wesen
das freie Leben (ein Leben ohne Alltagszwänge)	

Seite 22, Aufgabe 16

Das lyrische Ich sehnt sich nach einer ganzheitlichen Lebensweise und einer Welt, in der nicht einseitig die Vernunft und die Wissenschaft dominieren, sondern in der die Wahrheit auch bzw. eher in dem Bereich der Fantasie gesucht und gefunden wird.

Seite 22, Aufgabe 17

Individuelle Ergebnisse

Seite 22, Aufgabe 18

☒ Die Epoche der Romantik (1795 – 1835)
☒ Romantik – Epoche der großen Gefühle
☒ Das Zeitalter der Romantik

Möglich sind natürlich auch andere, selbstgewählte Überschriften.

Seite 23, Aufgabe 19

Textbeispiel	Möglichkeit	Bewertung und Begründung
„Bewahre einen reinen, kindlichen Sinn in dir und folge unbedingt der Stimme in deinem Innern, denn sie ist das Göttliche in uns und führt uns nicht irre" (Caspar David Friedrich). Diese Worte entstammen nicht etwa der Bibel, sondern kommen von einem der großen Künstler [...]	f	Die Einleitung beginnt mit einem interessanten Zitat eines Malers der Romantik, Caspar David Friedrich, das bereits auf das universale und ganzheitliche Welt- und Menschenbild der Romantik hinweist. Damit wird auf die zeitlose Aktualität der Epoche hingewiesen und motiviert durch das überraschende Zitat zum Weiterlesen.
Der Begriff „Romantik" bzw. das Adjektiv „romantisch" ist allgegenwärtig. Wir bezeichnen damit zum Beispiel ein stimmungsvolles Essen [...]	e	Die Einleitung verweist auf die alltagssprachliche Bedeutung des Begriffs „romantisch" und knüpft damit an die Erfahrungen der Leserinnen und Leser an. Die These, die Epoche der Romantik habe nur wenig mit diesen Vorstellungen zu tun, macht neugierig.
Die Epoche der Romantik (1790 – 1835) liegt zwischen der Klassik, mit der es zeitlich auch Überschneidungen gibt, und dem Vormärz, Jungem Deutschland bzw. dem Zeitalter des Biedermeier.	d	Die rein zeitliche literaturgeschichtliche Einordnung ist zwar nicht falsch, aber eher langweilig, weil damit das Gedicht inhaltlich überhaupt noch nicht in den Blick gerät.
Der Begriff „Romantik" entwickelte sich über das Französische und über das Wort „Roman". [...]	b	Die Etymologie des Epochenbegriffs relativ ausführlich zu Beginn der Einleitung zu klären, ist möglich, jedoch anspruchsvoll und stellt mit der abwertenden Nebenbedeutung die Weichen in eine möglicherweise ungünstige Richtung.

Die Romantik war eine Epoche der europäischen Literatur, Kunst und Kultur, die gegen Ende des 18. Jahrhunderts begann und bis etwa zur Mitte des 19. Jahrhunderts andauerte. [...]	b/d	Die geistesgeschichtliche Einordnung der Epoche ist sehr allgemein und sachlich-informativ. Möglicherweise wirkt das nicht unbedingt als Leseanreiz.

Seite 24, Aufgabe 20 Nutzen Sie die Hinweise aus den Infokästen auf den Seiten 12 und 24 sowie die Ergebnisse der Aufgaben 3 bis 17.

Seite 24, Aufgabe 21

Schlussteil	Bewertung und Begründung
Mit ihrem Impuls, den Menschen und die Natur als geheimnisvoll und als etwas Göttliches zu begreifen, und mit ihrer Hinwendung zur Fantasie und zum Gefühl haben die Romantiker [...]	Hinweis auf die überdauernde Bedeutung der Epoche und Antwort auf die Frage der Aktualität
Zusammenfassend lässt sich sagen, dass sich die Romantik als eine Flucht aus der Wirklichkeit begreifen lässt. Fantastische und unwirkliche Geschichten sowie idyllische Naturerlebnisse [...]	Fokussierung auf die Deutung der Romantik als Weltflucht (Eskapismus)
Die Epoche der Romantik grenzt sich deutlich von der Aufklärung ab. Wie Caspar David Friedrich sagt, wandten sich romantische Künstler und Literaten von der „kalte[n] Vielwisserei“ ab [...]	Fokussierung auf die geistigen Grundlagen der Epoche im Gegensatz zu denen der Aufklärung

Mithilfe von Materialien einen argumentierenden Beitrag verfassen – Verwendung von Satzzeichen in schriftsprachlicher Kommunikation

Seite 25, Aufgabe 1 **Schreibanlass bzw. Kontext der Debatte:** Online-Debatte, die 2020 durch das Buch der britischen Journalistin Victoria Turk über Online-Kommunikation ausgelöst wurde. Diskutiert wird, inwiefern sich der Gebrauch von Satzzeichen durch die digitale Kommunikation verändert hat und möglicherweise auch generationsbedingte Unterschiede aufweist.

Zieltextformat (zu verfassende Textsorte): argumentierender Blogbeitrag im Umfang von 1.000 Wörtern

Merkmale der Textsorte (vgl. Hinweise auf S. 33): klarer, zielgerichteter Aufbau, vollständige Argumentation, motivierender, adressatenorientierte Schreibstil durch einen Titel, der zum Lesen anregt, anschauliche Beispiele

Adressaten: interessierte Internet-Community, evtl. auch eine jüngere Zielgruppe möglich

Seite 25, Aufgabe 2 Individuelle Ergebnisse

Seite 26, Aufgabe 3 Erste Eindrücke können sein, dass verschiedene Texte auf einen generationsabhängigen Bedeutungswandel der Satzzeichen hinweisen und dass unterschiedliche Satzzeichen davon betroffen sind. Begründungen hierfür (konzeptionelle Mündlichkeit in Texten von Messenger-Systemen) könnten ebenfalls herausgeschrieben werden.

Seite 26, Aufgabe 4

Die Tabelle könnte wie folgte strukturiert werden:

M1: Twitter-Debatte um Autorin: „Satzzeichen machen Millenials Angst"

Informationen: Victoria Turks Buch über digitale Etikette; Millenials setzen keinen Punkt am Ende des Satzes; Auslösen einer Debatte im Internet

Argumente: Der Punkt am Ende wird als unfreundlich und unaufrichtig gedeutet, weil in Messenger-Texten eine Nachricht für einen Gedanken steht und deshalb keinen Punkt am Ende benötigt.

M2: Interpunktionszeichen in Schultexten und Chat-Nachrichten

Informationen: Häufigkeit verschiedener Satzzeichen in Schultexten und in Whatsapp-Chats; syntaktische Zeichen sind durchweg in Schultexten häufiger als in Messenger-Texten; auch die kommunikativen Zeichen sind häufiger bis auf das Fragezeichen, das in Messenger-Texten deutlich häufiger verwendet wird; Scan-Zeichen wie der Apostroph und die Auslassungspunkte werden deutlich häufiger in Whatsapp-Chats verwendet, der Gedankenstrich jedoch häufiger in Schultexten.

Argumente: keine

M3: Korrektur aus Halle: Jugendliche verlernen mit WhatsApp nicht die Rechtschreibung

Informationen: Laut einer Studie der Universität Halle verlernen Jugendliche die Rechtschreibung durch den Gebrauch von Textmessengern nicht, sondern passen ihren Schreibstil den unterschiedlichen Medien an; Rechtschreibung in Messengern ist nicht ganz unwichtig; große Zeichenvielfalt in Messenger-Texten

Argumente: Rechtschreibfehler werden von Jugendlichen auch in eher informellen Messengertexten als peinlich wahrgenommen; Kommunikation in Messengern ist sehr komplex und erfordert einen differenzierten Gebrauch von Satzzeichen und Bildzeichen, um „den richtigen Ton zu treffen" (Z. 47)

M4: Viola Schenz (geb. 1968): Liebe Journalisten, Moderatoren und Schriftsteller, könnt ihr bitte damit aufhören, euch um Satzzeichen zu foutieren?

Informationen: falscher Gebrauch des Fragezeichens (nach Aussagesätzen); keine Verwendung des Strichpunkts mehr; willkürliche Kommasetzung, die Missverständnisse produziert; Weglassen von Anführungszeichen bei wörtlicher Rede in Romanen; falsche Betonungen (immer am Satzschluss) in gesprochenen Nachrichten

Argumente: Satzzeichen sollten bewusst genutzt werden, denn sie verhindern Missverständnisse und sorgen für eine bessere Verständlichkeit und leichtere Sinnentnahme.

M5: Nadine Conti: Bedeutungsschwere Satzzeichen: Anschreizeichen sind keine Diagnose

Informationen: Satzzeichen unterliegen einem ständigen Bedeutungswandel (Beispiele: Ausrufezeichen, Semikolon)

Argumente: Bedeutungswandel des Ausrufezeichen durch Hass-Kommentare im Internet, wo es häufig verwendet wird, weshalb es nun als „Anschreizeichen" gedeutet werden kann.

M6: Harald Martenstein: Über ein Satzzeichen, das mehr Aufmerksamkeit verdient

Informationen: Das Semikolon ist ein Satzzeichen, für das es keine klaren Regeln gibt und das Ambivalenz ausdrückt. In Gegenwartsromanen wird es wieder vermehrt genutzt.

Argumente: Das Semikolon verdient mehr Aufmerksamkeit, weil es keine klaren Regeln dafür gibt, sondern im Ermessen des Schreibers liegt, ob eine Aussage beendet ist oder nicht und damit Ambivalenz ausgedrückt werden kann. Gegenwartsromane zeigen, dass diese offene, unentschiedene Haltung möglicherweise den Zeitgeist trifft, was der Autor begrüßt.

Seite 26, Aufgabe 5

Individuelle Lösungen

Seite 26, Aufgabe 6

M1: Twitter-Debatte um Autorin: „Satzzeichen machen Millennials Angst"

Markiert werden sollten Victoria Turk und das Erscheinen ihres Buchs, das Thema und die These des Bedeutungswandels des Punktes als Satzschlusszeichen durch digitale Kommunikation.

Seite 27, Aufgabe 7

Jugendliche sind in der digitalen Welt aufgewachsen und nutzen Messengerdienste intensiv. Bei dieser digitalen Kommunikation handelt es sich um schriftliche Gespräche mit eher informellem Charakter. Eine Nachricht wird als ein abgeschlossener Gedanke begriffen, die abgeschickt wird und deshalb kein Satzschlusszeichen benötigt. Wird (von der älteren Generation) trotzdem ein Punkt gesetzt, wird das als unfreundlich oder unaufrichtig von den Millennials gedeutet. Ans Ende werden eher Emojis gesetzt, um einen Hinweis zu geben, wie die Nachricht zu verstehen ist, weil Mimik und Gestik in schriftlicher Kommunikation fehlen.

Seite 27, Aufgabe 8

M2: Interpunktionszeichen in Schultexten und Chatnachrichten

In dieser Tabelle sind Häufigkeiten für verschiedene Satzzeichen in Schultexten und Whatsapp-Chats dargestellt. Es werden drei Kategorien von Satzzeichen unterschieden: syntaktische Zeichen (Punkt, Komma, Semikolon, Doppelpunkt), kommunikative Zeichen (Ausrufzeichen, Fragezeichen, Anführungszeichen, Klammern) und Scanzeichen (Gedankenstrich, Apostroph, Auslassungspunkte). Für jedes dieser Satzzeichen werden vergleichbare relative Häufigkeiten (bezogen auf 1 000 Wörter) aufgeführt.

Seite 28, Aufgabe 9

Alle Zeichen kommen sowohl in Schultexten als auch in Whatsapp-Chats vor, bestimmte Satzzeichen werden jedoch kaum noch verwendet, v. a. das Semikolon. Die relativen Worthäufigkeiten zeigen, dass im schulischen Schreiben insgesamt mehr interpunktiert wird als im informellen digitalen Schreiben. Vor allem bei den syntaktischen und kommunikativen Zeichen werden in Schultexten deutlich mehr Zeichen gesetzt. Allerdings kommen das Fragezeichen, der Apostroph und die Auslassungspunkte häufiger in Chats als in Schultexten vor. Das Fragezeichen wird in Messengertexten fünfmal häufiger verwendet. Die größten Unterschiede sind beim Komma und Punkt zu verzeichnen, die fast 27- bzw. 20-mal häufiger im schulischen Schreiben Verwendung finden. Umgekehrt sind Fragezeichen und Auslassungspunkte fünf- bzw. siebenmal häufiger in den Chat-Daten.

Die Zahlen zeigen, dass sich die Satzzeichenverwendung in Schultexten und Messengertexten deutlich unterscheidet. Da es sich um zwei Schreibformate handelt, kann man interpretieren, dass sich die Schreiber bewusst sind, in welchem Kontext sie schreiben. So setzen sie dementsprechend in standardisierten Schultexten regelbasiert vor allem deutlich mehr Punkte und Kommas, aber viel weniger Auslassungszeichen (Apostroph, Auslassungspunkte).

Seite 29, Aufgabe 10

M3: Korrektur aus Halle: Jugendliche verlernen mit WhatsApp nicht die Rechtschreibung

Markiert werden sollte die Studie des Linguisten Busch und die Ergebnisse.

Seite 29, Aufgabe 11

Schulisches Schreiben ist regelbasierte, normierte Standardschriftsprache (vgl. Z. 23 f.). Die Kommunikation in Messengern ist persönlicher, informeller und stark adressatenbezogen (vgl. Z. 26).

Seite 29, Aufgabe 12

Digitale Kommunikation ist ein schriftliches Gespräch auf Distanz mit informellem Charakter (medial schriftlich, konzeptionell mündlich nach Koch/Oesterreicher). Da hier Mimik und Gestik fehlen, werden Zeichen (Satzzeichen, Emojis) als Interpretationshilfen gesetzt, um Hinweise zu geben, wie eine Äußerung verstanden werden soll. So wird versucht, auf den „richtigen Ton“ durch zusätzliche und sehr bewusste Zeichensetzung sicherzustellen. Dies gelingt jedoch nicht immer, weil auch z. B. Bildzeichen falsch verstanden werden können.

Seite 30, Aufgabe 13

M4: Viola Schenz: Liebe Journalisten, Moderatoren und Schriftsteller, könnt ihr bitte damit aufhören, euch um Satzzeichen zu foutieren?

Viola Schenz nimmt einen zunehmend nachlässigen Umgang mit Satzzeichen bei ihren Kolleginnen und Kollegen der schreibenden Zunft wahr und fordert, dass die Zeichensetzung in ihrer sinnstiftenden und das Verständnis erleichternden Funktion erkannt und entsprechend genutzt werden soll. Sie richtet sich dabei an die schreibenden Berufe (Journalisten, Schriftsteller), aber auch an Moderatoren, die schematisch nur noch am Satzende betonten, statt Wichtiges bei der Vorbereitung zu markieren, um es beim Verlesen sinnstiftend zu betonen.

Seite 30, Aufgabe 14

Unterscheidung von rhetorischen, direkten und indirekten Fragen durch das Setzen bzw. Weglassen von Fragezeichen, Satzzeichen sind Lesehilfen (vgl. Z. 19 f.), „verhindern Missverständnisse“ (Z. 20), „sogar Morde“ (Z. 20), kennzeichnen wörtliche Rede (vgl. Z. 24 ff.), Satzzeichen „verpassen Sätzen Sinn, Klang und Rhythmus“ (Z. 43)

Seite 30, Aufgabe 15

Der Stil zeichnet sich durch direkte Leseransprache (vgl. Titel und am Ende) und ist anschaulich durch zahlreiche konkrete und treffende Beispiele, teilweise auch humorvoll („Wir essen Opa.“, Z. 22). Deshalb ist der Text unterhaltsam zu lesen.

Seite 31, Aufgabe 16
M5: Nadine Conti. Bedeutungsschwere Satzzeichen. Anschreizeichen sind keine Diagnose
Die Intention ist wohl, auf den Bedeutungswandel von Satzzeichen hinzuweisen.

Seite 31, Aufgabe 17
Nadine Conti zeigt am Beispiel zweier Satzzeichen, dem Ausrufezeichen und dem Semikolon, dass sich deren Bedeutung im kommunikativen Kontext im Alltag immer wieder verändert.

Seite 31, Aufgabe 18
Der Stil ist subjektiv durch persönliche Beispiele und die Ich-Form, anschaulich und leicht verständlich. Der Stil hat außerdem erzählenden Charakter, springt von einem Erlebnis zum nächsten und endet mit einer Pointe am Schluss.
(Bewertung dieses Stils ist individuell.)

Seite 33, Aufgabe 19
M6: Harald Martenstein: Über ein Satzzeichen, das mehr Aufmerksamkeit verdient
Kernthese scheint die in der Überschrift angesprochene Forderung zu sein, dass das Semikolon mehr Aufmerksamkeit verdiene. Für die Verwendung des Semikolons gebe es im Vergleich zu anderen Satzzeichen keine klaren Regeln, sondern es liege im Ermessen des Schreibers, ob eine Aussage beendet ist oder nicht. Damit könne eine Haltung der Ambivalenz ausgedrückt werden, die den Zeitgeist besser treffe als „rigorose Eindeutigkeit“ (Z. 25 f.).

Seite 33, Aufgabe 20
Ausgehend von persönlichen Beispielen, wie sich die Vorlieben des jungen Autors Martenstein in Bezug auf die Satzzeichenverwendung verändert haben (Z. 1 – 14), nämlich vom Doppelpunkt über den Gedankenstrich zum aktuell bevorzugten Fragezeichen, beruft sich Martenstein auf einen Essay von Rainer Moritz, der sich mit dem Semikolon beschäftigt. Dieser gebe ihm „Hoffnung“ (Z. 18), „auf was“ (Z. 18) wisse er noch nicht.
Im Folgenden untersucht er diese Leitfrage, indem zunächst sachlich geklärt wird, dass es im Deutschen keine Zeichensetzungsregel für das Semikolon gebe, sondern im subjektiven Ermessen des Schreibers liege, wann es gesetzt wird. Weiter folgt Martenstein der These von Moritz, dass das Semikolon ein „Symbol der Ambivalenz“ (Z. 26) sei und keine „rigorose Eindeutigkeit“ (Z. 25 f.) zulasse. Berühmte Verfechter des Semikolons werden angeführt (Theodor W. Adorno, Heinrich von Kleist, Ludwig Wittgenstein), um der Argumentation für das Semikolon Gewicht zu verleihen.
Abschließend wird darauf hingewiesen, dass in Gegenwartsromanen das Semikolon wieder häufiger gesetzt wird. Dies zeige, dass eine offene, unentschiedene, differenzierte und nuancierte Haltung möglicherweise wieder im Kommen sei, was der Autor begrüßt und ihm „Hoffnung“ gibt.

Seite 33, Aufgabe 21
Die eigene Position könnte um die Frage kreisen, inwiefern sich der Satzzeichengebrauch im digitalen Zeitalter verändert, weiterentwickelt und welche persönlichen Erfahrungen mit unterschiedlichen Textformaten gemacht werden. Auch die subjektive Vorliebe für bestimmte Satzzeichen könnten begründet werden.

Seite 33, Aufgaben 22 bis 23
Die Gliederung hängt natürlich von der gewählten These und Argumentationsstrategie ab, könnte sich aber an folgendes Schema anlehnen:
Überschrift: Je nach Intention individuell, aber einen Leseanreiz schaffend.
Einleitung: motivierendes persönliches Beispiel; Bezugnahme auf den Debattenkontext und das Thema; Formulieren einer Leitfrage oder zentralen These
Hauptteil: eine Mischung aus Information (z. B. zu Zeichensetzungsregeln) und Argumentation, die durch anschauliche Beispiele und plausible Belege gestützt und ggf. durch erzählende und appellative Passagen überzeugend gestaltet wird
Schluss: ein kurzes Fazit, das die Intention nochmals deutlich macht, oder auch eine abschließende Pointe, die in Erinnerung bleibt; aber auch ein Ausblick, wie sich die Kultur der Zeichensetzung möglicherweise weiterentwickelt und verändert, könnte den Blog-Beitrag abrunden

Die Technik des Erzählens untersuchen

Seite 36, Aufgabe 1 Individuelle Ergebnisse

Seite 36, Aufgabe 2 In der Kurzgeschichte geht es um einen jungen Mann in einem Büro, der sich für die gerade anfallende Tätigkeit (Akten kopieren) überqualifiziert fühlt und über seinen Arbeitsalltag nachdenkt.

Seite 36, Aufgabe 3 Die anfallenden Aufgaben sowie die Beobachtungen des Ich-Erzählers seiner Kollegen im Büro führen dazu, dass er seine Wertvorstellungen im Zusammenhang mit seiner Arbeit in Frage stellt.

Seite 36, Aufgabe 4 Ich-Erzählform (z. B.: „Ich stehe am Kopierer und kopiere Akten.", Z. 1)

Seite 36, Aufgabe 5

- Junger Mann; International-Management-and-Finance-Absolvent
- Arbeit über den Dächern der Stadt in Frankfurt (Metropole der Finanzwelt Deutschlands)
- strebsam und leistungsorientiert
- fühlt sich für die gerade anfallende Tätigkeit (Akten kopieren) überqualifiziert

Seite 37, Aufgabe 6 **Erzählhaltung:** homodiegetisch: Der Erzähler ist an der Handlung beteiligt. Er und die Geschichte gehören zur selben Welt.
Erzählebene: intradiegetisch: Der Erzähler ist Teil der erzählten Welt.
Auswirkungen auf den Leser bzw. die Leserin: Authentizität, große Nähe zum Ich-Erzähler und Sicht auf die Ereignisse aus dessen Blickrichtung

Seite 37, Aufgabe 7 **Fokalisierung:** interne Fokalisierung: Der Erzähler weiß genau, was eine Figur weiß.
Textbeleg, z. B.: „Und ich widerspreche meinem Chef nie." (Z. 5 f.)

Seite 37, Aufgabe 8 **Passende Adjektive:** ironisch (vgl. Z. 7 – 11), selbstkritisch (vgl. Z. 4 – 6), nachdenklich (vgl. Z. 53)

Seite 37, Aufgabe 9 **Dominierende Darbietungsform:** Erzählerbericht

Seite 38, Aufgabe 10 A: indirekte Rede
B: szenisches Erzählen (direkte Figurenrede)

Seite 38, Aufgabe 11 Vgl. die Hinweise auf Seite 37; der innere Monolog kann durch kurze, abgehackte Sätze, Wiederholungen, mündlichen Sprachgebrauch dargestellt werden. Grundsätzlich muss er sich an die Sprech- und Denkweise der Figur anpassen.

Seite 38, Aufgabe 12 Der Leser und die Leserin erfahren direkt, wie andere Figuren (z. B. der Chef) denken, und können auf deren Wertvorstellungen sowie ihre Sicht auf die Handlung und Personen schließen.

Seite 39, Aufgabe 13

a) Der Ich-Erzähler kopiert Akten und geht anschließend mit seinen Kollegen in ihr gemeinsames Stammlokal zum Mittagessen, wo sie über einen früheren Hedgefonds-Manager der Firma sprechen, der inzwischen aus dem System ausgestiegen ist. Zurück am Arbeitsplatz erwischt ihn sein Chef dabei, wie er über diesen recherchiert, anstatt seine Arbeit zu machen.
b) zeitdeckend, teilweise zeitraffend

Seite 39, Aufgabe 14 **Z. 14 – 19, Art der Unterbrechung:** Rückblende (Vergangenheit des Ich-Erzählers)
Mögliche Funktion: Darstellung des Werdegangs des Ich-Erzählers und Charakterisierung als ehrgeizig, erfolgreich und strebsam
Z. 27 – 30, Art der Unterbrechung: Rückblende (Erinnerung des Ich-Erzählers an ein peinliches Erlebnis im Stammlokal)
Mögliche Funktion: Hinweis auf die Anonymität und Gleichförmigkeit am Arbeitsplatz sowie auf die mangelnde Individualität, Entlarvung der Abgründe im (nur scheinbar glücklichen) Leben des Ich-Erzählers

Seite 39, Aufgabe 15

Raum	Beschreibung	Mögliche Bedeutung
Büro des Erzählers	Open-Space-Office, in dem 20 andere Mitarbeiter gemeinsam mit dem Ich-Erzähler arbeiten; Unterscheidung der Arbeitsplätze nur durch die Utensilien auf den Schreibtischen möglich (vgl. Z. 7–11)	Diskrepanz zwischen dem vom Ich-Erzähler beteuerten Erfolg sowie der Möglichkeit, seine Individualität zu entfalten, und der tatsächlich eher anonymisierten und sterilen Arbeitswelt
Stammlokal	Tische besetzt von ähnlich gekleideten Menschen, die allesamt in den umliegenden Hochhäusern arbeiten → Verwechslungsgefahr (vgl. Z. 23–35)	Anonymität, Gleichförmigkeit
Südsee	Sonne, Entspannung, lächelnde Gesichter (vgl. Z. 29–46)	Größtmöglicher Gegensatz zu den Büros und der Arbeitswelt in Frankfurt; Symbol für den Ausstieg aus dem System
Büros der leitenden Angestellten	Mit Wasser gefüllte Einzelbüros (vgl. Z. 47–53)	Hinweis auf die gehobene Position der dort Arbeitenden, aber auch auf ihre „Haiwerdung“, d. h. die Veränderung ihrer Persönlichkeit hin zum Aggressiven und Raubtierhaften

Seite 40, Aufgabe 16

Der Chef wird als „Hai“ dargestellt, wobei diese Beschreibung sowohl auf seine körperlichen als auch auf seine charakterlichen Merkmale bezogen wird. In der Beschreibung wird die Metapher „Finanzhai“ wörtlich genommen und es wird gezeigt, dass man nur zu diesem Preis (Aggressivität, Zorn, Erschöpfung) im Umfeld des „Haifischbeckens“, als welches die Arbeitswelt beschrieben wird, überleben kann.

Seite 40, Aufgabe 17

Hiermit wird auf die Anonymität der Menschen in der Finanzwelt Frankfurts verwiesen. Da diese nur mit dem Pars pro Toto „rote und blaue Krawatten“ beschrieben werden, zeigt sich eine Reduktion ihrer Menschlichkeit. Im Grunde spielen ihre persönlichen Merkmale keine Rolle und so verlieren sie auch in dieser Welt ihre Individualität.

Seite 40, Aufgabe 18

Der Satz ist doppeldeutig. Auf der einen Seite bezieht er sich auf den „Aussteiger“, der für die Haiaufzucht in der Karibik den früheren Job als Hedgefonds-Manager an den Nagel gehängt hat. Zuletzt jedoch bezieht er sich auf den Ich-Erzähler selbst, der sich seinem Chef, dem „Hai“, unterordnen muss und sich dabei selbst verliert.

Seite 40, Aufgabe 19

Nutzen Sie die Hinweise in den Infokästen auf den Seiten 34 und 41 sowie die Ergebnisse der Aufgaben 2 bis 18.

Mit literarischen Texten umgehen

Ein Gedicht interpretieren

Ein erstes Textverständnis formulieren

Seite 43, Aufgabe 1

Individuelle Ergebnisse

Das Thema des Gedichts formulieren

Seite 43, Aufgabe 2

Die folgenden Aussagen passen:

☒ Das Lob der Natur, die den Menschen in seinem Lebensweg wohlwollend umgibt.

☒ Der Ausdruck eines zuversichtlichen Lebensgefühls.

Zahlreiche Naturmotive in „Gottes freie[r] Welt“ (V. 2), die positiv besetzt sind: „Sonnenschein“ (V. 1), „geht munter [...] hinein (V. 2), „wandelt über Berg und Feld“ (V. 4), „der Strom“ (V. 5), der „lustig rauscht“ (V. 6), des „Windes muntres Wehn“ (V. 7) usw.

Zuversicht drücken u. a. der Ausruf „Wohlauf!“ (V. 1) aus und die Schlussverse: „Und jedes Herz wird glücklich sein / Und finden, was es sucht.“ (V. 27 f.).

Den Inhalt wiedergeben

Seite 44, Aufgabe 3

Folgende Gliederung ist sinnvoll:

- Strophe 1–3: Darstellung einer beseelt und dynamisch-beweglich wirkenden Natur, die den Menschen zum Reisen aufruft
- Strophe 4–7: Überzeugungsversuche, ein Gegenüber zum Aufbruch und zur Reise zu ermutigen

Die äußere Form des Gedichts beschreiben und deuten

Seite 44, Aufgabe 4

7 Strophen zu je 4 Versen
Ausrufesätze (V. 1, 4, 21)
Rhetorische Frage (V. 7)
Enjambements (V. 1 f., 13 f., 15 f., 27 f.)

Seite 45, Aufgabe 5

Kreuzreim, männliche Reime
Teilweise unreine Reime (V. 13, 15; V. 17, 19)

Seite 45, Aufgabe 6

Metrum: Jambus
Anzahl der Hebungen: drei oder vier
Kadenzen: stumpf

Seite 45, Aufgabe 7

Passende Adjektive sind: lebhaft, euphorisch, optimistisch, beschwingt, fröhlich

Inhaltliche und sprachliche Besonderheiten genauer untersuchen

Seite 46, Aufgabe 8

„Es reist der Mond [...]“: Personifikation
„[...] der Liebe Frucht“: Metapher
„Betrete bald die Spur.“: Appell
„Ist doch der Himmel blau“: Inversion
„Wer weiß, wo dir dein Glücke blüht“: rhetorische Frage, Metapher
„Dem Glücke nur vertrau'.“: Personifikation, Appell
„[...] hin und her [...] ab und auf“: Alliteration
„Hörst du des Windes muntres Wehn?“: Personifikation, rhetorische Frage
„Und jedes Herz wird glücklich sein [...]“: Personifikation
„Wohlauf! [...]“: Interjektion/Ausruf
„Lass Sorgen sein und Bangigkeit!“: Appell
„So weit dich schließt der Himmel ein“: Inversion, Metapher
„[...] es ruft der Sonnenschein“: Personifikation

„Sei frisch und wandle durch den Hain [...]“: Appell
„Es bleibt der Strom nicht ruhig stehn [...]“: Personifikation
„Die Sonne [...] / Guckt übern Berg und geht ins Meer [...]“: Personifikation
„Es wechselt Freude stets mit Leid“: Gegensatz/Antithese
„[...] Mensch, du sitzest stets daheim“: Alliteration

Seite 47, Aufgabe 9

a) Darstellung der Natur und der Welt

Die Natur und Welt erscheinen durch die zahlreichen Personifikationen lebendig und beseelt. In ihren Erscheinungsformen (Gestirne, Berg und Feld, Strom, Wind, Hain, Himmel) wird sie als „Gottes freie Welt“ (V. 2) idealisiert und verheißt dem Menschen, der sich in ihr bewegt, Glück. Dies kann wohl auch auf die Sehnsucht nach Ganzheit und dem Einssein mit der Natur zurückgeführt werden.

b) Menschenbild

Der Mensch wird durch viele Appelle dazu aufgerufen, sich neu und anders zur Natur in Beziehung zu setzen, da er zunächst im Gegensatz zur bewegten Natur als statisch beschrieben wird (vgl. V. 13). Dass er trotz seines Fernwehs noch nicht in die Natur aufgebrochen ist, wird vom lyrischen Ich auf Sorgen und „Bangigkeit“ (V. 21) vor der unbekannten Ferne zurückgeführt.

c) Verhältnis des lyrischen Ichs zum angesprochenen „Du“

Das lyrische Ich will – offenbar aus einem Erfahrungsvorsprung und aus eigener Überzeugung heraus – den Menschen in seinen Vorbehalten beschwichtigen und ihn angesichts der begrenzten Lebenszeit zum Aufbruch ermutigen. Dabei argumentiert es mit Blick auf die begrenzte Lebenszeit (vgl. V. 19 f.) und auf den steten Wechsel von Freud- und Leiderfahrungen im Leben (vgl. V. 23 f.).

Seite 47, Aufgabe 10

Das lyrische Ich will dem Menschen „Zuversicht“ (vgl. Titel) vermitteln, um den Aufbruch ins Glück zu wagen. Dazu jedoch, so wird nahegelegt, bedarf es des Aufbruchs in die Welt bzw. in die Natur, die sich als wohlwollend erweisen wird. Ebenso wie die Natur wird auch die „Fremde“ (V. 16) als etwas positiv Verlockendes beschrieben, das dem Menschen Glück und Reifung verheißt. Der Optimismus des lyrischen Ichs wird in der Schlussprognose, dass jeder Mensch finden werde, was er suche, besonders deutlich.

Bezüge zu einer Epoche der Literatur herstellen

Seite 48, Aufgabe 11

Typische Motive und Gedanken der Epoche „Romantik“	Bezüge zum Gedicht „Zuversicht“
„Poetisierung“ bzw. „Romantisierung“ der Welt: fantasie- und gefühlvoller Zugriff auf die Natur und die Welt	Personifikationen lassen die Welt und die Natur lebendig und beseelt wirken, wobei teilweise auch die physikalischen Gesetzmäßigkeiten missachtet werden („Lauf“ der Sonne, vgl. V. 12).
Fernweh und Reiselust; das Motiv des Wanderns	Appelle zum Aufbruch in „Gottes freie Welt“ (V. 2)
Sehnsucht nach Ganzheitlichkeit	Überzeugung, vom „Himmel“ (V. 25) eingeschlossen zu sein und im Einklang mit der Natur sein Glück finden zu können
Betonung von Individualität und Subjektivität	Zukunftsprognose, dass jeder Mensch finden werde, was er sucht (vgl. V. 27 f.); somit Zugeständnis, dass es unterschiedliche und individuelle Suchbewegungen gibt

Seite 48, Aufgabe 12

Nutzen Sie die Informationen aus den Infokästen des Kapitels, insbesondere die Informationen auf der Seite 48 und die Ergebnisse der Aufgaben 2 bis 11.

Gedichte vergleichen

Seite 49, Aufgabe 1 Die beiden Gedichte sollen verglichen werden im Hinblick auf den Aspekt der Wahrnehmung von Welt durch das lyrische Ich und im Hinblick auf die sich daraus ergebende Lebensführung. Das Gedicht „Zuversicht“ von Ludwig Tieck ist dabei schon ausführlich interpretiert worden, das Gedicht „Rezept“ von Mascha Kalèko wird vergleichend im Hinblick auf die genannten Aspekte untersucht.

Seite 51, Aufgabe 2 In dem Gedicht „Rezept“ von Mascha Kaléko aus dem Jahre 1968 formuliert ein lyrisches Ich Hinweise und Ratschläge für eine gelingende Lebensgestaltung.

Seite 51, Aufgabe 3

a) Es spricht ein lyrisches Ich zu einem nicht näher bekannten, angesprochenen „Du“, mit welchem auch der Leser bzw. die Leserin gemeint sein kann. Es herrschen vor allem Aufforderungen vor, die den Leser oder die Leserin ermutigen und ihm bzw. ihr weiterhelfen sollen.

b) Der Titel lässt auf ein „Rezept“ für das Leben schließen. Dabei entspricht die sprachliche Gestaltung, die durch zahlreiche Aufforderungen geprägt ist, dem Stil eines Kochrezepts.

c) Die Widersprüche lassen sich möglicherweise auf die Zerrissenheit des lyrischen Ichs zwischen dem Wunsch nach Heimat und dem Zwang, wieder aufbrechen zu müssen, sowie auf die Erkenntnis, dass die Lebensbedingungen sich schnell ändern können, zurückführen.

d) Eine Grundhaltung der Zuversicht und der Gelassenheit, aber auch der Demut gegenüber den Wechselfällen des Lebens soll vermittelt werden.

e) Eine Begründung ist, dass dieses Jahr mit der besonderen Herausforderung der Corona-Pandemie und den gegen die Ausbreitung des Virus beschlossenen Maßnahmen begonnen hat, was zu der Zunahme von Ängsten und Verunsicherungen der Menschen geführt hat. Ein „Rezept“ für ein gutes und gelingendes Leben soll hier einen positiven Impuls setzen und Zuversicht vermitteln.

Seite 51, Aufgabe 4 Mascha Kaléko möchte Zuversicht und Gelassenheit in Form eines „Rezepts“ vermitteln, um mit den Unwägbarkeiten des Lebens besser umgehen zu können.

Seite 52, Aufgabe 5

- 6 Strophen zu je 6 Versen
- Fehlendes Reimschema und Metrum
- Im Vergleich zu Ludwig Tiecks Gedicht fällt sofort auf, dass die Sprache bei Kaléko eher der Prosa angenähert ist.

Seite 52, Aufgabe 6

Sprachliche Besonderheit	Deutung
Wiederholung (Anfangs- und Schlussverse); Rahmenstruktur	Umgang mit den Ängsten als „Hauptzutat“ im „Rezept“ für ein gelingendes Leben
„mein“, V. 7 (Possessivpronomen, besitzanzeigend)	Aufforderung, sich nicht an den Besitz zu klammern und anzuerkennen, dass angesichts des eigenen Todes alles nur geliehen ist
Antithese bzw. Gegensatz: einrichten – den Koffer bereithalten (vgl. V. 11 f.)	Appell, auf die Wechselfälle des Lebens vorbereitet zu sein; insbesondere auch im Hinblick auf die Notwendigkeit, sowohl zum Verweilen als auch zum Aufbrechen bereit zu sein
Personifikation des Leids (vgl. V. 15 ff.)	Greifbarkeit des Leids; Veranschaulichung einer stoischen, gelassenen Haltung des Menschen zum Leid durch körpersprachliche Metaphorik (vgl. V. 15, 17)
Personifikation des eigenen Schattens, metaphorische Darstellung des Schattens als „Weggefährten“ (vgl. V. 24)	Ausdruck von Zweifeln an der Verlässlichkeit und Vertrauenswürdigkeit anderer Menschen; Reduktion des Eindrucks von Einsamkeit auf der Lebensreise

Metapher der „Wunde in dir“ (V. 29), die wach gehalten werden soll	Appell, sich die eigene Verletzlichkeit zu bewahren, um nicht abzustumpfen und sich der eigenen Vergänglichkeit bewusst zu sein
Metapher des „Dach[es] im Einstweilen“ (V. 30)	Hinweis auf die Vorläufigkeit allen Strebens im Angesicht der eigenen Vergänglichkeit
Antithese: Orientierung an Plänen – Orientierung an Wundern (vgl. V. 31 f.)	Hinweis auf die mangelnde Planbarkeit des Lebens und Vermittlung einer zuversichtlichen, religiösen Weltsicht

Seite 53, Aufgabe 7

Die Migrationserfahrungen der Autorin aufgrund von Diskriminierung und Verfolgung durch die Nationalsozialisten finden sich hier im Gedicht wieder, da das lyrische Ich von der Notwendigkeit, aufbrechen zu müssen, und von der Wertlosigkeit der eigenen Lebenspläne spricht (vgl. V. 12, 31). Gerade die teilweise paradoxen und widersprüchlichen Aussagen zeugen von enttäuschenden, aber auch ermutigenden Erfahrungen sowie von dem Versuch, eine Lebenshaltung zu finden, um mit allem fertig zu werden.

Seite 53, Aufgabe 8

Vergleichsaspekt	**Tieck**	**Kaléko**
Wahrnehmung der Welt	lebendige und beseelte Natur, die dem Menschen das Glück verheißt und ihn durch die Dynamik in ihren Erscheinungsformen dazu auffordert, selbst aufzubrechen	widersprüchliche Welt, in welcher sowohl schlechte (Enttäuschung, Verrat, vgl. V. 22 f.) als auch gute Erfahrungen möglich sind (vgl. V. 32)
Auffassung von einem gelingenden Leben	Glaube an die Möglichkeit, dass jeder Mensch sein Glück finden kann, und zwar unter der Voraussetzung, dass er in die Welt/Natur aufbricht	Leben kann unter der Voraussetzung gelingen, dass der Mensch auch mit Widersprüchlichkeiten umzugehen und dennoch auf einen „großen Plan“ (V. 34) zu vertrauen lernt.

Seite 53, Aufgabe 9

Geeignet sind folgende weitere Aspekte:
- ☒ Glaube bzw. Bezug zur Religion
- ☒ Sprachlich-formale Aspekte (äußere Form und sprachliche Gestaltung der Gedichte und deren Wirkung)
- ☒ Stimmung/Atmosphäre
- ☒ Unterwegssein
- ☒ Beziehung zwischen dem lyrischen Ich und einer angesprochenen Person
- ☒ Umgang mit Glück und Leid
- ☒ Zukunftsperspektive
- ☒ Gedichttitel

Seite 54, Aufgabe 10

Individuelle Ergebnisse (vgl. hierzu auch die Lösung von Aufgabe 8)

Seite 54, Aufgabe 11

Individuelle Ergebnisse

Seite 54, Aufgabe 12

Nutzen Sie hierzu den Infokasten auf Seite 49. Ergänzen Sie zu Ihrem Interpretationsaufsatz von Aufgabe 12, Seite 48, einen Absatz mit dem Vergleich. Formulieren Sie auch einen passenden Schluss.

Eine Dramenszene interpretieren

Vorarbeiten

Seite 57, Aufgabe 1

Beteiligte Figuren: Kreon, Antigone
Ort und Zeitpunkt des Gesprächs: Im Palast nach der begangenen Tat Antigones und der Vorführung durch die Wächter
Gesprächsanlass: Festnahme Antigones, die Handlungsmotive Antigones und Kreons Amtsverständnis
Gesprächsinhalt und Anliegen der Figuren: Versuch Kreons, Antigone vor der Bestrafung und der möglichen Todesstrafe zu bewahren, und Rechtfertigung seines Handelns als Herrscher.

Seite 57 und 58, Aufgaben 2 und 3

Kreon	Antigone
individuelle Ergebnisse	individuelle Ergebnisse
unsicher, schwach, kompromissbereit, realistisch, abwägend, resigniert	stark, idealistisch, mutig, hochmütig, entschlossen, kämpferisch, provozierend

Seite 58, Aufgabe 4

Mögliche Deutungshypothese:
Während Antigone im Bewusstsein einer moralischen Überlegenheit an ihrer Position festhält, befindet sich Kreon in dem inneren Konflikt, einerseits Antigone von der Todesstrafe zu bewahren, andererseits aber in einem krisengeschüttelten Staat Gesetz und Ordnung aufrechtzuerhalten.

Den Aufbau und den Gesprächsverlauf einer Szene untersuchen

Seite 58, Aufgabe 5

B Kreon als ängstlicher Herrscher und Antigones Spott darüber (Z. 2–8); Funktion: Gesprächseröffnung; Charakterisierung Antigones
D Streit zwischen Kreon und Antigone (Z. 9–21); Funktion: Charakterisierung Kreons; Spannungssteigerung
A Kreons monologartige, emotional erregte Bitte um Verständnis (Z. 22–39); Funktion: Charakterisierung Kreons, weitere Spannungssteigerung
C Ablehnung der Bitte Kreons (Z. 40–43); Funktion: Höhepunkt und Entscheidung

Seite 58, Aufgabe 6

Untersuchungsfragen	Kreon	Antigone
Wie sind die Redeanteile verteilt?	Größerer Redeanteil aufgrund seiner monologartigen Darstellung seiner schwierigen Position	Geringerer Redeanteil, keine ausführliche Darstellung ihrer Position
Wer ergreift die Initiative, wer lenkt das Gespräch?	Geht auf das von Antigone angesprochene Thema seiner Angst ein (vgl. Z. 7 ff.); Greift auch Antigones Analyse auf, dass er als König keine Handlungsfreiheit habe: „Und jetzt wirst du mich töten lassen, ohne es zu wollen. Und das heißt König sein!" (Z. 12 f.); Er versucht mit seiner emotionalen Darstellung seiner schwierigen Lage, die Initiative im Gespräch zu bekommen (Z. 22 ff.)	Sie beginnt das Gespräch mit einer Analyse von Kreons Handlungsweise (vgl. Z. 2 ff.) und wirft ihm dann Ängstlichkeit vor (vgl. Z. 5) und später die Schwäche seiner Position als König gegenüber ihren freien Entscheidungsmöglichkeiten: „bin ich doch Königin". (Z. 17)

Wie reagieren die Figuren aufeinander? Gehen die Figuren aufeinander ein?	Er geht auf Antigone ein und gibt seine Angst zu: „Ja … gut, ich habe Angst." (Z. 7)	Sie geht nicht auf die ausführliche Darstellung seiner Position ein, sondern weist sie zurück: „Ich bin nicht da, um zu verstehen." (Z. 40 f.)
Welche Bedeutung haben die Regieanweisungen?	*„außer sich, schüttelt sie"* (Z. 22): Zeigt körpersprachlich seine Verzweiflung und Erregung wegen Antigones Kompromisslosigkeit und Verständnislosigkeit für seine Zwangslage	Sie *„schüttelt den Kopf"* (Z. 40) – Das betont auch körpersprachlich ihre Ablehnung von Kreons Bitte um Verständnis seiner Situation.
Welche Absichten und Strategien verfolgen die Protagonisten?	Sein Ziel ist, Antigone zum Einlenken zu bewegen, er will ihren Tod verhindern, dazu muss sie aber mit ihm kooperieren. Er erreicht sein Ziel nicht: Antigone: „Ich will nicht verstehen!" (Z. 40)	Ihr Ziel ist es, Kreon auflaufen zu lassen und zu provozieren; sie will sich nicht auf die Ebene des politischen Abwägens ziehen lassen und bleibt kompromisslos bei ihrer moralischen Position, gegen das Beerdigungsverbot vorzugehen; sie erreicht ihr Ziel, wie der erregte Monolog Kreons zeigt.

Seite 59, Aufgabe 7

Richtige Aussagen:

☒ Das Gespräch zwischen Kreon und Antigone ist ein Konfliktdialog, da beide sich ohne Einigung darüber streiten, wie die Situation zu lösen sei.

☒ Beide reden gleichberechtigt miteinander, keiner gibt nach oder ist in einer unterlegenen Position.

☒ Da Antigone anscheinend ihren Tod will, nützt Kreon seine scheinbar überlegene Position als König und Herr über ihr Leben nichts.

Die sprachliche Gestaltung eines Dramas untersuchen

Seite 60, Aufgabe 8

Wasser dringt ein (vgl. Z. 24)	**„Das Steuerruder schlägt hin und her" (Z. 25)**	**„die Mannschaft lungert herum" (Z. 25)**
Die Macht unerwünschter und ggf. destruktiver Einflüsse (z. B. Dummheit, Elend)	*es werden unterschiedliche politische Maßnahmen getroffen, um Stabilität zu sichern*	*auf die (politisch) Verantwortlichen ist kein Verlass*
„die Herren Offiziere bauen sich schon ein kleines, sicheres Floß" (Z. 26)	**„Der Mast kracht, der Sturm heult, die Segel zerreißen" (Z. 28)**	**„die ganze Bande wird jämmerlich verrecken" (Z. 28 f.)**
die Privilegierten agieren zu ihrem eigenen Vorteil und handeln nicht zum Wohle aller	*der Staat wird von äußeren Einflüssen bedroht*	*Angst vor dem Untergang der Bevölkerung*

Seite 60, Aufgabe 9

a) Spott und Ironie, Kreon soll lächerlich gemacht werden

b) Klimax, die die eigentlich schwache Position Antigones hervorhebt, um den Gegensatz zwischen ihr und dem Herrscher Kreon zu betonen: Machtlos aber frei in ihrem Handeln ist Antigone, während Kreon zwar mächtig, aber den Sachzwängen unterworfen unfrei ist.

Den Konflikt deuten und die Interpretation schreiben

Seite 60, Aufgaben 10 und 11 Kreon analysiert die Lage des Staates als sehr angespannt. Er will für Stabilität und Ordnung sorgen und einmal erlassene Gesetze durchsetzen. Sich selbst sieht er als verantwortungsbewussten Lenker des Staates, wie es seine Schifffahrtsmetaphern ausdrücken. Er fühlt sich für das Wohl des Staates und seiner Bürger verantwortlich. Dabei stört Antigones Handeln. Daher will er sie zur Einsicht in die schwierige Position seiner Herrschaft bringen.

Seite 60, Aufgabe 12 Antigone wirft Kreon vor, er habe um der Realpolitik willen seine Ideale verraten und sich den Zwängen der Machtausübung unterworfen. Obwohl er um die Fragwürdigkeit der Todesstrafe für Antigone weiß, glaubt er, keine Wahl zu haben. Dadurch, dass er sich getrieben fühlt und oft nicht aus eigenem Willen oder ethischen Prinzipien heraus handelt, sondern wahllos in die Menge zielt und zugunsten von Ruhe und Ordnung Menschen opfert, die zuvor vielleicht noch seine Freunde waren, verliert er seine Menschlichkeit.

Seite 60, Aufgaben 13 und 14 Nutzen Sie die Hinweise aus dem Infokasten auf Seite 55 und die Ergebnisse aus den Aufgaben 1 bis 12.

Epochen kennen

Die Weimarer Klassik

Seite 61, Aufgabe 1 Die Einheit des Ortes, der Handlung und der Zeit bietet aus Gründen der Aufführungspraxis einige Vorteile: So wird die Darstellung des Schauplatzes einfacher, die Vermittlung der Zusammenhange für die Zuschauer/-innen wird leichter und die Wirkung einer Handlung in Echtzeit wird verstärkt. Daneben schließt Goethe mit dieser Einheiten-Dramaturgie an die Tragödien-Form des antiken griechischen Theaters an. Der Rückbezug auf antike Stoffe und Formen ist für die Literatur der Weimarer Klassik kennzeichnendes Stilmerkmal.

Seite 61, Aufgabe 2 Elektra zeigt sich so verblendet, wie Iphigenie war; sie erkennt weder den Bruder noch die Schwester und denkt an Rache. Damit wäre der Fluch, der auf ihrer Familie lastet und der zu Mord und Totschlag engster Verwandter geführt hatte, wieder wirksam. Verblendung und blindes Handeln, gesteuert durch Affekte des Hasses und der Rache stehen individuell verantwortetem, menschlich-humanem Handeln gegenüber.

Seite 61, Aufgabe 3 Eine Wiedererkennung (Anagnorisis) wie sie auch in „Iphigenie auf Tauris" gestaltet ist, wo sich Orest und Iphigenie als Geschwister erkennen, ist dazu nötig. Voraussetzung wäre ein offenes Gespräch, das an die Stelle von gewalttätigem Handeln treten müsste.

Seite 62, Aufgabe 1 Die Sprechsituation wird bestimmt von einem verdeckt sprechenden Ich, das sich an ein Du, das als „Freund" bezeichnet wird, wendet. Der Sprecher kann somit nur indirekt erschlossen werden, und auch der Angesprochene wird nicht namentlich benannt: Im Untertitel stehen für den Namen bloß drei Sternchen als Zeichen. Diese Redesituation bewirkt, dass sich die Leser/-innen direkt angesprochen fühlen können. Die Frage nach Frieden in der Welt in diesen chaotischen, unfriedlichen Zeiten wird vom Sprecher aufgeworfen und auch andeutungsweise beantwortet. Dabei sind Reflexion, Appell, aber auch Anteilnahme am Schicksal der Menschen vorherrschende Aussageweisen.

Seite 62, Aufgabe 2 Die von Schiller geforderte Balance von Natur und Kultur wird nachhaltig gestört durch die Ausbeutung der Natur: „Gold muss ihnen jede Landschaft wägen". Die Menschen sehen in der Natur nur das wirtschaftlich Verwertbare, damit wird das Gleichgewicht, in dem sich das von Menschen Gemachte und die Natur halten sollten, gestört. Aber auch die Schiller so wichtige Balance von Individuum und Gesellschaft ist gestört, was besonders in der 8. Strophe zum Ausdruck kommt. Da sich im gesellschaftlichen Leben keine Entfaltungsmöglichkeiten bieten, könne sich der Einzelne nur auf sich selbst und in sein Innenleben zurückziehen. Die Individuen haben keine Möglichkeit, auf die Verhältnisse zu wirken, sie werden einseitig von diesen bestimmt. Entwicklung der Menschheit zu wirklicher Humanität im Sinne Schillers setzt aber die Balance von Natur und Kultur, von Individuum und Gesellschaft voraus. Eine solche Entwicklung könne deshalb zurzeit nur im Reich der Kunst, sozusagen im vorläufigen Ersatz stattfinden.

Zentrale Strömungen realistischer Literatur im 19. Jahrhundert

Seite 64, Aufgabe 1

Hinweise zur Interpretation:
Einleitung: individueller einleitender Impuls (z. B. zu anderen bekannten Werken des Autors), Angaben über den Autor: Fontane (1819–1898); Gattung: Zeitroman, Berliner Gesellschaftsroman; Erscheinungsjahr: Wilhelminisches Zeitalter, Gründerzeit (s. Z. 2), Prosperität; Epochenzugehörigkeit des Romans: Realismus; Deutungshypothese: Text zeigt den sozialen Aufstieg einer Frau aus dem Kleinbürgertum und deutet damit die Möglichkeit gesellschaftlicher Veränderungen an
Hauptteil: Titel: wie bei vielen anderen Romanen: eine Frauenfigur als Protagonistin (s. Effi Briest; Cécile, L'Adultera, Jenny Treibel); Thematik des Romananfangs: Thema der sozialen Schichtung im Mietshaus (Symbolfunktion des Hauses: soziales Oben und Unten bildet sich spiegelverkehrt im Wohnhaus ab: unten der Bourgeois Schultze, oben die kleinbürgerlichen Möhrings) und des sozialen Aufstiegs (Bsp. Schultze, Vorausdeutung von Mathildes Rolle: gebildet, zielstrebig (Z. 42 f., 47 f.); Textbeschreibung: Komposition des Romananfangs: von der Peripherie (soziale Stellung der Familien) zum Zentrum: „Zoomen"/Perspektivverengung: individuelle Charakteristik der Wirtsleute und ihrer Vorurteile/Meinungen über Mieter, individuelle Charakteristik der Protagonistin Mathilde;
traditionelles Erzählen: Leser/-in kann sich gut einfühlen, kausaler Erzählfluss, deutliche Trennung von Erzählerbericht und Figurenrede, individuelle Namensgebung (Mathilde), aber auch symbolische Namensgebung: Schultze. Lineares, chronologisches Erzählen, Zeitsprung von sechs Jahren: Fokussierung auf Mathilde und deren Rolle im weiteren Erzählverlauf; wertende Erzählhaltung durch Kommentare, Ironie, Vorausdeutungen; interne Fokalisierung bei Figurenrede; Darstellung Möhrings vorwiegend aus der Perspektive Schultzes. doppelte ironische Brechung: im Bezug auf Möhrings von Seiten Schultzes, Ironie im Bezug auf Schultze auf Seiten des Erzählers; detaillierte direkte und indirekte Charakteristik der Protagonisten durch Erzählerbericht und Figurenrede; Schauplatzexposition: genaue, detaillierte topografische Angaben Berlins (Zentrum: Georgenstr. 19, Nahe Friedrichstraße (vgl. Z. 1), Studentenviertel (vgl. Z. 30) (Humboldt-Universität Unter den Linden), Halensee (Z. 56) (heute zu Charlottenburg gehörend, etwas außerhalb im Westen). Moderne Architektur: Wohnhaus mit mindestens vier Etagen, Ladenlokale auf Straßenhöhe (vgl. Z. 9), Hochparterre, verzierte Balkone (vgl. Z. 8), keine Keller und Kellerwohnungen (vgl. Z. 8 f.), Wirtswohnung in der „Bel Etage" (Z. 11 f.) Nennung der Gründerzeit (vgl. Z. 2): Aufsteigermentalität des Besitzbürgertums durch Spekulationsgewinne (fünf Häuser, sein Haus als beinahe Palais, vgl. Z. 7) und einen gewissen Hochmut und Stolz, repräsentiert durch Rechnungsrat Schultze (Z. 2 f., 12 f., 21 f.). Schultze: Typus = Allerweltsname des gesellschaftlichen Aufsteigers, des Bourgeois, der in der Gründerzeit mit Spekulationsgewinnen zu viel Geld gekommen ist und dies auch zeigt (s. Z. 7 ff.) Mit authentischem Berliner Jargon bzw. Alltagssprache (Elision von Buchstaben): „gu'n Morgen" (Z. 4), „fatale" (Z. 28), „nu" (Z. 29), „wie's" (Z. 30); pragmatische Lebenseinstellung, sehr aufs Äußere/ auf den Schein fixiert, was sich in seiner Fehleinschätzung/Fehlinterpretation des Ausspruchs von Herrn Möhring: „halte dich propper" (Z. 20) zeigt: Schultze bezieht diesen Ausspruch lediglich auf das äußere Erscheinungsbild Mathildes; Mathilde Möhring: 23 Jahre, aus kleinbürgerlichen, redlichen (s. moralischer Anspruch des Vaters, Mathilde möge auf sich achten und der Familie keine Schande machen [vgl. Z. 20 ff.]) Verhältnissen (Z. 16 f., 36 f., 40 ff.), deren Vater sehr früh verstorben ist, sodass Frau Möhring untervermieten muss. Für Familie Möhring bedeutet das Haus nach dem Tod des Vaters das Festhalten am bisher gewonnenen Status. Eigentlich könnten sich Mathilde und ihre Mutter die Wohnung nicht mehr leisten, doch durch das Vermieten eines Zimmers an Studenten schaffen sie es, in der Wohnung zu bleiben. In dieser Hinsicht ist auch

die Frage nach der Etage entscheidend, da sie für eine Wohnung im dritten Stock mehr Miete verlangen können als für eine im vierten Stock; Mutter und Tochter genießen auf Grund ihrer Lebensführung die Wertschätzung Schultzes (vgl. Z. 39 ff.). Mathilde ist fleißig, artig und gebildet, umsichtig, hat scharfe Augen und viel Menschenkenntnis (vgl. Z. 34 ff.). Analog zu der Ermahnung des Vaters, sie möge sich propper halten, wählt sie nur Mieter aus, die solide (vgl. Z. 37) sind. Sie ist dünn, hat einen grisen Teint und aschblondes Haar (vgl. Z. 46), ist also nicht gerade „zum Anbeißen" (Z. 49). Trotz allem ist sie aber sauber und gut gekleidet; ihr Ausdruck ist energisch, jedoch ganz ohne Reiz (vgl. Z. 50 ff.). Dieses scheint ihr sehr bewusst zu sein, denn sie fühlt sich in der Behauptung eines Kegelspielers in Halensee, ein „Gemmengesicht" (Z. 54 f.) zu haben, bestätigt. Sie hat dünne Lippen, wasserblaue Augen und ein zu klein gebliebenes Ohr, jedoch konnte sich ihrer Meinung nach jeder in ihr Profil verlieben (vgl. Z. 56 ff.).
Zusammenfassung der Ergebnisse/Interpretation: Der Romananfang ist von besonderer, vorausschauender Bedeutung. Fontane selbst sagt: „Das erste Kapitel ist immer die Hauptsache und in dem ersten Kapitel die erste Seite, beinah' die erste Zeile. [...] Bei richtigem Aufbau muss in der Seite der Keim des Ganzen stecken."
Typische Schauplatzexposition Fontanes: Mietshaus hier als kleiner gesellschaftlicher Mikrokosmos der Gründerzeit; vgl. mit „Effi Briest".
Schluss: Vorausdeutung des möglichen gesellschaftlichen Wandels durch Aufsteigen des Besitzbürgertums auf die Ebene des Bildungsbürgertums/Adels (Bsp. Schultze vs. Exzellenz, Z. 3 ff.) Vorausdeutungen der möglichen Veränderung der gesellschaftlichen Stellung und Rolle der Frau am Bsp. Mathildes: Es werden die positiven Charaktereigenschaften („propper") und ihre Zielstrebigkeit und Bildung herausgestellt und als wichtiger erachtet als ihr Aussehen. Ihr Pflichtbewusstsein und ihre Zielstrebigkeit, ihre Menschenkenntnis und ihr Pragmatismus lassen erahnen, dass sie sozial aufsteigt.

Seite 64, Aufgabe 2

Fontanes Realismus-Position (vgl. hierzu Theodor Fontane: Realismus im Lehrwerk auf S. 227; die unten aufgeführten Zitate beziehen sich auf diesen Text):

- Konzentration auf das „Wahre" (Z. 42), das Authentische, das Menschliche
- „Widerspiegelung alles wirklichen Lebens, aller wahre Kräfte und Interessen im Elemente der Kunst" (Z. 31 ff.)
- keine Wiedergabe des Hässlichen: „[...] nicht das nackte Wiedergeben alltäglichen Lebens, am wenigsten seines Elends und seiner Schattenseiten" (Z. 1 ff.); damit deutliche Trennung vom Naturalismus
- detaillierte Schilderung der topografischen und gesellschaftlichen Umstände der Zeit um 1890 (Zeitroman)
- Vorausdeutungs-Charakter im ersten Kapitel, in der Schauplatzexposition

Seite 64, Aufgabe 3

individuelle Lösung je nach Wahl der Frauenfigur; mögliche Vergleichsaspekte: „Modernität", Emanzipation der jeweiligen Frau; Repräsentativität innerhalb ihrer Zeit (literarhistorische Kontextualisierung); Fremdbestimmung versus Selbstbestimmung

Strömungen in der Moderne

Seite 65, Aufgabe 1

Schamloser Tag entdeckt dir die Konturen.
Die Häuser stehn befleckt mit Staub und Ruß,
Es flirrt um Eilende und Wagenhaufen
Furchtsame Weiber, Männer, blasse Huren ...

Bedeutung der Markierungen:

- Anrede an ein Gegenüber
- Unterschiedliche Unterstreichungen zeigen Widersprüchliche Beobachtungen und Erfahrungen des lyrischen Ichs bei Tag (vgl. das Spiel mit Licht und Helligkeit in V. 4, 6, 7)

Ich starre lange in die schnelle Pracht
Ein Dumpfes ahnend drunten im Gedränge

Ich weiß, wie sie des blöden Tages Strenge
Gewaltig preisen: dass er herrschen macht.
Bedeutung der Markierungen:

- Standort des lyrischen Ichs wird offenbar: Es schaut von oben auf die Stadt.
- Die Ahnungen („ahnend") werden zur Gewissheit („Ich weiß")

(Es zieht sich nur zur wohlumbauten Enge.)
Bedeutung der Markierungen:

- In Klammern wird wie beiläufig eine Erklärung ergänzt.

Komm! Lass uns warten auf die kranke Nacht
Der schweren dröhnenden Gedankenpränge.
Bedeutung der Markierungen:

- **Imperativ:** erneute Ansprache des Gegenübers
- Fazit aus den geschilderten Eindrücken

Seite 66, Aufgabe 2 Jakob van Hoddis' Gedicht Stadt entlarvt das widersprüchliche Wesen der Stadt, in der die Menschen sich bei Tag wie Gezeichnete durch die Straßen bewegen, wodurch ironisch gebrochen ihr verfehltes Leben offenkundig wird.

Seite 66, Aufgabe 3

Form	**1. Strophe**	**2. Strophe**	**3. Strophe**	**4. Strophe**	**5. Strophe**
Analyse					
Metrum	jambischer Fünfheber	jambischer Fünfheber	jambischer Fünfheber	jambischer Fünfheber	jambischer Fünfheber
Satzbau	Inversion (Vers 3)	Betonung des Adjektivs „furchtsam"	Gedankenstrich am Ende von Vers 9	ein einziger eingeklammerter Satz	Imperativ
Wortwahl	Verkürzung von „Begierde" zu „Gierde"	pejorative Begrifflichkeiten	Häufung dunkler Vokale (Vers 9)	Widerspruch	pejorative Begrifflichkeiten
Gegensätze	widersprüchliche Wertschätzung der Stadt	negative Konnoatationen (vgl. Adjektive)	gegensätzliche Wahrnehmungen des Verkehrs der Stadt	„wohlumbaute[] Enge"	Tag und Nacht stehen im Gegensatz zueinander
sprachliche Bilder	Personifikation der Stadt	Personifikation des Tages (Vers 4)	Metapher (Vers 8)	Oxymoron	„Personifikation der Nacht Neologismus („Gedankenpränge")"
Deutung					

Aussage	Die als „schön“ hervorgehobenen Attribute der Stadt werden durch Widersprüche in ihrer positiven Einschätzung ironisch gebrochen.	Weder Gebäude noch Verkehrsmittel oder Menschen der Stadt erscheinen bei Tag stolz und schön.	Aus der dunklen Ahnung, dass die Menschen einem Irrtum erliegen, wird Gewissheit (vgl. V. 10).	Durch die Erklärung in Klammern wird klar, dass die Städter ihre Wirklichkeit verkennen. Sie sind nicht selbst Herrscher, sondern werden beherrscht und eingeengt. Sie leben in einer Scheinwelt.	Die Nacht fungiert als Ort der Reflexion, auch wenn sie als „kranke Nacht“ keinen echten Ausweg bietet.

Seite 66, Aufgabe 4

zutreffende Merkmale der expressionistischen Lyrik:
- Reihenstil
- Bilderreichtum und surrealer Stimmungsgehalt
- beschwörende Eindringlichkeit der Sprache (Sprachmagie)
- Wortneuschöpfungen (Neologismen)

bevorzugte Themen:
- Die Bedrohlichkeit der Städte
- die Ohnmacht und das Ausgeliefertsein des Individuums

Seite 68, Aufgabe 1

Hinweise zur Interpretation:
Grundgedanke/Thema des Textauszugs: die Einstellung junger Frauen der Moderne einem Mann gegenüber und ein Bild, wie sich die jungen Damen selbst einschätzen und wie sie auftreten.
Deutungshypothese: Der Textausschnitt zeigt den neuen, selbstbewusst auftretenden Frauentypus der Weimarer Republik, aber im Stil der Neuen Sachlichkeit realistätsnah, unpolitisch und präzise vorgestellt.
Aufbau/Gliederung des Textauszugs:
Deutungshypothese: Der Textausschnitt zeigt den neuen, selbstbewusst auftretenden Frauentypus der Weimarer Republik, aber im Stil der Neuen Sachlichkeit realistätsnah, unpolitisch und präzise vorgestellt.
inhaltlich: Bitte Gilgis an ihre Freundin Olga, ihren Vorgesetzten Herrn Reuter, der in Gilgi verliebt ist, von ihr abzulenken: Olga soll bei einer Abendeinladung im Restaurant wie zufällig an Gilgis Tisch vorbeigehen, sich in ein Gespräch mit Herrn Reuter verwickeln lassen, ihm imponieren, sodass er seine volle Aufmerksamkeit Olga widmet und Gilgi sich entfernen kann.
formal-sprachlich: Wechsel zwischen Erzählerbericht und Dialog an zentralen Stellen des Textes → a) Spannung auf den Fortgang der Handlung, b) authentisch durch die wörtliche Rede, die der jeweiligen Situation angepasst ist. Dialog zwischen der Protagonistin Gilgi und ihrer besten Freundin Olga; dann Erzählerbericht – mit kurzem Schauplatzwechsel zur Wohnung des Herrn Reuter → Simultaneität – dann ein zeitlicher Sprung (Zeitraffung) zum Abend des Rendez-vous Gilgis mit Herrn Reuter. Das komödiantische Talent Gilgis und Olgas wird hier in Szene gesetzt, Herrn Reuters Reaktionen wirken durch den Wissensvorsprung des Lesers/der Leserin und der jungen Damen umso entlarvender; das Spiel der drei wirkt durch die zusätzlichen pointierten Erzählerkommentare äußerst belustigend für den Leser/die Leserin; auffallend: durchgängiger Gebrauch des Präsens im Erzählerbericht. Leser/-in erhält Eindruck, Zeuge/Zeugin einer Szene zu sein, die sich momentan abspielt. Die Distanz der Leser/-innen zum Text (und dessen Entstehungszeit) wird damit aufgehoben. Montage von Schlagern der damaligen Zeit: Träumt der verheiratete Herr Reuter von einer Liaison mit einer jungen (evtl. leicht manipulierbaren) Frau, die zu ihm aufblickt und durch die er sich aufgewertet fühlt, so weist der Schlager über Hawaii auf die Lebensträume der jungen Frauen hin, die selbstständig sein wollen, die Welt bereisen und erobern möchten.

Erzählsituation: Mischung von homodiegetischem und heterodiegetischem Erzählen. Wertungen und Kommentare des auktorialen Erzählers wirken überspitzt komisch und ironisch, was der Vortäuschung des Treffens Herrn Reuters mit Olga entspricht.
Erzählweise: Die ständig in den Erzählerbericht einfließende erlebte Rede und der innere Monolog aus wechselnder Perspektive geben dem Leser Einblick in die Gedankenwelt der so unterschiedlichen Rollenbilder und -erwartungen von Mann und Frau der damaligen Zeit. Satzellipsen und Zeitraffungen konzentrieren die Darstellung auf die wesentlichen Momente dieser beiden zeitlich versetzten Anbahnungsgespräche (Reuter – Gilgi und Reuter – Olga). Leser/-in gewinnt plastischen Eindruck durch ständige (Film-)Schnitttechnik, Überblendungen der Gedanken der drei Figuren.

Seite 68, Aufgabe 2

Figurenkonzeption: Typus der sog. „Neuen Frau“: Die beiden jungen Frauen repräsentieren durch ihre weltoffenen Wünsche und ihre selbstbewusste Einstellung Männerbekanntschaften gegenüber, denn „Beide finden das Thema Reuter nicht interessant genug, um noch eine Minute länger darüber zu sprechen“ (Z. 29 f.) – den Frauentypus der „neuen Frau“, wie sie etliche Romane der „Neuen Sachlichkeit“, angelehnt an die Medien, kolportieren. Der Witz in diesem Textauszug besteht in den unterschiedlichen Erwartungen und Einstellungen, mit denen die Protagonisten in die Situation am Abend im Restaurant eintreten. Gilgi mag Herrn Reuter nicht, kann ihn aber nicht zurückweisen, da er ihr Chef ist. Sie ist nicht bereit, ein Verhältnis mit ihm anzufangen, nicht nur aus mangelndem Interesse an ihm als Mann oder etwa wegen moralischer Skrupel, sondern weil sie ihn als „bessere Konfektionsware“ (Z. 4) bezeichnet, er ihren Ansprüchen nicht genügt und sie sein Werben durchschaut als Zeitvertreib und männliches Spiel. Genauso wie sie sich von ihm als „Zufallsobjekt“ (Z. 12) einschätzt, betont sie mit dem Begriff der „Konfektionsware“ ihrerseits den Objektcharakter dieses Mannes für sie und Olga: Sie will es ihm mit gleicher Münze heimzahlen. Sie schmeichelt ihrer Freundin, und überzeugt diese, das Spiel mitzuspielen. Beide: sehr selbstbewusst in ihrer Einschätzung der Situation und ihrer Möglichkeiten, sie für sich positiv zu gestalten, was darauf schließen lässt, dass es ihnen nicht an Erfahrung mit ähnlich gearteten Männerbekanntschaften mangelt → Gilgi hat das Gefühl, „zu Abend gegessen“ (Z. 32) zu haben, während Herr Reuter meint „soupiert zu haben“ (Z. 33). Gilgi verhält sich der Situation und Umgebung entsprechend äußerlich nach allen Regeln und formvollendet: hübsches, nicht zu aufreizendes Samtkleid, höflich und distanziert: „Gilgi überhört die Aufforderung Herrn Reuters, ihn du zu nennen“ (Z. 49 f.), überlasst ihm aber, um ihn nicht zu sehr zu kränken, ihre Hand. Ihre Position Herrn Reuter gegenüber: Sie handelt aus egoistischen Gründen: „Schließlich kommt’s mir einzig auf mich an, nicht wahr?“ (Z. 41 f.). Sie will weiterhin ungestört in seinem Büro arbeiten und Geld verdienen. Sie fühlt sich ihm haushoch überlegen, weil sie mit ihm spielt und ihn durchschaut, und hat im Gespräch immer die dominante Gesprächsposition inne: „Armer Idiot“ (Z. 38), „Armer Alter“ (Z. 41). Sie verfügt über eine beeindruckende Menschenkenntnis, was Männer vom Schlag des Herrn Reuter betrifft, und diese spielt sie gnadenlos aus, zumal sie sich, anders als ihr Gesprächspartner, sehr diszipliniert beim Alkohol zuruckhält.
Olga: Erscheinen als große Dame von Welt (Attribute: Theaterbesuch, teurer Pelz, gepflegte Hände, Koketterie, Ausstrahlung auf andere Männer im Lokal, Reisen), nimmt Herrn Reuter sofort gefangen. Entgegen seinen abendlichen Träumen von einem kleinen braunen Mädchen erinnert er sich, „dass eigentlich ‚blond‘ sein Typ ist“ (Z. 65 f.). Um an ihr Ziel zu gelangen, „erhöht“ Olga Herrn Reuter in seinem Ego durch ihre maßlose Bewunderung und Gilgi spielt das unschuldige, aber schlichte kleine Büromädchen. Herrn Reuters Interesse an Gilgi nimmt rapide ab; plötzlich ist Olga die Frau, die ihn versteht, und nicht mehr Gilgi, sodass er erst sie und zum Schluss Olga nach Hause bringt.

Literatur nach 1945

Seite 69, Aufgabe 1

Folgende Eindrücke könnten beim Betrachten der Bilder entstehen:
- monströse Katastrophe, verursacht durch Menschen
- Furcht und Schrecken
- Angst vor der Bedrohung durch das atomare Inferno
- Schuld und Verantwortung
- Krieg
- Trauer um die Opfer

- Radioaktivität
- Folgeschäden

Seite 69, Aufgabe 2

Die Atombombenabwürfe auf Hiroshima und Nagasaki vom 6. und 9. August 1945 wurden von US-Präsident Harry S. Truman am 16. Juli 1945 – unmittelbar nach Bekanntwerden des erfolgreichen Trinity-Tests, des ersten Atomwaffentests – beschlossen und am 25. Juli angeordnet. Die Atombombenexplosionen töteten insgesamt etwa 92 000 Menschen sofort. Weitere 130 000 Menschen starben bis Jahresende an den Folgen des Angriffs, zahlreiche weitere an Folgeschäden in den Jahren danach. Nur diese ersten einsatzfähigen Atombomben wurden bisher in einem Krieg gegen Menschen eingesetzt. Darauf folgte am 2. September 1945 die Kapitulation Japans, mit der der Zweite Weltkrieg endete. Die Abwürfe sollten das Ende des Krieges beschleunigen und damit vielen US-Soldaten das Leben retten. Ob diese Begründung zutraf und ob die Abwürfe völkerrechtlich, ethisch und politisch zu verantworten waren, ist seit 1945 stark umstritten.

Seite 69, Aufgaben 3

Hinweise zur Interpretation:
Deutungshypothese: Das Gedicht nimmt das anhand eines Beispiels verdeutlichte Grauen, das der Atombombenabwurf hervorgerufen hat, als Mahnung und Warnung an die Zeitgenossen.
Form: Sonnet mit 2 Quartetten und 2 Terzetten, umarmendem Reim bzw. Schweifreim, meist jambischer Fünfheber (Ausnahme V. 1), wechselnd männliche und weibliche Kadenzen; die Verbindung dieses Themas mit der klaren und strengen Struktur des Sonnet überrascht auf den ersten Blick, die Form könnte aber gewählt sein, um dem Chaos der Zerstörung noch einen Sinn abzugewinnen, dem einen Opfer, das im Mittelpunkt des Gedichts steht, eine gewisse Individualität wiederzugeben
Aufbau: Entsprechend dem Sonnet-Aufbau schildern die 1. und 2. Strophe den Atombombenabwurf und den Tod des einen Menschen und sein „Weiterexistieren“ als Schattenriss an einer Wand. Das erste Terzett verallgemeinert das Sterben und das zweite schlägt den Bogen zur Gegenwart und deutet den Überrest des einen Menschen als Mahnung an alle Lebenden.
Sprache: nüchtern, sachlich, alltäglich; im Präteritum (Zeit des Sterbens aufgrund des Atombombenabwurfs) und Präsens (Mahnung an die Leser und Leserinnen); das Gedicht betont in der 2. Strophe durch Zäsuren (V. 5: „Sie barst.“ | – V. 8: Und von ihm blieb, | was in den Stein gezogen.“) und Enjambements (V. 5/6, 6/7) die Zerstörungskraft der Atombombe; die gleiche Wirkung hat die Inversion und Metapher „einer Sonne Hitzewogen“ (V. 5), ein Ausdruck, der sinnbildlich für die Atombombe steht; die Alliteration „Spricht uns sein stummer Schatten von Gefahr“ (V. 13) verstärkt die Wirkung der Mahnung und Warnung, die in der letzten Zeile durch die Zäsur zwischen „Wir sind das Fleisch. | Er ist die offne Wunde“ in einer Art bildlichem Fazit noch einmal unterstrichen wird; waren vorher historisches Ereignis und Gegenwart zeitlich getrennt, so werden sie hier beide ins Präsens gesetzt und in einem zusammengehörigen Bild („Fleisch“ und „Wunde“) zusammengefügt: der Atombombenabwurf als eine immer noch vorhandene, schmerzende Wunde in unserem Leben
Deutung: Kunerts Gedicht „Der Schatten“ erinnert daran, dass beim Bomben-Inferno von Hiroshima vom Menschen manchmal nur noch der in Mauern eingebrannte Schatten übrig geblieben ist, während der Körper verdampfte. Damit wird es zum poetischen Menetekel, ist es Lehre und Warnung für die Zeitgenossen. Der Todesschatten des Opfers ist der Schatten der Vergangenheit, der auf die Gegenwart und Zukunft der Menschen („Wir“, V. 14) fällt. Der anonyme Mensch, dem die „Überbombe“ (V. 4) Leben und die Individuation des Sterbens nahm, erhält in der schmerzhaften literarischen Erinnerung an seinen Schatten seine Würde und Personalität zurück.

Seite 69, Aufgabe 4

Der **Vergleich** des Gedichts mit dem Gedicht „Hiroshima“ von Marie-Luise Kaschnitz liegt nahe, weil sie aus unterschiedlichen Perspektiven die Katastrophe von Hiroshima reflektieren und doch ein gemeinsames Thema haben, nämlich Erinnerungen an eine leidvolle Geschichte gegen ihr Verfälschen, Verdrängen und Vergessen als Humanum zu bewahren. Für die vergleichende Betrachtung könnten folgende Aspekte festgehalten werden:

- Darstellung der Katastrophe: Täter – Opfer, Legendenbildung, Erinnerung und Aufarbeitung von Geschichte
- Gedichtform und Versgestaltung
- Haltung und Perspektive des Sprechers
- sprachliche Gestaltung

Das Gedicht von Kaschnitz setzt sich mit der Legendenbildung des Todespiloten von Hiroshima auseinander. Die erste Strophe thematisiert die Gerüchte um sein weiteres Leben (Gang ins Kloster, Selbstmord, Wahnsinn), um sie sogleich als Lügen zu entlarven. Dies geschieht allerdings nicht durch objektive Beweise, sondern im Modus der Fiktionalisierung. Das Ich geht von einem persönlichen Erlebnis aus. Es imaginiert das Fortleben des Piloten als Familienidylle, die aber – trotz aller Zurückgezogenheit „im Wald des Vergessens" (V. 18) – dem „Auge der Welt" (V. 27), der publizistischen Öffentlichkeit nicht entgehen kann. Dieser präsentiert das Szenarium als schöner Schein. Doch die Mimik („das Gesicht/Verzerrt von Lachen", V. 25 f.) entzaubert die Pose, entlarvt den Täter; sie ist Ausdruck seiner Lebensgeschichte und zugleich Verweis darauf, dass die Geschichte ihre Spuren hinterlassen hat, nicht vergessen werden kann und vom Menschen persönlich zu verantworten ist.

Bezug zur Literatur nach 1945: Das Ereignis des Abwurfes der Atombomben auf Hiroshima (6.8.1945) und Nagasaki (9.8.1945) war ein Schock. Vielleicht erklärt das heute dessen verzögerte Rezeption in der deutschen Literatur der 1950er- und 1960er-Jahre. Ausgelöst durch das Bekanntwerden der radioaktiven Folgelasten der Katastrophe und durch Nachrichten über Testversuche mit der Wasserstoffbombe, reagierten Schriftsteller/-innen in der BRD und DDR erst spät auf dieses Ereignis. Dazu zählen M. L. Kaschnitz mit ihrem Gedicht „Hiroshima" und G. Kunert mit seinem Sonett „Der Schatten". Beide Texte sind im Kontext des „Kalten Krieges" entstanden, spiegeln die Betroffenheit ihrer Verfasser angesichts des Infernos von Hiroshima wider und zeigen, darin liegt ihr politischer Gehalt, in welcher Weise geschichtliche Ereignisse verdrängt und verzerrt, aber auch kritisch erinnert werden können.

Seite 70, Aufgabe 1

Günter Kunert: **Zentralbahnhof**
Ende der Geschichte:
Pünktlich um acht Uhr morgens betritt er am 5. Nov. den Zentralbahnhof, fröstelnd in einem kurzärmeligen Sporthemd und einer Leinenhose, das leichteste, was er an derartiger Bekleidung besitzt. Hier und da gähnt ein beschäftigungsloser Gepäckträger. Der Boden wird gefegt und immerzu mit einer Flüssigkeit besprengt. Durch die spiegelnde Leere der Herrentoilette hallt sein einsamer Schritt: Kabine 18 entdeckt er sofort. Er schiebt eine Münze ins Schließwerk der Tür, die aufschwingt, und tritt ein. Wild zuckt in ihm die Gewißheit auf, das gar nichts passieren wird. Gar nichts!
Man will ihn nur einrichten, weiter nichts! Gleich wird es vorüber sein, und er kann wieder nach Hause gehen. Vertrauen! Vertrauen! Eine euphorische Stimmung steigt ihm in die Kehle, lächelnd riegelt er das Schloß zu und setzt sich. Eine Viertelstunde später kommen zwei Toilettenmänner herein, öffnen mit einem Nachschlüssel Kabine 18 und ziehen den leichtbekleideten Leichnam heraus, um ihn in die rotziegeligen Tiefen des Zentralbahnhofes zu schaffen, von dem jeder wußte, das ihn weder ein Zug jemals erreicht noch verlassen hatte, obwohl oft über seinem Dach der Rauch angeblicher Lokomotiven hing.
(Aus: Tagträume in Berlin und andernorts. München: Hanser 1977.)

Seite 70, Aufgabe 2

Hinweise zur Interpretation:
Deutungshypothese: Der Text beschreibt das Ausgeliefertsein eines Einzelnen gegenüber einer nicht näher bestimmten diktatorischen Gewalt und seine Versuche, diesen Tatbestand zu verdrängen.
Interpretation: Der Text zeigt Merkmale der Kurzgeschichte und Parabel. An die Kurzgeschichte erinnern der unvermittelte Beginn, der lineare Erzählstil und die sprachliche Konzentration. Auf die parabolische Struktur verweisen die abstrakte Gestaltung und die groteske Verfremdung. Mit wenigen Strichen skizziert Kunert die Ausgangsposition der Geschichte, exponiert Geschehen, Raum, Zeit und Protagonist, ohne dass diese für den/die Leser/-in spezifische Konturen gewinnen. Der „Jemand" ist ohne Individualität und Vorgeschichte, Ort und Zeit des Geschehens bleiben genauso allgemein wie die Herkunft des Schreibens. Fast zufällig stößt der Protagonist darauf. Sogleich akzeptiert er dessen amtliche Autorität. Doch das ist zugleich der Anstoß für das folgende Geschehen, das sein Leben durcheinander bringt und ihn nicht mehr als Subjekt des Handelns zeigt. Am Ende stößt ihm das zu, was ihm angekündigt bzw. verordnet wurde.
Zugleich bestimmt der Autor den erzählerischen „point of view". Der Erzähler hat zunächst nur geringe Distanz zum Geschehen, ist nahe bei der Hauptfigur, kennt ihre Gedanken und Gefühle, schildert das Geschehen vornehmlich aus deren Sicht. Dabei belässt er den/die Leser/-in in der gleichen Ungewissheit wie den Helden. Der/Die Leser/-in nimmt am Schicksal des Protagonisten teil, identifiziert sich aber nicht mit ihm, da er vom Autor durch die grotesken, satirischen und ironischen Gestaltungsmittel geschickt auf Distanz gehalten wird. Diese relativieren die Sichtweise des Protagonisten. Je mehr der Protagonist versucht, dem ihm amtlich verordneten Schicksal zu entrinnen, indem er Hilfe bei Freunden, bei einem Anwalt und zuletzt bei einem Nach-

barn sucht, desto mehr gerät er in ein undurchsichtiges System von Abhängigkeiten und umso mehr entfremdet er sich der Realität. Gehorsam akzeptiert er das ihm von amtlicher Seite auferlegte Schicksal. Der Gedanke an die Hinrichrichtung wird ihm geradezu zur Obsession. In panischer Reaktion konfrontiert er zunächst die Freunde mit seinem Problem, fordert eindringlich Hilfe, erntet bei ihnen aber nur „ernstes und bedeutungsvolles Kopfschütteln“ (Z. 10 f.). In jedem Fall bleiben die Reaktionen der vorgeblichen Freunde unverbindlich und nichts sagend. Die erlebte Rede macht sinnfällig, dass sie sich aus Feigheit und Duckmäuserei längst in die anonyme Sphäre des „Man“ zurückgezogen haben, keinerlei Bereitschaft zeigen, Verantwortung zu übernehmen und helfen zu wollen: Allein gelassen mit seinem Problem in seinem privaten Bereich, sucht der „Jemand“ Hilfe bei einem Rechtsanwalt. Doch auch dieser, der eigentlich die Interessen eines Klienten im Sinne des vom Staat gewährleisteten Rechtsschutzes wahrnehmen sollte, ist nicht bereit, dem nachzukommen, geschweige sich für ihn einzusetzen. Sein Ratschlag, eine Eingabe zu machen, den Hinrichtungstermin aber auf jeden Fall einzuhalten, um Repressalien vorzubeugen, ist genauso absurd wie die amtliche Aufforderung zu Beginn des Textes. Was der Rechtsanwalt seinem Klienten in Aussicht stellt, ihm als rettenden Ausweg verheißt, ist letztlich nichts anderes als der „Tod“ zu Lebzeiten, das Leben in völliger Entfremdung. Ein eingerichtetes Leben ist gleichbedeutend mit dem totalen Verlust an Individualität und Autonomie, bedeutet die Entmündigung durch das soziale System.
Der apodiktische auktoriale Kommentar am Ende, der auch durch den Tempuswechsel vom Präsens ins Präteritum/Plusquamperfekt kenntlich gemacht wird, gibt der Geschichte historische Transparenz und Tiefe. Er gilt nur indirekt den Agenten der anonymen Tötungsmaschinerie, zielt vielmehr auf diejenigen, die sich – trotz besseren Wissens – in diesem System „eingerichtet“, sich mit seinen Lügen und Verbrechen arrangiert haben, um von den Behörden nicht behelligt zu werden, auf deren Unterwürfigkeit und Kritiklosigkeit, nachgerade auf die Mentalität des willfährigen Untertanen, der es den Machthabern totalitärer Staaten vielfach erst ermöglicht, brutale Gewalt auszuüben, Opfer zu machen. Damit öffnet sich die Geschichte, die zu Beginn noch wie ein böser, surrealer Traum wirkt, zur politischen Parabel auf die jüngere deutsche Geschichte, auf die nationalsozialistische Vernichtungspolitik, d. h. auf die grauenvolle Realität von Konzentrationslagern, in der Menschen bis zur „Endlösung“ maschinell umgebracht wurden. An sie erinnern die Desinfektionen, vor allem aber der Rauch über dem Bahnhof. Dieser wird zum Rauch über den Krematorien. Rückwirkend vom Ende her erfährt nun auch der Titel der Geschichte, wenn man ihn in seine zwei Bestandteile zerlegt, eine besondere Pointierung. „Zentralbahnhof“ ist die euphemistische Umschreibung von Konzentrationslager. Zu ihm führte der Weg über die Bahnhofsrampe.
→ Die Deutungshypothese ist um den Aspekt zu ergänzen, dass hier ein parabolisches Erzählen erfolgt.

Seite 70, Aufgabe 3

Der Text setzt sich nicht nur mit den Pressionen und Verfolgungen der terroristischen Nazi-Diktatur auseinander, sondern verweist auch auf die Zeit seiner Entstehung, auf das totalitäre DDR-Regime, dessen rigide Gleichschaltungs- und Verfügungsmechanismen Kunert selbst als systemkritischer Schriftsteller in den 1960er- und 1970er-Jahren in der Form von Pressionen und Bespitzelungen besonders zu spüren bekam und gegen die er sich immer wieder zur Wehr setzte. Als engagierter antifaschistischer Schriftsteller weigerte er sich strikt, in seinen literarischen Produktionen den politischen Vorgaben eines doktrinären Parteiapparates zu folgen. Bezeichnenderweise entzündete sich die staatliche Kampagne gegen ihn vor allem an seiner Wertschätzung der Kafkaschen Dichtung, auf die der vorliegende Text mit seinem grotesken Beginn anspielt.

Seite 72, Aufgabe 1 (oben)

Zweiteilung des Titels
Zone: SBZ, Begriff der 1950er- und 1960er-Jahre, der Zeit des Kalten Krieges; später abwertend, ironisierend, aber auch liebevoll für die DDR gebraucht. Das Wort beinhaltet eine Übergangsphase, ein Zwischenstadium.
Kinder: Kindheit, in der DDR Geborene, Identitätsausbildung in und über die DDR

Seite 72, Aufgabe 2 (oben)

Gedanklicher Aufbau: Jana Hensel reflektiert 10 Jahre nach dem Ende der DDR ihre persönliche Biografie. Ihr Ausgangspunkt ist eine aktuelle Verlusterfahrung: „Ganz so, wie unser ganzes Land es sich gewünscht hatte, ist nichts übrig geblieben von unserer Kindheit, und auf einmal, wo wir erwachsen sind und es beinahe zu spät scheint, bemerke ich all die verlorenen Erinnerungen. Mich ängstigt, den Boden unter meinen Füßen nur wenig zu kennen“ (Z. 3 – 8). Im zweiten Teil ihres Textes (vgl. Z. 13 – 34) führt sie an vielen Details die Veränderungen in ihrer Lebenswelt auf, die die das Ende der DDR mit sich brachte. Der dritte Teil (vgl. Z. 35 – Ende) verdeutlicht noch stärker ihre Außenseitersituation: Während sich westdeutsche junge Erwachsene problemlos mit Gleichaltrigen anderer westeuropäischer über ihre Kindheits- und Jugenderfahrungen detailreich austauschen können, bleibt ihr nur übrig zu verstummen, „um ihre Party und ihr schönes warmes Wir-Gefühl nicht länger zu stören“ (Z.48 f.).

Veränderungen und Reflexion: Jana Hensel gibt in ihrem autobiografischen Bericht ihrer Generation eine Stimme, deren Kindheit in der DDR nur als Erinnerung lebt und die Verwandlungen erlebte wie kaum eine andere Generation davor. Die Archivierung/Katalogisierung wird von Hensel aufgenommen/fortgesetzt, um der Wehmut und Trauer, die an einigen Stellen des Textabschnitts deutlich werden (vgl. Z. 3 ff., 9 ff., 27 ff., 35 ff., 45 ff.), Einhalt zu gebieten, um der übermächtigen westdeutschen Erinnerung etwas Eigenständiges, Identitätsstiftendes entgegenzusetzen und den Verlust der Kindheit zu kompensieren. Erinnert wird an die verschwundenen Termine (vgl. Z. 13 ff.), die eine straff organisierte und reglementierte Kindheit evozieren, Otto & Alwin-Bildchen, Puffreis, Trommel, Mau-Mau (vgl. Z. 20 ff.), Berufsgruppenspiele zur Erziehung zu einer sozialistischen Persönlichkeit (vgl. Z. 24 ff.). Hensel gibt ihrem subjektiven und nachvollziehbaren Wunsch nach einem schönen warmen „Wir-Gefühl“ (Z. 48) Ausdruck. Sie möchte ebenfalls dazugehören, die Erlebniswelt der internationalen Jugend teilen.

Seite 72, Aufgabe 1 (unten)

Assoziationen/Sprachspielereien/Sprichwörter/Redensarten

- Vers 1: Umstellungen: Heil Hitler, Sieg heil, Grüß Gott, Rot Front
- Vers 2: Hunde, die bellen, beißen nicht. Die Letzten beißen die Hunde.
- Verse 3 – 4: Hammer und Sichel sind Embleme der kommunistischen Länder wie der Sowjetunion. In der DDR-Fahne ist die Sichel durch einen Zirkel ersetzt. In der Mitte der schwarz-rot-goldenen DDR-Fahne sind Hammer und Zirkel von einem Ährenkranz umrahmt. D-Mark-Leben verweist auf „Übernahme“ der DDR durch die BRD, die Integration der DDR, die auch ihre Währung aufgibt, Verweis ebenfalls auf ein anderes Leben nach neuen Regeln, in denen Kapitalismus und Konsum Priorität haben
- Vers 5: Das Wort „Jammerlust“ (V. 5) ist ein Neologismus, der Wanderlust assoziiert, Konnotationen: Jammer-Ossi, Jammern, Klagen als oftmals verspottete und kritisierte Attitüde der DDR-Bürger
- Verse 6 – 7: Thematisierung der Sprachspielereien, evtl. auch Suggestion der Wiedervereinigung als Spiel (bittere Ironie); Stottern, Stammeln, Anklange an Dadaismus, um die „Zuversicht“ (V. 7) abzuschwächen, zu ironisieren, um Skepsis aufkommen zu lassen

Seite 72, Aufgabe 2 (unten)

Die Verse 1 – 4 des Gedichts „III/9“ variieren in veränderten Flexionsformen der Verben und Verbalisierungen bzw. Austausch von gegenteiligen Begriffen (Vergangenheit statt Zukunft) die ersten beiden Verse der DDR-Hymne: „Auferstanden aus Ruinen und der Zukunft zugewandt“. Der Zukunftsoptimismus, das solidarische Pathos, die Appellfunktion des Becher-Textes werden gänzlich parodiert, persifliert, ins Gegenteil verkehrt; es entsteht der Eindruck der Resignation, des Pessimismus, des Sarkasmus. In den Versen 8 und 10 werden Versatzstücke aus Celans Gedicht „Todesfuge“ eingefügt. Er bezieht sich hier auf die Verse 7 bis 9, 18 und 24 des Gedichts: „[...] er pfeift seine Rüden herbei/er pfeift seine Juden hervor lässt schaufeln ein Grab in der Erde/er befiehlt uns spielt auf nun zum Tanz [...] ihr andern spielt weiter zum Tanz auf [...] der Tod ist ein Meister aus Deutschland“. Die Charakteristik der Deutschen als Zuhälter, Aufreißer und Meister im Flötenspiel (V. 7/8) wirkt provokativ, abwertend, verächtlich. Das Bild des Meisters im Flötenspiel erinnert an Friedrich II. und soll evtl. ebenso wie die Versatzstücke des Celan-Gedichts eine historische bzw. nostalgische Komponente/Facette einbringen. Die Collagen-/Montagetechnik erlaubt vielfältige Assoziationen (Analogien zur Slam Poetry).

Thematisiert werden ebenfalls die Möglichkeiten und Grenzen von Sprache, Sprachreflexion und Sprachskepsis (vgl. Texte der Jahrhundertwende, die diese Aspekte thematisieren, u. a. Rilke, Hofmannsthal, Schnitzler, Experimente der Expressionisten, Sprachspielereien der Dadaisten). Ebenfalls ergeben sich Analogien zum Zappen, zum Gebrauch der neuen Medien; Medienreflexion wird indirekt durch die Machart dieser Gedichte thematisiert. Die im ersten Teil des Gedichts evozierte nihilistische Untergangsstimmung wird im zweiten Teil durch Fragmente aus dem Celan-Gedicht mit dem Titel „Todesfuge“ und das letzte Wort des Textes „totentanz“ (V. 10) gesteigert und verabsolutiert.

Seite 72, Aufgabe 3

- Auseinandersetzung mit Geschichte, hier Mauerfall und Ende der DDR 1989/1990
- „Wendeliteratur“: Reflexion über das Leben in Deutschland vor und nach der „Wende“ aus der Perspektive der Nachwendezeit
- Postmoderne: Intertextualität: Anspielung auf andere Werke, Zitate und Übernahmen

Filmisches Erzählen

Seite 73, Aufgabe 1

Woher hat Fabian das Geld für das Kleid, das er Cornelia schenkt?
☒ Er hat das Kleid von seiner Abfindung bezahlt.
Was meint Fabian, als er Cornelia vorwirft, sie führe zweigleisig?
☒ Er meint, sie werbe gleichzeitig um ihn als Geliebten und um Makart als „Beschützer".
Welche unmittelbaren Folgen hat der Abend für das Paar?
☒ Cornelia zieht aus.

Seite 73, Aufgabe 2

1:17:48: Cornelia erwähnt den geplanten Verkaufs des Grammophons
1:18:15: Fabians Mutter lädt zum Essen ein, Fabian will ablehnen, Cornelia nicht.
1:19:14: Fabians Mutter fragt nach dem Preis des Kleides.
1:19:38: Fabian entwendet Labude Geld aus der Brieftasche, Cornelia beobachtet ihn dabei (Rückblende).
1:21:38: Die Mutter bestellt drei Portionen Nachtisch statt nur einer, Fabian protestiert.

Seite 74, Aufgabe 3

Alle drei leben in bescheidenen finanziellen Verhältnissen. Fabians Mutter und Fabian selbst wollen dies voreinander kaschieren. Cornelia ist diesbezüglich pragmatischer und macht aus ihrer Situation keinen Hehl. Geschenke und Einladung nimmt sie ohne Scham an.

Seite 74, Aufgabe 4

Die Szene ist wie ein Stummfilm gestaltet: Der Originalton fehlt, stattdessen werden Inserts (Schrifteinblendungen) verwendet, um die Zuschauer über die Dialogthemen zu informieren. Das Schauspiel der Akteure ist sehr körperbetont und wirkt heute eher übertrieben. Die Szene wird – wie damals oft üblich – von Klaviermusik begleitet.

Seite 74, Aufgabe 5

Die Filmhandlung spielt im Jahr 1931 – in der Zeit, in der der Stummfilm langsam vom Tonfilm abgelöst wurde. Ein zu dieser Zeit schon berühmter Filmproduzent wie Makart ist also vermutlich mit dem Stummfilm groß geworden. Darauf könnte der Regisseur Dominik Graf anspielen.

Seite 74, Aufgabe 6

Fabian und Cornelia gehen während ihres Gespräches immer wieder selbst auf Abstand, kommunizieren durch Scheiben und über Spiegel. Ebenso zieht sich die Kamera immer wieder aus dem Gespräch zurück und filmt aus der Distanz, durch Scheiben oder in den Spiegel hinein. Sind sich die beiden emotional nahe, sind sie sich auch körperlich nahe – auch hier folgt die Kamera.

Seite 74, Aufgabe 7

Individuelle Ergebnisse. Die beiden könnten beispielsweise Rücken an Rücken stehen, eventuell mit einer Wand zwischen ihnen, und sich mit Worten ihre Zugehörigkeit versichern. Oder sie könnten sich körperlich nahe sein, den Blick aber ins Leere/in die Ferne gerichtet haben.

Mit Sprache umgehen

Grammatisches Wissen nutzen

Die stilistische Funktion von Sätzen nutzen

Seite 75, Aufgabe 1

Hauptsatz: „Spornstreichs auf dem Wege nach Dresden war er schon" (Z. 1)

Seite 75/76, Aufgaben 2 und 3

- „als er […] schrittweis zu reiten anfing" (Z. 1 f.): Temporalsatz (Zeit)
- „die man auf der Burg gegen ihn führte" (Z. 2): Attributsatz (Relativsatz)

- „als er [...] sein Pferd [...] wieder wandte“ (Z. 1 – 3): Temporalsatz (Zeit)
- „ehe er noch tausend Schritte gemacht hatte“ (Z. 3): Temporalsatz (Zeit)
- „und [als er] zur vorgängigen Vernehmung des Knechts [...] nach Kohlhaasenbrück einbog“ (Z. 1 und 3 f.): Temporalsatz (Zeit)
- „wie es ihm klug und gerecht schien“ (Z. 4): Modalsatz (Art und Weise)

Seite 76, Aufgabe 4

Kleist trennt adverbiale Bestimmungen durch Komma ab.
„bei dem Gedanken an den Knecht“: temporales Adverbial; „trotz der erlittenen Beleidigungen“: konzessives Adverbial

Seite 76, Aufgabe 5

Kleist verwendet bevorzugt lange verschachtelte Satzgefüge mit zahlreichen Nebensätzen. Dieser komplexe Satzbau spiegelt die komplexen Zusammenhänge und Gleichzeitigkeiten einer als „gebrechlich“ und undurchschaubar empfundenen Welt. Der komplexe Satzbau hat eine starke Sogwirkung, sodass der Leser auf das Ende hinfiebert. Der hypotaktische Satzbau, der die Nebensätze durch eine Vielzahl von Konjunktionen und Subjunktionen verknüpft, schafft zahlreiche Bezüge und Begründungen von Ereignissen. Gleichzeitig simuliert dieser Aktionsstil mit einer Dominanz von Verben in vielen Sätzen eine Atemlosigkeit bei der Schilderung der Ereignisse und erzeugt damit eine dramatisierende Wirkung und Spannungssteigerung bei gleichzeitiger Knappheit und Prägnanz.

Seite 76, Aufgabe 6

Satzglieder	Bestimmung	Frage	Funktion
er	Ergänzung im Nominativ	Wer oder was?	Subjekt
war	finites Verb	–	Prädikat
Spornstreichs auf dem Weg nach Dresden	Adverbial des Ortes (Lokaladverbial)	Wo? Wohin?	Angabe eines Ortes
auf der Burg	Adverbial des Ortes (Lokaladverbial)	Wo?	Angabe eines Ortes
schrittweis	Adverbial der Art und Weise (Modaladverbial)	Wie?	Angabe über die Art und Weise eines Geschehens oder einer Handlung
klug und gerecht	Prädikativum	Wie?	gefordert vom Verb *scheinen*
nach Kohlhaasenbrück	Adverbial des Ortes (Lokaladverbial)	Wo?/Wohin?	Angabe der Richtung

Seite 76, Aufgabe 7

Die Adjektive und Attribute – häufig auch in Form von Attributsätzen – haben eine erklärende Funktion; mit ihrer Hilfe werden die Ereignisse noch genauer berichtet und die Gleichzeitigkeit der Handlungen betont.

Seite 76, Aufgabe 8

Beim Eintritt in den Saal kam Kohlhaas ein Junker Hans von Tronka entgegen. Er fasste ihn bei der Brust und schleuderte ihn in den Winkel des Saals. Dessen Hirn versprützte an den Steinen. Die Knechte griffen zu den Waffen und überwältigten die anderen Ritter. Kohlhaas fragte: „Wo ist der Junker Wenzel von Tronka?

Seite 76, Aufgabe 9

Mögliche Lösung:
Leider kann ich, obwohl ich gestern den ganzen Tag damit verbracht habe, was mir große Sorgen bereitet und auch meine Mutter beunruhigt, nicht rechtzeitig, wie ich es mir vorgenommen hatte, meine Hausaufgaben, die ich sonst immer gründlich erledige, da ich ja ein gutes Abitur machen möchte, vorzeigen, da meine Freundin, die dafür kein Verständnis hat, heute Morgen dringend meine Hilfe brauchte, sodass ich ihr den Vorrang gab.

Nebensätze in ihrer Satzgliedfunktion anwenden

Seite 77, Aufgaben 1 und 2

Nur nicht
Das Leben wäre vielleicht einfacher, wenn ich dich gar nicht getroffen hätte.
Weniger Trauer jedes Mal, wenn wir uns trennen müssen. Weniger Angst vor der nächsten und übernächsten Trennung.
Und auch nicht soviel von dieser machtlosen Sehnsucht, wenn du nicht da bist, die nur das Unmögliche will und das sofort im nächsten Augenblick und die dann, weil es nicht sein kann, betroffen ist und schwer atmet.
Das Leben wäre vielleicht einfacher, wenn ich dich nicht getroffen hätte. Es wäre nur nicht mein Leben.

Seite 77, Aufgabe 3

- **wenn** ich dich gar nicht getroffen hätte: Konditionalsatz (eingeleitet durch die Subjunktion *wenn* und ein finites Verb am Ende: *hätte*)
- **wenn** wir uns trennen müssen:
  Konditionalsatz (eingeleitet durch die Subjunktion *wenn* und ein finites Verb am Ende: *müssen*)
- **wenn** du nicht da bist: Konditionalsatz (eingeleitet durch die Subjunktion *wenn* und ein finites Verb am Ende: *bist*)
- **die** nur das Unmögliche will und [...] die dann [---] betroffen ist und schwer atmet: Attributsätze bzw. Relativsätze (eingeleitet durch das Relativum *die* und das finite Verb am Ende: *will/ist/atmet*)
- **weil** es nicht sein kann: Kausalsatz (eingeleitet durch die Subjunktion *weil* und ein finites Verb am Ende: *kann*)

Seite 77, Aufgabe 4

Das Gedicht weist auffallend viele Konditionalsätze auf, die eine Bedingung angeben. Das lyrische Ich reflektiert über sein Leben und darüber, was anders gewesen wäre, wenn es seinen Partner nicht getroffen hätte.

Seite 77, Aufgabe 5

Am Anfang und am Ende des Gedichts wird der Konjunktiv II (Irrealis) verwendet, der hier ausdrückt, dass der lyrische Sprecher einen Fall, der nicht seiner eigener ist, durchdenkt. Er versucht sich vorzustellen, wie sein Leben ohne seinen Lebenspartner aussehen würde, weist aber letztlich die Vorstellung von sich, weil es sich bei einem Leben ohne seinen Partner, auch wenn es vielleicht ein unkomplizierteres Leben wäre, nicht mehr um sein eigenes Leben handeln würde, zu dem der Partner unabdingbar dazugehört. Der Konjunktiv II ist der sprachliche Ausdruck eines Gedankenexperiments, das zuletzt, in der Pointe des Gedichts, als sinnlos verworfen wird.

Verbal- und Nominalstil sinnvoll verwenden

Seite 78, Aufgabe 1

(1) [1] Schülerzeitungen sind Zeitungen, die von Schülerinnen und Schülern für Schülerinnen und Schüler derselben Schule geschrieben werden. [2] Dadurch dass die Schülerinnen und Schüler Schülerzeitungen herausgeben, gebrauchen sie das Recht der freien Meinungsäußerung. [...]

(2) [1] Erscheint die Schülerzeitung als Druckwerk im Sinn des Bayerischen Pressegesetzes, soll die Schulleiterin oder der Schulleiter die Herausgeber und Redakteure über die presserechtlichen Folgen (Art. 3 Abs. 2, Art. 5, 7 bis 10 und 11 BayPrG) informieren. [2] Erziehungsberechtigte haften dabei nach wie vor für minderjährige Schülerinnen und Schüler. [...]

(4) [1] Soll die Schülerzeitung auf dem Schulgelände verteilt werden, muss der Schulleiterin oder dem Schulleiter rechtzeitig vor Drucklegung ein Exemplar vorgelegt werden. [...] [4] Das Schulforum bemüht sich darum, dass man sich einigt; scheitert die gütliche Einigung, kann das Schulforum die Verteilung der Schülerzeitung auf dem Schulgelände untersagen.

Seite 78, Aufgabe 2

Die Texte sind im Nominalstil kürzer und damit kompakter, was beispielsweise in einem Gesetzestext von Vorteil ist. Der Verbalstil wird durch lange Nebensätze oftmals umständlicher und länger.

Die stilistische Funktion von Wortarten bestimmen

Seite 79, Aufgabe 1

- soll (V. 1 und 2): Verb (Modalverb)
- hinheben (V. 1): Verb
- Ach (V. 4): Interjektion (Ausrufewort/Empfindungswort)
- gerne (V. 4): Adverb
- Verlorenem (V. 5): Nomen / nominalisiertes infinites Verb (Partizip II)
- Dunkel (V. 5): Nomen
- Tiefen (V. 7): Nomen
- doch (V. 8): Konjunktion
- sind (V. 11): Verb (Hilfsverb)
- wir (V. 11): Personalpronomen
- gespannt (V. 11) Verb (Partizip Perfekt)
- O (V. 13): Interjektion (Ausrufewort)

Seite 79, Aufgabe 2

Die positive und ruhige Stimmung, die zu Beginn des Gedichts vorherrscht, wird durch die Verwendung entsprechender Wörter erzielt. Hier sind besonders das Nomen „Seele" (V. 1), die Verben „rührt" (V. 2), „halten" (V. 1), „hinheben" (V. 3), „weiterschwingt" (V. 7), das Adjektiv „still[en]" (V. 6) sowie das Adverb „gerne" (V. 4) zu nennen.

Seite 79, Aufgabe 3

Die Wende im Gedicht ist am Anfang von Vers 8 durch die Konjunktion „doch", die einen Gegensatz ausdrückt, sprachlich kenntlich gemacht.

Seite 79, Aufgabe 4

Als Symbol für die Liebesgefühle wird das Spielen eines Streichinstruments, einer Geige gefunden. Die Gefühle der Liebenden schwingen („weiterschwingt", V. 7) und klingen wie „*eine* Stimme" (V. 10), ein „Lied" (V. 13) eines „Instrument[s]" (V. 11) zusammen, weil sie durch den „Bogenstrich" (V. 9) eines „Spieler[s]" (V. 12) zusammengenommen (vgl. V. 9) werden.

Seite 79, Aufgabe 5

Das lyrische Ich erkennt letztendlich die „Süße" des Lebens mit all seinen Höhen und Tiefen an. Die Interjektion „O" drückt Erleichterung aus, die das lyrische Ich Sinn übergreifend erfasst (Synästhesie).

Fehlerschwerpunkte in der Rechtschreibung erkennen

Variante in der Getrennt- und Zusammenschreibung kennen

Seite 81, Aufgabe 1

- Bist du schon einmal **hier gewesen**? (5)
- Wer täglich eine halbe Stunde **Rad fährt**, lebt gesünder. (1)
- Es wird ihr noch **leidtun**, dass sie sich so wenig bewegt. (4)
- Das **Theaterspielen** hat sie bereits im Kindergarten geliebt. (3)
- Wer **schwarzarbeitet**, verstößt gegen das Arbeitsrecht. (9)
- Wir werden alle an dem Wettkampf **teilnehmen**. (4)
- Ella hat ihr Rad **schwarz angestrichen**. (8)
- Durch den Unfall wurde der gesamte Verkehr **lahmgelegt**. (9)
- Du solltest das Essen zunächst auf dem Herd **warm machen/warmmachen**. (10)
- Die **Eisen verarbeitende/eisenverarbeitende** Industrie hat mit Verlusten zu kämpfen. (2)
- Sie hat sich für den Plan der Schülervertretung **starkgemacht**. (9)
- Ich habe meine Freundin im Urlaub **kennen gelernt/kennengelernt**. (7)

- Manche Pädagogen befürworten, dass Kinder bereits im Kindergarten **lesen lernen**, und sie fordern, dass die Schülerinnen und Schüler in der Schule nicht mehr **sitzen bleiben/sitzenbleiben**. (6, 7)
- Die Führerscheinprüfung ist schon wieder **schiefgegangen**. (9)

Seite 82, Aufgabe 2

Sabine Mayr: Die Bedeutung der Medien im Roman

Der Roman thematisiert u. a. die Rolle der Medien bei der Hexenjagd auf Mia Holl. Im konventionellen Verständnis haben Medien die Aufgabe, **zu informieren** und zur Meinungsbildung **beizutragen**. Sie werden daher oft neben den offiziellen drei Gewalten Legislative, Judikative und Exekutive als eine „vierte Gewalt" im Staat angesehen. Dieses **hervorzuheben** ist das Anliegen jedes Demokraten und jeder Demokratin.

Eine Gewaltenteilung, die in Demokratien eine Begrenzung der Macht jeder einzelnen Gewalt und damit Gerechtigkeit gewährleisten soll, ist in der Romanhandlung nicht **vorzufinden**.

Mia Holl hat keine Chance, sich gegen die Macht der Medien **zu wehren** bzw. die Medien erfolgreich für ihre Zwecke der Aufklärung über die Fehler des Systems **zu nutzen**; ihr Versuch, eine Gegendarstellung der *fake news* in Gestalt einer Misstrauenserklärung **zu veröffentlichen** und damit das System **zu kritisieren**, wird von Kramer pervertiert: Er nutzt die Erklärung zugunsten des Systems und gegen Mia selbst. Trotz dieser schlechten Erfahrungen hat Mia nach ihrer Festnahme wegen des fingierten Giftfunds in ihrer Wohnung die Absicht, eine Gegendarstellung **zu veröffentlichen**, doch Kramer verweigert ihr dies. Als Bürgerin hat sie also keinen Zugang zu den Medien, und diese sind auch nicht daran interessiert, Sachverhalte differenziert **darzustellen**, kritische Positionen **aufzugreifen** und unterschiedliche Meinungen **zu diskutieren**, wie es in einer demokratischen Gesellschaft ihre Aufgabe wäre.

Seite 83, Aufgabe 1

1 a) Ich muss daran denken, die Getränke für die Feier rechtzeitig ~~kaltzustellen~~/kalt zu stellen.
1 b) Wenn er sich weiter so verhält, werden wir ihn durch entsprechende Einschränkungen der Redefreiheit kaltstellen/~~kalt stellen~~.
2 a) Wegen der schlechten Geschäftslage musste fast die gesamte Belegschaft der Firma für einen Monat kurzarbeiten/~~kurz arbeiten~~.
2 b) Am Montag muss ich nur ~~kurzarbeiten~~/kurz arbeiten, weil ich nachmittags frei habe.
3 a) Wer krankgeschrieben/~~krank geschrieben~~ ist, verliert seinen Versicherungsschutz, wenn er trotzdem am Arbeitsplatz erscheint.
3 b) Es wäre besser gewesen, wenn ich die Klausur nicht ~~krankgeschrieben~~/krank geschrieben hätte.
4 a) Durch seine gezielten Nachfragen versuchte er, mich auf eine bestimmte Aussage festzunageln/~~fest zu nageln~~.
4 b) Versucht man, empfindliche Hölzern miteinander zu verbinden, darf man nicht zu ~~festnageln~~/fest nageln.
5 a) Die letzte Aufgabe wird dir nicht schwerfallen/~~schwer fallen~~, da wir den Stoff noch letzte Woche geübt haben.
5 b) Kai wird eine Woche nicht in die Schule gehen können, da er beim Eislaufen ~~schwergefallen~~/schwer gefallen ist.
6 a) Auf dem Verkehrsübungsplatz muss man besonders ~~achtgeben~~/Acht geben.
6 b) Generell ist das Achtgeben/~~Acht geben~~ beim Autofahren das Wichtigste.

Varianten in der Groß- und Kleinschreibung kennen

Seite 84, Aufgabe 1

rechter Winkel → attributives Adjektiv – recht geschickt gewählt → Adverb – recht gemacht → Teil des Verbs – war recht und billig → feste Verbindung mit sein – Mit Recht → Nomen – seiner Rechten → Nomen – das Rechte → Nomen – zu Recht → Nomen – recht/Recht bekommen → beide Varianten zulässig in der Verbindung mit bekommen – hat [...] recht/Recht → beide Varianten zulässig in der Verbindung mit haben – recht/Recht daran getan → beide Varianten zulässig in der Verbindung mit tun

Plurale bei Fremdwörtern bilden

Seite 85, Aufgabe 1

Einzahl	**Mehrzahl**	**Gruppierung**
Visum	Visa/Visen	Pluralform der Herkunftssprache
Praktikum	Praktika	Pluralform der Herkunftssprache
Solo	Soli/Solos	Pluralform der Herkunftssprache
Internum	Interna	Pluralform der Herkunftssprache
Gala	Galas	Plural-S
Oma	Omas	Plural-S
Kobra	Kobras	Plural-S
Zebra	Zebras	Plural-S
Universum	Universen	besondere Pluralform
Mögliche weitere Beispiele:		
Lapsus	Lapsus	Pluralform der Herkunftssprache
Fauxpax	Fauxpax	besondere Pluralform
Status	Status	Pluralform der Herkunftssprache
Modus	Modi	Pluralform der Herkunftssprache
Kaktus	Kakteen	besondere Pluralform
Krokus	Krokusse und (seltener:) Krokus	Pluralform der Herkunftssprache
Passus	Passus	Pluralform der Herkunftssprache
Kasus	Kasus	Pluralform der Herkunftssprache
Exitus	keine Mehrzahl möglich → Todesfälle	
Chaos	keine Mehrzahl möglich	
Antibiotikum	Antibiotika	Pluralform der Herkunftssprache
Pharmakon	Pharmaka	Pluralform der Herkunftssprache
Euro	Euro, Euros	Plural-S

Das Komma

Die Regeln der Kommasetzung – Kennen Sie sich aus?

Seite 87, Aufgabe 1

1 Einschub (Apposition)
2 Infinitivgruppe
3 Satzgefüge, Nebensatz
4 Satzgefüge, Nebensatz
5 Infinitivgruppe
6 Infinitivgruppe
7 Infinitivgruppe
8 Satzgefüge, Nebensatz
9 Infinitivgruppe
10 Satzgefüge, Nebensatz
11 Infinitivgruppe
12 Satzgefüge, Nebensatz
13 Satzgefüge, Nebensatz

14 Einschub
15 Satzgefüge, Nebensatz
16 Aufzählung
17 Infinitivgruppe
18 Infinitivgruppe
19 Satzgefüge, Nebensatz
20 Satzreihe
21 Einschub (Apposition)

Seite 88, Aufgabe 2

Sophokles: Antigone – Eine Inhaltsangabe (2. Teil)

Kreons Sohn Haimon ist der Verlobte Antigones. Er unternimmt den Versuch, den Vater umzustimmen, und argumentiert damit, dass dies auch der heimliche Wille des thebanischen Volkes sei. Als Kreon unnachgiebig bleibt, droht der Sohn mit Selbstmord. Der Chor besingt in seinem dritten Standlied die Macht des Eros, des Gottes der begehrlichen Liebe.

Antigone wird dazu verurteilt, lebendig in ein Felsgrab gesperrt zu werden, wo sie sterben soll. Sie stimmt selbst ihre Totenklage an und beweint sowohl ihr persönliches als auch das Schicksal ihrer Familie. Der Chor erinnert in seinem vierten Standlied an jene mythischen Figuren, die ein ähnliches Schicksal erdulden mussten wie jetzt Antigone.

Ein blinder Seher, Teiresias, wendet sich an Kreon und warnt ihn. In seiner Vogelschau, einer Weissagungsmethode, bei der aus der Art des Vogelflugs die Zukunft gedeutet wird, habe er gesehen, dass sich die Götter von der Stadt abwendeten. Dies sei Kreons Schuld, weil er durch sein Bestattungsverbot zugelassen habe, dass die Opferaltäre entweiht würden. Dieser lässt sich zunächst nicht beeindrucken und unterstellt dem Seher ein eigennütziges Motiv. Er wirft ihm vor, dass er von seinen Gegnern mit Geld bestochen worden sei und sich ihm deshalb entgegenstelle. Erst als Teiresias den Untergang seines gesamten Hauses voraussagt, lenkt Kreon erschüttert ein. Er will den Ratschlag des Chors befolgen, Polyneikes zu bestatten und Antigone aus der Felsengruft zu befreien. In seinem fünften und letzten Standlied beschwört der Chor den Gott Dionysos und bittet um Heil für die Stadt.

Für eine Wendung des Schicksals ist es jedoch bereits zu spät. Ein Bote berichtet davon, dass sich Antigone in ihrem steinernen Grab erhängt habe. Haimon richtet darauf in seiner Verzweiflung das Schwert zuerst gegen seinen eintreffenden Vater, aber diesem gelingt die Flucht. Haimon begeht daraufhin Selbstmord. Als Eurydike, die Gattin Kreons, davon erfährt, verflucht sie ihren Mann als Kindesmörder und ersticht sich. Kreon bleibt allein als gebrochener Mann zurück und erkennt seine Verfehlung an.

Das Komma in Aufzählungen

Seite 90, Aufgabe 1

- Füllen Sie zunächst den Fragebogen aus(,) und errechnen Sie dann die erreichte Punktzahl bzw. den Mittelwert.
- Im Programmkino sind folgende Filme zu sehen: „Die Bücherdiebin“, „Der Medicus“, „Der Vorleser“ und „Casablanca“.
- Nach dem Abitur will Marie entweder sofort mit dem Studium beginnen oder ein Praktikum in einem Architekturbüro, einem Verlag oder einer Buchhandlung absolvieren.
- Leonas fotografiert einen Goldhamster(,) und seine Freundin Lara liest ein Buch.
- Jonas studiert nicht nur Psychologie, sondern er macht gleichzeitig eine Ausbildung zum Telefonseelsorger.
- Später wird er entweder in einer deutschen Klinik arbeiten(,) oder er wird sich im Ausland im Rahmen des Entwicklungsdienstes engagieren.
- Die Software ist weder funktionsfähig noch für uns geeignet, aber sehr teuer.
- Sollen wir für das Referat eine eine digitale Präsentation erstellen(,) oder ist das nicht notwendig?
- Rosalie will in den Ferien nicht in den Urlaub fahren, sondern sich um einen Schülerjob kümmern.
- Lukas hat seinen Urlaub bereits gebucht, jedoch erst für die letzte Ferienwoche.

Seite 90, Aufgabe 2

- Er fragte sich, ob die Entscheidung richtig war, ob er nicht doch besser etwas anderes hätte wählen sollen oder ob er sich nicht zuvor von einem Experten hätte beraten lassen sollen.
- Der alte Mann vollführt merkwürdige Gesten am Fenster, weil er den Jungen aufheitern will, und löscht anschließend das Licht.
- Während sie gemütlich auf dem Sofa ein Buch liest, einen Espresso trinkt und während sie nebenbei im Hintergund Musik hört, wird im Erdgeschoss eingebrochen.
- Der Busfahrer bremst so stark ab, dass sich die Fahrgäste festhalten müssen und das Gepäck auf den Boden fällt.
- Esra ist sich nicht sicher, ob er studieren oder eine Ausbildung beginnen soll, und deshalb besorgt er sich einen Termin bei der Arbeitsagentur bzw. bei der Berufsberatung in der Schule.
- Du solltest am besten ins Bett gehen, wenn du dich nicht wohlfühlst, oder einen Arzt aufsuchen.
- Lea schließt eine Handyversicherung ab, nachdem sie sich zum Kauf eines teuren Geräts entschieden hat, und besorgt sich zusätzlich eine Schutzhülle, die preiswert ist und außerdem auch noch elegant aussieht bzw. zu ihrer Schultasche passt.

Seite 91, Aufgabe 3

Der Gang der Handlung wird immer wieder von Liedern des Chores unterbrochen. Mit diesen Liedern wird das Geschehen reflektiert(,) und die zugrunde liegende Thematik wird verdeutlicht. Die ersten beiden Lieder handeln vom Menschen, von seinen Fähigkeiten, aber auch von seinen Begrenzungen. Für die Deutung ist Folgendes wichtig: Das erste Standlied ist zwar nach der Tat Antigones, jedoch vor ihrer Entdeckung angesiedelt, das zweite indes, nachdem Antigone ein weiteres Mal die Bestattungsriten am Leichnam vollzogen hat und dabei gefasst worden ist und anschließend vor Kreon geführt und zum Tode verurteilt worden ist. Der Chor weiß also erst beim Vortrag bzw. beim Singen des zweiten Standliedes von Antigones unheilvollem Schicksal.

Das Komma bei Einschüben und nachgestellten Erläuterungen

Seite 92, Aufgabe 1

Eingefügt sind nur die verpflichtenden Kommas.

- Der Autor Bertolt Brecht, geboren am 10.02.1898 in Augsburg und gestorben am 14. August 1956 in Berlin, gilt als der Erfinder des sogenannten epischen Theaters.
- Bertolt Brecht vereinte in dem Begriff episches Theater zwei Großgattungen der Literatur, die Epik und die Dramatik, also die erzählende Literatur und das Theaterspiel.
- Was der Erzähler in einem epischen Text leistet, nämlich die Kommentierung des Geschehens, sollte in einem Theaterstück durch besondere Effekte, z. B. das Heraustreten der Schauspieler aus ihrer Rolle, ermöglicht werden.
- Durch sogenannte Verfremdungseffekte, z. B. das Einfügen von kommentierenden Songs in die Handlung oder das Präsentieren von Spruchbändern, sollte im Zuschauer und in der Zuschauerin eine Distanz zum Geschehen aufgebaut werden.
- Auf diese Weise sollten die Zuschauer/-innen, nach den Vorstellungen Brechts Menschen aus dem einfachen Volk, ein kritisches Bewusstsein erhalten, und zwar hinsichtlich ihrer eigenen gesellschaftlichen Gegebenheiten.
- Brechts berühmtes Schauspiel „Mutter Courage und ihre Kinder – Eine Chronik aus dem Dreißigjährigen Krieg“, geschrieben in den Jahren 1938 und 1939, und zwar kurz vor Ausbruch des Zweiten Weltkriegs, wurde am 19. April 1941 am Schauspielhaus Zürich uraufgeführt.
- Darin geht es um eine Frau, genannt „Mutter Courage“, die während des Dreißigjährigen Krieges skrupellos auf ihren geschäftlichen Profit bedacht ist und dadurch ihre Kinder, es sind insgesamt drei, verliert.
- Von Willy Haas, einem deutschen Publizisten, Drehbuchautor und Filmkritiker, wurde das Schauspiel „Mutter Courage“ wegen seiner inhaltlichen Gestaltung und wegen seines Aufbaus als „Brechts Meisterwerk“ bezeichnet.

Das Komma in Satzgefügen

Seite 93, Aufgabe 1

- Im Drama „Antigone", das im Jahre 442 oder 441 v. Chr. von Sophokles geschrieben und erstmals aufgeführt wurde, geht es um die Frage nach den sittlichen Maximen für das Zusammenleben der Menschen.
- Dargestellt wird der Widerstand einer jungen Frau mit Namen Antigone gegen das vom Herrscher Kreon erlassene Verbot, dass Polyneikes, der sein Feind ist, bestattet wird.
- Polyneikes, der gleichzeitig Antigones Bruder ist, hat die gewaltsame Unterwerfung der Stadt Theben versucht.
- Da Antigone an dem getöteten Bruder die heiligen Bestattungsrituale gegen den Willen Kreons vollzieht, wird sie von diesem dazu verurteilt, dass sie lebendig in einer Grabkammer eingeschlossen wird.
- Dieses Urteil wird sowohl von dem Sohn des Herrschers (Haimon), welcher mit Antigone verlobt ist, als auch von dem Seher Teiresias infrage gestellt.
- Beide warnen Kreon vor den Folgen seines Tuns, mit welchem er das heilige Recht der Götter missachtet und seine eigene Macht überschätzt.
- Kreon hört in seiner Verblendung erst zu spät auf die unheilvollen Zeichen und wird grausam bestraft, indem seine Frau Eurydike und sein Sohn Haimon Selbstmord begehen.
- Wäre er dem Rat des Sehers gefolgt, hätte das Geschehen für ihn einen anderen Ausgang genommen.
- Das Drama zeigt, dass die Menschen, obwohl sie über ungeheure Fähigkeiten verfügen, dem Schicksal nicht entgehen können.

Seite 94, Aufgabe 2

- Die Aufführung der Theater-AG fand(,) wie vorausgesagt(,) in der voll besetzten Aula statt.
- Leo übte, die Textvorlage in der Hand haltend, kurz vorher noch einmal seinen Auftritt.
- Das Geschehen immer im Blick habend, unterstützte der Souffleur konzentriert die Darstellerinnen und Darsteller.
- Wie erwartet(,) musste er jedoch nur an wenigen Stellen eingreifen.
- Es waren nämlich alle(,) wie immer(,) sehr gut vorbereitet.
- Entspannt den Beifall auskostend, verbeugten sich die Schülerinnen und Schüler am Schluss zahlreiche Male.
- Zwei weitere Aufführungen fanden(,) wie geplant(,) in der Folgewoche statt.
- Auch diese Aufführungen waren, wie eigentlich von allen im Vorfeld erwartet, ausverkauft.

Seite 94, Aufgabe 3

- Die Aufführung der Theater-AG fand, wie es vorausgesagt worden war, in der voll besetzten Aula statt.
- Leo übte, während er die Textvorlage in der Hand hielt, kurz vorher noch einmal seinen Auftritt.
- Während er das Geschehen immer im Blick hatte, unterstützte der Souffleur konzentriert die Darstellerinnen und Darsteller. Auch: Weil er …
- Wie es erwartet worden war, musste er jedoch nur an wenigen Stellen eingreifen.
- Es waren nämlich alle, wie es immer der Fall war/ist, sehr gut vorbereitet.
- Während sie entspannt den Beifall auskosteten, verbeugten sich die Schülerinnen und Schüler am Schluss zahlreiche Male. Auch: Indem sie …
- Zwei weitere Aufführungen fanden, wie es geplant war, in der Folgewoche statt.
- Auch diese Aufführungen waren, wie es eigentlich von allen im Vorfeld erwartet worden war, ausverkauft.

Seite 95, Aufgabe 4

Alexandra Wölke: Von Göttern und Menschen: Antike Mythologie

Das Weltbild der Antike, wie es sich im Drama „Antigone" darstellt, fußt auf mythologischen (sagenhaften) und religiösen Vorstellungen, die unseren heutigen sehr fremd sind. Daher werden im Folgenden einige diesbezügliche Grundlagen erläutert, die für das Gesamtverständnis der Tragödie, die eine Form des Dramas darstellt, relevant sind.

Die griechische Religion kennt viele verschiedene Gottheiten, sie ist also polytheistisch. Die Götter haben dabei deutlich menschliche Eigenschaften, worin ein entscheidender Unterschied zu den monotheistischen (von einer Gottheit ausgehenden) Religionen Judentum, Christentum und Islam besteht. Die griechischen Götter können leidenschaftlich, eifersüchtig, zornig, ausgelassen und kampfeslustig sein. Auch intime Verhältnisse zu den Menschen, aus denen zuweilen Kinder hervorgehen, kommen vor. Deshalb gibt es auch den Zwischenstatus des Halbgotts.

Den Menschen der Antike erschienen die sie umgebende Natur und ihre eigene Geschichte als gottgegeben und durch die Götter bzw. das Schicksal bestimmt. Deshalb gibt es mythologische Erzählungen, die das konkrete Leben und die Erfahrungen der Menschen durch die Existenz göttlicher Mächte erklärbar machen. So ranken sich um die Schicksale einzelner Königsfamilien, von denen es heißt, dass sie von den Göttern abstammten, sagenhafte Geschichten, die zunächst mündlich und später auch in Form von Epen (Erzählungen in Versform) und Dramen überliefert wurden. Die Antigone-Figur etwa stammt aus dem Mythenzyklus, welcher sich um die Herrscherfamilie des Stadtstaates Theben rankt, dem sogenannten thebanischen Sagenkreis.

Auch die Entstehung der Welt und ihre Ordnung wurden durch das Wirken der Götter erklärt. Aus dem Kampf der Gottheiten resultierte der Zerfall der Welt in verschiedene Bereiche. In der Forschung existiert die Theorie, dass die ältesten Gottheiten weiblich waren und mit dem Glauben an sie eine völlig andere Gesellschaftsform korrespondierte, in welcher den Frauen die größte Macht zugestanden wurde. In diesem Zusammenhang spricht man vom sogenannten „Matriarchat". Mit dem Aufkommen der männlichen Vorherrschaft in Familie und Staat veränderte sich auch die Vorstellung der Menschen vom göttlichen Kosmos. Weibliche Gottheiten wurden zunehmend verdrängt und mit dem Element der Erde gleichgesetzt, während männliche Gottheiten dem Himmel bzw. dem Olymp zugeordnet wurden. Deshalb kennt das antike Griechenland die Unterscheidung zwischen erdhaften und himmlischen (olympischen) Gottheiten. Daneben unterscheidet man noch das Element des Meeres. Dem Mythos nach ist der gesamte Kosmos unter den drei Götterbrüdern Zeus, dem Beherrscher des Himmels und der Erde, Poseidon, dem Herrn des Meeres, und Hades, dem Herrn der Unterwelt, aufgeteilt. Der Name Hades wird auch als Synonym für die Welt der Toten gebraucht.

Damit der Mensch in das Schattenreich gelangen kann, muss der Unterweltfluss Acheron überquert werden. Antigone benutzt in ihrer Klage dessen Namen als Synonym für den Tod. Der Fährmann Charon wartet am Ufer und nimmt nur diejenigen mit in sein Boot, welchen eine rituelle Bestattung zuteil wurde und denen zudem eine Münze für die Überfahrt unter die Zunge gelegt wurde. Unbestattete hingegen können nicht an den Ort kommen, der für sie bestimmt ist, was sowohl ihr persönliches Recht auf eine Weiterexistenz als körperlose Wesen (Schatten) als auch das Recht der unteren Götter auf den Leichnam verletzt.

Das Komma bei Infinitivgruppen

Seite 97, Aufgabe 1

- Mit seinen Fähigkeiten, mit der Gottheit zu kommunizieren und die Zukunft vorauszusagen, gilt der blinde Seher Teiresias als Mittler zwischen der Götter- und der Menschenwelt.
- Ein Knabe begleitet ihn, um den Blinden zu führen.
- Anstatt sich wie Kreon von seinen Emotionen leiten zu lassen, agiert Teiresias sehr bedächtig und überlegt.
- Er macht Kreon den Vorwurf, unbelehrbar und verblendet zu sein.
- Kreon denkt nicht daran, sich in die göttliche Ordnung einzufügen, und vertut am Schluss seine letzte Chance, gerettet und geheilt zu werden.
- Die Schülerinnen und Schüler des Leistungskurses Deutsch beabsichtigen(,) einige Szenen aus der Tragödie einzustudieren und aufzuführen.
- Um die Beziehungen der Figuren besser verstehen zu können, bauen sie zunächst einige Standbilder.
- Dabei geht es darum, den Text genau zu untersuchen und anschließend mit eingefrorenen Gesten und Körperhaltungen das Beziehungsgefüge zu verdeutlichen.
- Im Einzelfall kann es auch sinnvoll sein, die Beziehung zunächst in einer Skizze festzuhalten, um dann anschließend mit dem Standbildbau zu beginnen.
- Wichtig ist es, die Personen bis in die kleinste Nuance (Handhaltung, Blick …) aufzustellen, um auf diese Weise auch eine Deutung vorzunehmen.
- Dabei muss immer wieder versucht werden(,) einen unmittelbaren Bezug zur Textvorlage herzustellen.

Seite 97, Aufgabe 2

Antigone – Eine Charakterisierung

Antigone entstammt einem königlichen Geschlecht, und zwar dem Haus der Labdakiden. Den Mitgliedern ihrer Familie widerfährt seit Generationen immer wieder neues Unheil, ein Umstand, der auf einen Fluch zurückgeführt wird. So hat z. B. ihr Vater Ödipus unwissentlich seinen Vater erschlagen und seine Mutter geheiratet. Hiermit hat sich an ihm das Schicksal erfüllt, das ihm vorausgesagt wurde und dem er entfliehen wollte.

Als er dies erkennt, blendet er sich selbst und verlässt seinen Herrschaftsbereich Theben, um mit seiner Tochter Antigone in den Bergen umherzuziehen. Schon in der Vorgeschichte des Dramas wird somit Antigones Familiensinn als ein zentraler Bestandteil ihres Wesens erkennbar. Die weibliche Hauptfigur des Dramas hat drei Geschwister: Ismene, Eteokles und Polyneikes. Nach dem Tod ihrer beiden Brüder in der Schlacht um die Herrschaft in Theben übernimmt nun ihr Onkel Kreon als neuer König die Regierungsgeschäfte.

Da dieser es als sein erstes Gesetz verkündet, die Leiche des Polyneikes unbestattet zu lassen und ihn damit als Landesverräter zu ächten, entschließt sie sich dazu, Widerstand zu leisten. Sie vollzieht die heiligen Bestattungsriten an seinem toten Körper zweifach und wird dabei gefasst und von Kreon zum Tode verurteilt.

Antigones Denken und Handeln ist in erster Linie durch die tiefe und innige Verbundenheit mit ihrer Familie motiviert. So bezeichnet sie diese auch nach deren Tod als ihre „Lieben" (V. 10) und ist stolz darauf, ihre verstorbenen Körper „alle einst gewaschen und geschmückt" (V. 901) zu haben. Da für sie die Philia, die Familienliebe, als zentrales Prinzip gilt, ist es für sie völlig unerheblich, ob ihr Bruder Polyneikes der Verräter und Aggressor ist, als der er von Kreon diffamiert wird. Sie bestattet ihn, weil ihr schon allein die Vorstellung, ihn den Vögeln und Hunden zum Fraß zu überlassen, Schmerzen bereitet.

Rhetorische Figuren – Stilfiguren

Seite 99, Aufgabe 1

Umschreibung	Fachausdruck
Mehrere Sätze, Satzteile oder Verse beginnen mit dem gleichen Wort:	die Anapher
Das Negative eines Sachverhalts wird durch positive Bezeichnungen verhüllt:	der Euphemismus
Eine Reihe von Ausdrücken ist steigernd angeordnet:	die Klimax
Allgemeinen Begriffen, Gegenständen, Tieren oder Pflanzen werden Eigenschaften und Verhaltensweisen zugeordnet, die nur Menschen zukommen:	die Personifikation
Ein Text besteht aus Sätzen, die so gebaut sind, dass überwiegend Hauptsätze aneinandergereiht werden:	die Parataxe/der parataktische Satzbau
Eine Frage, auf die keine Antwort erwartet wird, weil die Übereinstimmung mit dem Angesprochenen vorausgesetzt wird:	die rhetorische Frage
Der Sprecher meint das Gegenteil dessen, was er sagt:	die Ironie
Wörter oder kurze Sätze stehen unverbunden nebeneinander:	das Asyndeton
Mehrere Wörter bzw. betonte Silben beginnen mit dem gleichen Laut:	die Alliteration
Neuschöpfung eines Wortes, das es so bisher noch nicht gab und das manchmal nur in einem bestimmten Text verwendet wird:	der Neologismus
Eine deutliche Übertreibung: Ein Ausdruck wird so übersteigert, dass er wörtlich genommen nicht mehr zutrifft:	die Hyperbel
Ein Wort wird aus dem üblichen Sprachgebrauch gelöst und so in einen anderen Zusammenhang eingeordnet, dass eine neue, übertragene Bedeutung entsteht:	die Metapher
Ein Text besteht überwiegend aus Satzgefügen:	die Hypotaxe/der hypotaktische Satzbau
Ein konkreter Gegenstand oder eine Farbe stehen für einen allgemeinen Sinnzusammenhang:	das Symbol

Durch *wie*, *als ob* u. Ä. wird eine Beziehung hergestellt zwischen zwei Bereichen, zwischen denen es Gemeinsamkeiten gibt:	der Vergleich
Ein abstrakter Begriff wird in einem figürlichen Bild veranschaulicht:	die Allegorie
Die Bedeutung eines Wortes wird bereits durch den Klang ersichtlich:	die Lautmalerei/die Onomatopoesie
In aufeinanderfolgenden Sätzen werden die Satzglieder in gleicher Weise angeordnet:	der Parallelismus
Wörter bzw. Satzglieder stehen innerhalb eines Satzes an ungewöhnlicher Stelle:	die Inversion
Mehrere Wörter enthalten gleichklingende Vokale:	die Assonanz

Seite 100, Aufgabe 2

Inversion: „Wild zuckt der Blitz." (V. 1)
„und knarrend öffnet jetzt das Tor ein Edelmann [...]" (V. 6)
Lautmalerei: „zuckt" (V. 1), „Blitz" (V. 1), „Donner rollt" (V. 2), „saust" (V. 3), „schimmert" (V. 5), „knarrend" (V. 6)
Assonanz: „Donner rollt" (V. 2)
Alliteration: „rollt" - „Reiter" - „Ross" (V. 2)
„sein" - „saust" (V. 3)
„Fuchs" - „fest" (V. 4)
„scheuen" - „schmales" - „schimmert" (V. 4 f.)
„Gitterfenster" - „goldenhell" (V. 5)
Metapher: „Fuchs" (Pferd mit der Fellfarbe eines Fuchses) (V. 4)
„goldenhell" (V. 5)
Parataxe: durchgängig
...

Seite 100, Aufgabe 3

Die rhetorischen Figuren bringen die im Text deutlich werdende unheimliche Stimmung zum Ausdruck.

Zitieren

Seite 103, Aufgabe 1

- Zu Beginn der letzten Strophe erfährt der Leser, dass beide nebeneinander „durch den Wald [reiten]" (V. 1). Hier wird deutlich, dass der Hausherr nicht untergeordnet ist.
- Im Gegensatz zum Beginn hat sich die Atmosphäre vollkommen gewandelt, denn „Kein Lüftchen regt sich heut." (V. 1).
- Die Verkleinerungsform „Lüftchen" (V. 1) findet eine Entsprechung im dritten Vers. Dort ist nämlich von den „frühsten Vöglein" (V. 3) die Rede.
- Zusammen mit den „Friedselge[n] Wolken" (V. 4) wird auf diese Weise eine von Ruhe und innerem Frieden geprägte Stimmung verdeutlicht.
- Dass in der vorausgegangenen Nacht etwas Furchtbares passiert sein muss, bringen die „zersplittert[en] [...] Ästetrümmer" (V. 2) zum Ausdruck.
- Mit dem Vergleich „als kehrten Engel heim von einer nächtgen Wacht" (V. 5) nimmt der Autor Bezug auf ein mögliches göttliches Eingreifen in das vergangene Geschehen.
- Die weiterhin existierende Angst des Reiters wird durch folgendes Zitat ersichtlich: „Der Reiter lauert aus den Augenwinkeln" (V. 8).
- Mit dem abschließenden Satz „‚Mein ist die Rache, redet Gott' " (V. 14) verweist der Edelmann auf eine höhere Gerechtigkeitsinstanz.

Schriftliche Prüfungen vorbereiten

Interpretieren literarischer Texte (Lyrik)

Seite 106, Aufgabe 1

Stichworte zur Interpretation:

- Georg Heym als einer der bekanntesten Dichter des Expressionismus, noch vor Ausbruch des Ersten Weltkrieges beim Schlittschuhlaufen tödlich verunglückt
- Die Überschrift gibt nur den Hinweis, dass es in dem Gedicht um eine bestimmte Tageszeit, den Abend geht.
- mögliche Deutungshypothese: übergeordnete Bedeutung des Titels; Abend steht ggf. symbolisch für Tod oder Weltuntergang, beliebten Themen des Expressionismus
- Ein Es bzw. ein Sprechen aus dem „Off",
- beschreibt eine allgemeingültige Abendszenerie von der Dämmerung bis zur Nacht.
- regelmäßiger Aufbau und strenge Form: drei Strophen mit jeweils vier Versen, mit durchgehendem Kreuzreim und jambischen Fünfheber
- Bild eines ankommenden Segelbootes, das metonymisch mit „Segel" (V. 3) angesprochen wird
- Herbst als zweites Motiv (vgl. V. 3), das wie „Abend" auf Ende und still werdendes Leben hindeutet (vgl. V. 11 und 12)
- Naturphänomene eines Abends werden assoziativ mit inneren Gefühlen und Erlebnissen verbunden
- Allegorien: Wald („steigt", V. 5) und Nacht („steht", V. 11) als Personen
- Vergleich: Dunkelheit mit ausfließendem Wein (vgl. V. 9 und 10)
- Motive des vergehenden Tages (Abend) und des zu Ende gehenden Jahres (Herbst)

Seite 106, Aufgabe 2

Das Bild der abendlichen Landschaft wirkt in **„Der Abend"** wie eine allgemeingültige, überzeitliche Darstellung mit Andeutungen von Untergang („aus der Schluchten dunkler Tiefe", V. 7) Vergänglichkeit und Tod („gestürzte Urne", aus der Wein fließt, V. 10), mit antiken Begriffen wird evtl. auf Fähre in die Unterwelt angespielt. Kontext Expressionismus: Der Gegensatz zwischen Tag und Nacht, Bedrohung durch die Macht des Dunklen wird deutlich. Visionen einer bedrohlichen, undurchschaubaren Welt bei Festhalten an eine strenge Form des Gedichts als äußerer Halt innerhalb einer Welt voller Gegensätze und Ambivalenzen sind erkennbar.
Im Gegensatz zu Heyms Stilisierung des Übergangs vom Tag zur Nacht mit kräftigen dunklen Farben als Metapher für das Werden und Vergehen des Lebens allgemein gestaltet Selma Meerbaum-Eisinger die Abendszenerie in **„Abend"** als stimmungsvollen flüchtigen, subjektiven Eindruck („schau!", V. 4) im Stil des Impressionismus. Helle Farben („hellste[s] Blau", V. 1; „weiß", V. 2, 9), die „weiche Luft" (V. 5) und ein synästhetisch empfundener, hörbarer „Duft" (V. 8) prägen die Atmosphäre. Das Ganze wirkt sehr fragil („zittert", V. 15) und flüchtig („blinken", V. 9). Die melancholische Grundstimmung samt der für die Romantik typischen „als-ob"-Figur (vgl. V. 6) erzeugen ein vages Traum- und Märchenbild. Die letzte Strophe erinnert an Heines „Ich weiß nicht, was soll es bedeuten" (Loreley). Der kontrastierende „Tropfen Rot" (V. 16) deutet zusammen mit dem „blühn" (V. 16) und dem „Vergissmeinnicht" (V. 10) möglicherweise auf eine unerfüllte Liebe hin.

Interpretieren literarischer Texte (Dramatik)

Seite 107, Aufgabe 1

Zunächst sind die situativen Voraussetzungen der Szene und deren dramaturgischer Kontext zu erläutern: Während ihrer Reise durch Deutschland legt Lotte eine Zwischenstation in Essen ein, um ihre alte Schulfreundin Meggy, die sie viele Jahre lang nicht gesehen hat, zu besuchen. Sie steht vor der Sprechanlage des Mietshauses, kennt aber den neuen Hausnamen der Freundin nicht.
Im Zentrum der Untersuchung stehen die Möglichkeiten und Schwierigkeiten, mit Hilfe der Sprechanlage zu kommunizieren: Es sollte deutlich werden, dass die Sprechanlage als Medium einen bestimmten Kommunikationstyp begünstigt, nämlich Gespräche anzubahnen oder zu verweigern, ohne sich als Person, sozusagen als leibhafte Existenz zu involvieren. Sie öffnet die Tür zum Gespräch oder verschließt sie, ermöglicht und er-

schwert zugleich die Kommunikation, bezieht in medialer Form ein, doch grenzt sie auch aus. Lotte befindet sich also kommunikativ in einer Grenz- bzw. Schwellensituation. Sie ist buchstäblich draußen vor der Tür, doch wiederum auch – über das Medium – mit den Hausbewohnern verbunden. So bleiben die Dialoge merkwürdig ort- bzw. körperlos, wirken gespenstisch, verflüchtigen sich. Die Gespräche erscheinen halbiert. Je mehr Lotte sich müht, soziale Kontakte herzustellen, desto stärker wird sie, das sollte in der Analyse herausgearbeitet werden, auf sich selbst zurückgeworfen. Ihre zunehmende Entfremdung und Verzweiflung lassen sich an der Verlaufsstruktur der Szene deutlich machen. Ihr erster Versuch, die Schulfreundin über die Sprechanlage ausfindig zu machen, scheitert. Ihr Gesprächsangebot wird zwar registriert, aber nicht beantwortet. Der Empfänger will anonym bleiben. Die Kommunikation wird hier allein technisch realisiert, aber ein Knacken im Lautsprecher der Sprechanlage signalisiert die Verweigerung von Kommunikation. Ihr zweiter Versuch findet zunächst Akzeptanz auf Seiten des Empfängers, doch führt er sogleich zum Abbruch des Gespräches, als dieser erfährt, dass Lotte offensichtlich nicht die Person ist, deren Besuch er erwartet. Und diese gestaffelte Struktur des Verweigerns, Misslingens, Ignorierens setzt sich fort. Entweder kommt überhaupt keine Kommunikation zustande oder Lotte wird von ihren Gesprächspartnern an andere Personen verwiesen. Hier wird also permanent vermittelt, verschoben, delegiert. Alle sind technisch-medial beteiligt, aber keiner will sich sozial beteiligen. Das Medium immunisiert die Gesprächsteilnehmer, „schützt“ die Beteiligten davor, sich persönlich einzulassen. Selbst als Lotte Meggy – nach vielen Versuchen – endlich identifiziert, ist diese ihrerseits erst nach einigem Zögern bereit, die Identität Lottes anzuerkennen. Nur höchst widerwillig lässt sie sich schließlich auf ein Gespräch mit ihr ein.
Es empfiehlt sich, die Gespräche, die Lotte über die Sprechanlage führt, typologisch zu kennzeichnen und in ihrem Verlauf zu strukturieren. Ein erster Teil umfasst die verschiedenen Versuche der Kontaktaufnahme Lottes, und zwar bis zu dem Moment, in dem sie Meggy findet. Herausgearbeitet werden könnten hier die verschiedenen Gesprächstypen (Selbstgespräch, Zweiergespräch, Gruppengespräch) und deren Resultate (Gesprächsverweigerung, Gesprächsabbruch). Der zweite Teil des Textausschnittes zeigt die zunächst vergeblichen Bemühungen Lottes, mit Meggy ins Gespräch zu kommen. Offensichtlich reichen die von ihr beschworenen gemeinsamen Erinnerungen nicht aus, eine für beide Partner sinnvolle Gesprächs- und Verstehensbasis herzustellen. Die suggestiven Annäherungsversuche Lottes, ihre Verwendung des rheinischen Dialekts bzw. die Adaption einer kindlichen Sprechweise wirken hilflos und – aufgrund des eingeschalteten technischen Mediums – fast grotesk. Letztlich prallen daher ihre Gesprächsbemühungen an den lakonischen, monotonen Reaktionen ihrer Gesprächspartnerin ab, lassen kein vertrauliches Miteinander entstehen, das zumindest von Seiten Lottes auf eine authentische, eben nicht mediatisierte Gesprächssituation zielt, in der wechselseitiges Erzählen und Zuhören einen produktiven Austausch von Gefühlen und Erfahrungen ermöglichen.
Die mediale Kommunikation, die Benutzung der Sprechanlage, wird im Stück von Strauß zum Sinnbild für ein Leben aus zweiter Hand, für entpersonalisierte, letztlich scheiternde Kommunikation.

Seite 107, Aufgabe 2

Vergleich: Man benötigt dafür einen literarischen Text (nicht unbedingt ein Drama), in dem Kommunikationsprobleme eine wichtige Rolle spielen und über den man so weit Bescheid weiß, dass man sich über Gemeinsamkeiten und Unterschiede zu der Szene von Strauß sinnvoll äußern kann, z. B.: F. Kafka: „Der Prozess“ (der Hauptfigur gelingt es den ganzen Roman hindurch nicht, herauszufinden, warum er angeklagt wurde.), J. W. v. Goethe, der Schluss von „Faust I“ (Gretchen weigert sich mit Faust zu fliehen, weil sie ihn für den Henker hält)
zeit- und literaturhistorischer Hintergrund zu „Groß und Klein“: modernes Drama; offene Form (lockerer Reigen von Szenen); Anklänge an absurdes bzw. groteskes Drama; neue Subjektivität

Interpretieren literarischer Texte (Epik)

Hinweise zur Interpretation:

Seite 109, Aufgabe 1

[individueller Impuls als Einstieg] Der Text ist ein Ausschnitt aus Thomas Manns Roman „Buddenbrooks“, der zu Beginn des 20. Jahrhunderts (1901) erschien und – aufgrund seiner traditionellen Erzählstruktur und seiner zeittypischen Thematik (Niedergang am Beispiel einer Familie) Elemente des Realismus, aber auch des

Symbolismus aufweist. Der Textauszug thematisiert die Einstellung Tony Buddenbrooks ihrem zukünftigen zweiten Ehemann, Alois Permaneder, gegenüber und gibt ein Bild davon, wie sich die junge Dame selbst einschätzt, wie sie auftritt bzw. welche Wertvorstellungen ihr Männerbild prägen.

Der Textauszug aus dem Roman „Buddenbrooks" ist aus dem fünften Kapitel des sechsten Teils des Romans (1857), als Tony in einem Gespräch mit ihrem Kindermädchen Ida Jungmann während des Besuchs von Herrn Permaneder im Haus in der Mengtstrase ihre Einstellung zu einer möglichen zweiten Heirat äußert. Der Textauszug beginnt direkt mit der wörtlichen Rede und die szenische Darstellung wird lediglich durch einige wenige Sätze des Erzählers (vgl. Z. 45) unterbrochen (im Präteritum gemäß der Erzähltradition des 19. Jahrhunderts). Der sonst in diesem Roman eingreifende auktoriale Erzähler zieht sich fast völlig hinter seine Figuren zurück (personaler Erzähler). In diesem „Frauengespräch" hat Tony Buddenbrook eindeutig die superiore Rolle; Ida Jungmann fungiert lediglich als Stichwortgeberin oder unterbricht Tonys Monologe durch kurze Einwände bzw. Nachfragen. Tony spricht eigentlich mit sich selbst und versucht, sich eine bevorstehende zweite Heirat „schönzureden", wobei sie Permaneder auch mit den Augen ihrer Mutter, ihres Bruders Thomas, Angehörigen ihrer Familie und befreundeten Familien sieht (Perspektivwechsel, Z. 18 ff.). Das Gespräch zeigt auf, wie Tony ihren zukünftigen Ehemann sieht (Z. 2 ff.), dass sie sich in Lübeck für ihn schämt (Z. 11 ff.), dass ihre zweite Heirat nicht aus Liebe geschieht, sondern als Wiedergutmachung ihrer ersten, um der Familie „Ehre" (Z. 43) zu machen und dass sie ihre zweite Verheiratung als Pflichterfüllung der Familie gegenüber auffasst (Z. 35 – Ende).

Tony Buddenbrook stellt sich als eine junge Frau dar, die durch ihre erste Ehe mit dem Hasardeur Bendix Grünlich hinsichtlich einer glücklichen Liebesbeziehung reichlich desillusioniert ist. Ihre Erwartungen an ihren zukünftigen Ehemann zeugen davon: „Er ist nicht schön, aber darauf kommt es nicht an, in diesem Leben, und er ist ein grundguter Mann und keiner Bosheit fähig, das glaube mir." (Z. 2 f.). Sie hat zwar einige Schwächen an ihm entdeckt, z. B. sein Phlegma, seine „Wurstigkeit", aber wichtig sind ihr vor allem seine Treuherzigkeit und Offenheit sowie sein mangelnder Ehrgeiz, sich reich zu verheiraten, wie es Bendix Grünlich vor allem intendierte. Trotzdem schämt sie sich wegen seiner Bodenständigkeit, seines fehlerhaften Deutsch´ und seiner fehlenden Vornehmheit; allein vier Mal benutzt sie das Wort „genieren" (Z. 13,) oder „(be)schämen" (Z. 26). Tony Buddenbrook zeigt hier wieder einmal ihren Standesdünkel, der sie von klein auf charakterisiert. Jedoch gibt sie als noch nicht Dreißigjährige ihren persönlichen Glücksanspruch vollends auf und folgt, wie schon bei ihrer ersten Eheschließung, wieder den (dieses Mal) zwar unausgesprochenen, aber von ihr völlig internalisierten Anforderungen ihrer Familie, denen sie sich unwidersprochen unterwirft: „Und wenn ich seine Frau bin [...] dann will ich schon dafür sorgen, dass er ehrgeiziger wird und uns weiterbringt und sich anstrengt und mir und uns allen Ehre macht, denn die Verpflichtung übernimmt er schließlich, wenn er eine Buddenbrook heiratet!" (Z. 41 ff.) Die Antizipation einer Heirat mit Alois Permaneder ist sprachlich gekennzeichnet durch eine Wiederholung einer unpersönlichen, fatalistisch anmutenden Aussage: „Schließlich soll es ja doch sein" (Z. 28) bzw. „[...] denn es soll ja schließlich doch sein" (Z. 51). Von Verliebtheit oder gar Liebe ist nichts zu lesen, im Gegenteil: Tony formuliert realistisch und pragmatisch, es „ist gar nichts Festliches und Freudiges, und um mein Glück handelt es sich eigentlich nicht dabei" (Z. 54 f.). Ihr steht deutlich vor Augen, dass der gesellschaftliche Status einer Frau um 1860 nur als verheiratete Frau akzeptabel ist, (vgl. Z. 54 f.), und auch wenn sie auf ein vornehmes Haus und andere luxuriöse Kaprizen verzichten muss, so ist sie sich sicher, dass sie nicht wieder in skandalöse Umstände verwickelt werden wird bzw. „grauenhafte" (Z. 38) Erfahrungen ausschließen kann. Sie lebt in einer Welt des „Man muss", wie sie es früh gelernt hat. So wird Tonys Streben nach ihrem individuellen Glück ersetzt durch ihre Rolle innerhalb der und für die Familie Buddenbrook respektive die Firma. Sie stellt sich vor, dass die Heirat von ihrer Familie erwartet wird, sie versetzt sich in den besonders geschätzten Bruder Thomas und formuliert sogar, was in ihm möglicherweise vorgeht: „[...] und so denkt Tom" (Z. 55). Sie überkommt das unbedingte Gefühl, der Tradition der Familie Buddenbrook verpflichtet zu sein, wenn sie sagt: „[...] denn das ist meine Pflicht unserem Namen gegenüber" (Z. 54 f.). Somit entscheidet sie niemals frei in ihren wichtigen Lebenssituationen, sondern gemäß ihrer Erziehung fremdbestimmt, was zur Folge hat, dass sie ihr persönliches, privates Glück in einer Beziehung mit einem Mann nicht findet, trotzdem ungebrochen, psychisch und physisch stabil bleibt und alle anderen überlebt.

Seite 109, Aufgabe 2

Inhaltlich: Am Beispiel der Ehe als einer in die Krise geratenen Institution zeigt Thomas Mann in seinem Roman gesellschaftliche Verkrustungen/Brüchigkeiten im ausgehenden 19. Jahrhundert auf und greift damit ein zeitgeschichtlich aktuelles Thema der Romane des Realismus auf (vgl. „Effi Briest"). Tony Buddenbrook ist eine an die „Gesellschaft angepasste" Figur und stellt einen typischen Lebensentwurf einer gut bürgerli-

chen Frau im ausgehenden 19. Jahrhundert dar. Eigene Bedürfnisse stellt sie zugunsten der Familie und der Firma zurück und führt konventionelle Ehen. Selbstbestimmung im Sinne des Postulats der Aufklärung ist bei ihr nicht auszumachen, sie scheint sie aber auch nicht zu vermissen.
Formal: Traditionelle Erzählweise (episches Präteritum), hier: szenische Darstellung/Figurenrede (Gespräch) als Erzählweise, die – im Sinn des Realismus' (s. u. a. Fontanes Realismus-Konzeption) – authentisch und realitätsgetreu wirkt; der Erzähler zieht sich fast völlig hinter seine Figuren zurück (heterodiegetisches Erzählen). Deckung von erzählter Zeit und Erzählzeit. Die indirekte Figurencharakterisierung (hier: Tony), auch durch ihre Sprache unterstützt die Wirklichkeitskonstruktion. Gemäß Fontanes Ansichten über den Realismus soll die dargestellte Welt dem Leser ein Identifikationsangebot einer ihm bekannten Welt und deren Probleme darbieten.

Analysieren eines pragmatischen Textes mit Zusatzauftrag

Seite 111, Aufgabe 1

Hinweise zur Analyse:
Argumentativer Aufbau: Der Texte könnte in folgende Abschnitte mit Zwischenüberschriften gegliedert werden:

- Vortext: Thema, Position des Verfassers
- Z. 1 – 10: **Laienlinguistik:** Beispiele und Problem des „Sich-Entschuldigens", was strenggenommen nicht möglich ist; man müsse um Vergebung bitten
- Z. 11 – 24: **Sinnentleertes „Sorry"**: oberflächliche Entschuldigungskultur
- Z. 25 – 33: **„Caramba"**: „Sorry" als „Schmiermittel" (Z. 31 f.) der Kommunikation

Möglicher Verstehensentwurf: Der Verfasser bezieht sich auf die Forderung der Influencerin Tara-Louise Wittwer, dass die oberflächliche Entschuldigerei besonders Frauen kleiner mache als sie seien. Stattdessen weist er darauf hin, dass die schnelle Entschuldigung als „Schmiermittel" der Kommunikation fungiere und zu begrüßen sei.
Die **Intention** der Glosse ist, auf humorvolle Weise darauf hinzuweisen, dass auch das schnell dahingesagte „Sorry" eine wichtige kommunikative Funktion habe und diese am Laufen halte und nichts mit rollentypischen Verhalten zu tun habe.
Sprachliche Mittel:

- **Ironie** (z. B. „Laienlinguistik" [Z. 1], „skandalöserweise" [Z. 4], „irgend so ein Ignorant" [Z. 4] usw.) Die Ironie kommt vor allem dadurch zustande, dass angesichts von „Opfern" (Z. 4), die zu beklagen sind, eine Debatte über den falschen Gebrauch von Entschuldigungsformeln unangemessen und lächerlich sei.
- **Vergleiche:** menschliche Kommunikation wie ein Haufen rostiger Schrauben; die Entschuldigungsformel „Sorry" wirke wie das „Kriechöl" (Z. 26), „Caramba" (Z. 26 f.) als Schmiermittel
- **Metaphern:** „Werkzeugkasten" (Z. 32) für Sprachinventar
- **Umgangssprachliche Beispiele:** „Tschuldigung [...]" (Z. 16)

Besonders die ironische Perspektive und die sprachlichen Mittel müssen in der Analyse herausgearbeitet werden.

Seite 111, Aufgabe 2

Der weiterführende Schreibauftrag fordert eine Stellungnahme, ob mehr Sorgfalt beim alltäglichen Entschuldigungsverhalten walten soll oder ob der Intention der Glosse, das schnelle Entschuldigen sogar als Garanten für eine flüssige Kommunikation zu sehen ist. Auch auf die These, besonders Frauen sollten sich nicht so häufig entschuldigen, wie dies die Influencerin Wittwer fordert, könnte erörtert werden.

Erörtern eines pragmatischen Textes

Seite 112, Aufgabe 1

Hinweise zur Analyse:

Thema dieses Sachtextes ist die Gefährdung der Demokratie durch KI-generierte Falschinformationen und Deepfakes und mögliche Reaktionen darauf.

Verstehensentwurf: Die Verfasser warnen vor den Gefahren für die Demokratie, die durch massenhaft verbreitete, von KI generierte Falschinformationen entstehen. Gefordert wird eine verstärkte Aufklärung und die Autoren appellieren an den kritischen Verstand.

Zu Beginn wird über ein **anschauliches Beispiel** zur angeblichen Schließung von Freibädern durch Minister Habeck ein **Leseanreiz** geschaffen und in die zentrale Problematik eingeführt (Z. 1 – 11). Im Anschluss daran folgen **Informationen**, wie Fälschungen durch professionelle Faktenchecker erkannt werden können und welche Problematik damit verbunden ist (Z. 12 – 69). Es folgt die zentrale These, dass die „Faktenbasis" (Z. 30) der Bevölkerung schwinde und dadurch langfristig die Demokratie gefährdet sei (Z. 29 ff.).

Im Folgenden werden die Reaktionen der Politik, der Wissenschaft und der Bevölkerung beschrieben und durch Originalzitate sowie repräsentative Umfrageergebnisse gestützt. Innenministerin Faeser wertet die Falschinformationen als reale Gefahr für die Demokratie und fordert einerseits „die Aufklärung und Sensibilisierung" (Z. 47 f.) der Gesellschaft, andererseits aber auch „strengere Regeln" (Z. 48) und „klare Kennzeichnungspflichten" (Z. 50). Professor Grunwald vom Karlsruher Institut für Technologie betont, dass durch die selbstlernenden Systeme, die sich durch Feedback selbstständig weiterentwickelten, das Problem noch verschärft werden könnte. Eine Ursache sieht er darin, dass die Menschen „maschinengenerierten Inhalten übermäßig viel Vertrauen" (Z. 62) schenkten. Diese Besorgnisse der Politik und der Wissenschaft, sind auch in der Gesellschaft weit verbreitet, wie eine repräsentative Umfrage des Meinungsforschungsinstitut Forsa zeige (Z. 66 ff.).

Der Text schließt mit einem **Appell** des Vertreters der Wissenschaft, dass der Mensch kritisch gegenüber digitalen Systemen eingestellt sein und selbst denken sollte, um sich ein Urteil zu bilden. Er bezieht sich hier auf Kants zentrale Forderung der Aufklärung: „Trau dich, selbst zu denken." (Z. 72)

Seite 112, Aufgabe 2

Mögliche Aspekte der Erörterung:

Im Rückgriff auf das „Sapere aude" der Aufklärung könnte diskutiert werden, ob man sich heute noch „trauen" muss bzw. ob heute noch „Mut" erforderlich ist, den eigenen Verstand zu nutzen („Habe Mut, dich deines eigenen Verstandes zu bedienen!"). Die freiheitlich-demokratische Grundordnung garantiert Meinungsfreiheit, ist geradezu Voraussetzung für eine funktionierende Demokratie. Insofern müsste „nur" dieses Recht genutzt und gelebt werden. Da es jedoch einfacher und bequemer ist, dem ersten Inhalt, der einem einigermaßen glaubwürdig präsentiert wird, zu vertrauen, ist die Anfälligkeit des Menschen für Manipulation hoch. Um selbst zu denken und eigene Urteile auf Faktenbasis fällen zu können, ist ein breites Kontextwissen erforderlich. Insofern ist die Grundhaltung des Zweifelns in Bezug auf den Wahrheitsgehalt, was Maschinen an Informationen anbieten, noch höher anzusiedeln. Dieses Zweifeln, dieses Misstrauen gegenüber digitalen Inhalten führt dazu, dass der eigene Verstand eingeschaltet und nach weiteren Informationen, Fakten oder auch nach Bildfehlern gesucht wird. Jeder Mensch benötigt Weltwissen und digitale Medienkompetenzen, um Falschinformationen zu erkennen und zu durchschauen. Dies sollten Ziele schulischer Bildung sein.

Materialgestütztes Informieren

Seite 114, Aufgabe 1

Allgemeine Hinweise:

Achten Sie bei der Bearbeitung darauf, dass Sie über eine bloße Paraphrasierung der Texte hinausgehen. Weitere Anforderungen, die Sie beachten müssen, sind ...

hinsichtlich der Verstehensleistung:

- eine differenzierte, sachgerechte Auswertung der Materialien durch funktionale Integration von Referenzen auf die Materialien in den eigenen Text,

- eine sachliche und auftragsbezogene Verarbeitung von aus unterschiedlichen Perspektiven geschriebenen Beiträgen und ein eigenständiges Verknüpfen von relevanten Informationen mit eigenen Kenntnissen,
- Berücksichtigung von Situation und Adressatenbezug.

hinsichtlich der Darstellungsleistung:

- eine stringente und gedanklich klare, aufgaben- und textsortenbezogene Strukturierung,
- eine angemessene sprachliche Integration von Belegstellen im Sinne der Textfunktion sowie ein angemessenes, funktionales und korrektes Zitieren bzw. Paraphrasieren,
- einen der Darstellungsabsicht angemessenen funktionalen Stil und stimmigen Ausdruck sowie präzise, stilistisch sichere, lexikalisch differenzierte und eigenständige Formulierungen,
- eine sichere Umsetzung standardsprachlicher Normen.

Möglicher Vortragstext:
Liebe Mitschülerinnen und Mitschüler,
viele von uns haben bereits von Mobbing gehört oder es vielleicht sogar selbst erlebt. Doch was passiert, wenn das Mobbing ins Internet verlagert wird? Welche Ursachen hat Internetmobbing, welche Auswirkungen hat es auf die Betroffenen, und welche Verantwortung tragen Internetkonzerne dabei? Lasst uns diese Fragen gemeinsam erörtern.

Was ist Internetmobbing?
Unter Internetmobbing, auch Cybermobbing genannt, versteht man das absichtliche Beleidigen, Bedrohen, Bloßstellen oder Belästigen von Menschen mithilfe digitaler Medien über einen längeren Zeitraum. Dies kann in sozialen Netzwerken, über Messaging-Dienste, E-Mails oder auf Webseiten geschehen. Die Anonymität des Internets und die schnelle Verbreitung von Informationen machen es den Tätern leicht, ihre Opfer zu schikanieren, oft ohne unmittelbare Konsequenzen befürchten zu müssen. Eine Umfrage unter 3061 deutschsprachigen Personen ab 16 Jahren im Jahr 2023 hat ergeben, dass 15 Prozent der Internetnutzerinnen und -nutzer schon einmal Hass in den sozialen Medien bzw. im Internet erfahren haben (vgl. M 5). Dabei beziehen sich die meisten Anfeindungen auf politische Ansichten oder das Aussehen.

Ursachen des Internetmobbings
Es gibt mehrere Ursachen für Internetmobbing. Dazu gehört z. B. die Möglichkeit, anonym zu bleiben. Sie senkt die Hemmschwelle für aggressives Verhalten. Täter fühlen sich durch die Anonymität geschützt und handeln oft skrupelloser. Zu den skrupellosen Mobbern gehört der Typus des „Kalten Herzes“, wie Peter Sommerhalter, Experte für Cybermobbing, im Interview mit Lijana Kaggwa (selbst Opfer des Cybermobbings bei ihrer Teilnahme am TV-Format *Germany's Next Topmodel*) erläutert. Dieser Typus gehört nach Sommerhalter zu den gefährlichsten, denn „sie wissen, was sie tun“ und wollen es auch „ohne Rücksicht auf Verluste“ (Z. 20, M 1). Der Typus „Kaltes Herz“ hat in der letzten Zeit stark zugenommen mit dem Ziel, ihren Opfern ohne moralische Hemmschwelle Schaden zuzufügen (vgl. Z. 62 – 67, M 1).
Ein weiteres Motiv ist Macht und Kontrolle. Viele Täter empfinden ein Gefühl von Macht und Kontrolle, wenn sie andere online schikanieren. Dies kann insbesondere bei Menschen der Fall sein, die im realen Leben wenig Macht haben.
Ein weiterer bedeutender Aspekt des Internetmobbings ist die Rolle der Gruppendynamik und Schwarmintelligenz. Oft schließt sich eine Person dem Mobbing an, weil sie sieht, dass andere es tun. Dies geschieht nicht nur durch direktes Nachahmen, sondern auch durch das Phänomen der Schwarmintelligenz. Bei Schwarmintelligenz handelt es sich um die kollektive Verhaltensweise einer Gruppe, die ein gemeinsames Ziel verfolgt (vgl. hierzu Material 3). Im Kontext des Cybermobbings zeigen sich die negativen Folgen dieser „gemeinsamen Internetaktivitäten“ (Z. 10, M 3), indem sich mehrere Individuen zusammenschließen und koordinieren, um ein Opfer gezielt anzugreifen. Die Dynamik in einer Gruppe kann zu einem Gefühl der Zugehörigkeit führen und die individuellen Hemmschwellen senken. Einzelne Täter fühlen sich durch die Unterstützung der Gruppe bestärkt und sind eher bereit, aggressives Verhalten an den Tag zu legen, da sie die Verantwortung auf die Gruppe als Ganzes abschieben können.
Darüber hinaus verbreiten sich beleidigende Kommentare und Beiträge oft schneller und weiter, wenn sie von mehreren Personen unterstützt und geteilt werden. Die Schwarmintelligenz verstärkt somit nicht nur die Häufigkeit und Intensität der Angriffe, sondern auch deren Reichweite. Dadurch wird das Opfer noch stärker isoliert und verletzt, da es gegen eine scheinbar überwältigende Mehrheit ankämpfen muss. Um diesem Phänomen entgegenzuwirken, ist es entscheidend, sowohl individuelle als auch kollektive Verantwortlichkeiten zu erkennen und anzugehen.

Einige Mobber handeln aus Langeweile oder um persönlichen Frust abzubauen. Das Internet bietet eine Plattform, um diesen Frust zu kanalisieren. Darüber hinaus besteht die Gefahr einer „Kettenreaktion“ (Z. 9, M 6), wie Mauro Mùnafo in seinem Buch „Fake News, Cybermobbing und Internet-Hass“ erläutert. Die Erfahrung von Cybermobbing kann dazu führen, dass Betroffene ebenfalls zu Tätern werden.

Auswirkungen des Internetmobbings

Internetmobbing hat schwerwiegende Folgen für die Betroffenen. Sie leiden häufig unter Angstzuständen, Depressionen und in schweren Fällen unter Suizidgedanken. Viele Opfer ziehen sich aus Angst vor weiteren Angriffen zurück und meiden soziale Interaktionen. Die ständige Belastung durch Mobbing kann die Konzentration und Leistungsfähigkeit erheblich beeinträchtigen. Die Karikatur von Thomas Plaßmann verdeutlicht die Macht des Mobbings durch die monströs dargestellte Hand mit dem niederstreckenden Daumen anschaulich.

Verantwortung der Internetkonzerne

Internetkonzerne tragen eine Mitverantwortung, wenn es um die Bekämpfung von Cybermobbing geht. Sie haben die technische und organisatorische Möglichkeit, Maßnahmen zu ergreifen, die das Ausmaß von Internetmobbing reduzieren können. Plattformen wie Facebook, Twitter und Instagram müssen Mechanismen einführen, um beleidigende Inhalte schnell zu identifizieren und zu entfernen. Internetkonzerne können durch Aufklärungskampagnen das Bewusstsein für die Folgen von Cybermobbing schärfen und Nutzer über Verhaltensregeln informieren. Es sollten leicht zugängliche Systeme vorhanden sein, über die Betroffene Vorfälle melden können. Zudem sollten sie Unterstützung und Ressourcen erhalten, um mit den Folgen des Mobbings umzugehen.

Lösungsansätze lassen sich schwer finden. Schulen und Eltern sollten Schüler über die Gefahren von Cybermobbing aufklären und sie dazu ermutigen, respektvoll miteinander umzugehen. Außerdem hilft auch eine strengere Gesetzgebung. Das im Jahr noch einmal geänderte Netzwerkdurchsetzungsgesetz (NetzDG) verpflichtet Netzwerke dazu, potenziell rechtswidrige Posts zu melden und ans Bundeskriminalamt weiterzuleiten. Dort werden die Meldungen durch die ZMI („Zentrale Meldestelle für strafbare Inhalte im Internet“) geprüft und bei Vorliegen eines strafbaren Inhalts die Absender ermittelt (vgl. Z. 27 bis 49, M 2). Zugang zu psychologischer Unterstützung für Opfer von Cybermobbing, um ihnen bei der Bewältigung der psychischen Auswirkungen zu helfen.

Schlussfolgerung

Internetmobbing ist ein ernstes Problem, das vielfältige Ursachen hat und schwerwiegende Auswirkungen auf die Betroffenen haben kann. Es erfordert gemeinschaftliche Anstrengungen von Individuen, Gemeinschaften, Institutionen und insbesondere von Internetkonzernen, um diesem Problem entgegenzuwirken. Durch Bildung, Aufklärung, gesetzliche Maßnahmen und technologische Innovationen können wir gemeinsam dazu beitragen, das Internet zu einem sichereren Ort für alle zu machen.

Materialgestütztes Argumentieren

Seite 119, Aufgabe 1

Hinweise zur Analyse:

Mögliche **Aspekte** des Kommentars können sein:

Was sind persönliche Daten?; Probleme der sozialen Medien beim Datenschutz und Losungsansätze; Einfluss der sozialen Medien auf die Nutzer und Nutzerinnen; Bedeutung von Selbsdatenschutz; Möglichkeiten, die eigenen Daten zu schützen

Aspekte aus den Materialien:

M1: Was sind persönliche Daten?

- „sensible Daten, die eine Person erkennbar machen“ (Z. 1 f.)
- Personalausweis, Hobbys und Vorlieben
- Preisgabe von Daten ermöglicht anderen, Vorlieben und Verhaltensweisen von Personen zu ermitteln

M2: Digitale Kompetenzen

- Online-Befragung von 2069 14- bis 24-Jährigen im Jahr 2022
- Unsicherheiten bestehen vor allem bei Erkennen von Falschmeldungen (ca. ein Drittel der Befragten) und beim Schutz von eigenen Daten im Internet (etwa die Hälfte der Befragten)

M3: Sind die sozialen Medien noch zu retten?

- soziale Medien „monetarisieren" (Z. 4) Inhalte, die besondere Aufmerksamkeit erregen und Gefühle anstoßen
- „Hatespeech, Radikalisierung und Desinformation" (Z. 10) sind die Folgen
- „Grundgedanke[] von Privatsphäre und sparsammeln Datensammeln" nicht vereinbar mit den Interessen der Betreiber von sozialen Medien, im Gegenteil Interesse an Vergrößerung des digitalen Fußabdrucks (vgl. Z. 13 ff.)
- Mögliche Verbesserungen: „vorsortierte[] Inhalte" (Z. 22 f.), „neue Formen der Vernetzung" (Z. 25), Änderung des Datenaustauschs (vgl. 28 ff.)
- Wünsche an soziale Medien: größere Transparenz (vgl. Z. 32), eine „Etikette im Umgang mit sozialen Medien" (Z. 36 f.), Öffnung gegenüber den Wissenschaften (vgl. Z. 38), stärkere Betonung des sozialen Umgangs (vgl. Z. 40 ff.) und Achtung der Privatsphäre der Nutzenden (vgl. Z. 43)
- Wünsche an die Politik: „Aufsichtsgremien" (Z. 50) zur Überwachung der sozialen Medien, Etablierung von alternativen Modellen wie z. B. an Hochschulen (vgl. Z. 52 ff.), Vermeidung von radikalen Inhalten durch Druck auf die „algorithmische Infrastruktur der großen Techplattformen" (Z. 59 f.), stärkere Begleitung von Nutzenden durch die Politik, Möglichkeit des problemlosen Datenwechsels zur anderen Plattform (vgl. Z. 62 ff.)

M4: Warum ist Selbstdatenschutz wichtig?

- Preisgabe von zahlreichen Daten bei Social-Media-Nutzung (vgl. Z. 1 ff.)
- Einschätzung der Gefahren durch Kinder und Jugendliche kaum möglich (vgl. Z. 11 ff.)
- Weiterverkauf von Daten ein gutes Geschäft für die Betreibenden der Plattformen (vgl. Z. 15 ff.)
- Missbrauch von Daten durch Fremde bis hin zum Identitätsdiebstahl (vgl. Z. 24 ff.)
- online gestellte Daten so gut wie nicht mehr löschbar: „Das Internet vergisst nichts." (Z. 47)
- Datenschutz: sparsamer Umgang mit der Veröffentlichung von eigenen Daten und kritische Nutzung von Social-Media-Angeboten (vgl. Z. 56 ff.)

M5: Der Fremde im eigenen Social-Media-Kanal

- fiktives Beispiel eines Identitätsdiebstahls
- Wege des Identitätsdiebstahls: Sicherheitslücken durch nicht durchgeführte Updates (vgl. Z. 19 ff.), Phishing-Mails mit Links (vgl. Z. 22 ff.), Verwendung eines identischen Passworts für mehrere Social-Media-Konten (vgl. Z. 26 ff.), verstärkter Schutz des Accounts, z. B. durch Zwei-Faktor-Authentisierung (vgl. Z. 29 ff.)

M6: Christoph Kermann: Regulierung von Social Media: Zeit zum Aufrüsten! (Kommentar)

- durch verstärkte Verbreitung von Desinformationen im digitalen Raum, die durch die Betreiber nicht in den Griff zu bekommen ist, Notwendigkeit, dass Regierungen Einblicke bekommen (vgl. Z. 1 ff.)
- Grundlage für die bessere Regulierung: Aufbau von technischen Kompetenzen zur „systematische[n] und kontinuierliche[n] Analyse" (Z. 20)
- Social-Media-Betreiber müssen in die Pflicht genommen werden, umfangreiche Informationen über die Daten zur Verfügung zu stellen; Hindernis: Datenschutzregeln (vgl. Z. 23 ff.)
- Studie der NetzDG zeigt Problem auf: Bei der Löschung von rechtswidrigen Inhalten kommt es häufig auch zum „Overblocking", bei dem versehentlich legale Inhalte mitgelöscht werden (vgl. Z. 28 ff.)

Mündliche Prüfungen vorbereiten

Vor Publikum reden – meine Möglichkeiten verbessern

Seite 125, Aufgabe 1

Mögliche Reihenfolge (andere Lösungen sind möglich): Nehmen Sie Ihre Vortragsposition mit ruhigen Schritten ein. / Achten Sie auf einen festen Stand. / Blicken Sie Ihr Publikum vor dem ersten Satz an. / Kontrollieren Sie Ihre Atmung vor dem ersten Satz durch ein längeres Aus- und Einatmen. / Stellen Sie Blickkontakt zum Publikum her. / Beginnen Sie mit Ihrer Anfangsmotivation, Ihrem Augen- und/oder Ohrenöffner. / Schauen Sie ohne Hektik auf Ihr Manuskript für den nächsten Abschnitt. / Halten Sie Blickkontakt zum gesamten Publikum im Lauf Ihres Vortrags.

Einen Text für das mündliche Abitur aufbereiten

Seite 127/128, Aufgaben 1 bis 3

Hinweise zur Interpretation:

Mögliche Deutungshypothese: Diese Szene führt exemplarisch gesellschaftlich bedingte Ungleichheiten und Ungerechtigkeiten vor, indem der einfache Soldat Woyzeck von einem Vertreter höheren Standes, dem Doktor, gedemütigt, seiner Würde beraubt und skrupellos für wissenschaftliche Zwecke missbraucht wird.

Mögliche Aspekte der Interpretation:

- Woyzeck wird für wissenschaftliche Zwecke missbraucht und vor Publikum öffentlich gedemütigt.
- Er wird als Versuchskaninchen der Katze, also einem Tier, gleichgesetzt.
- Auch das Wackeln mit den Ohren vergleicht der Doktor mit einem Esel und hebt damit den Unterschied zwischen Mensch und Tier mit Blick auf Woyzeck auf.
- Völlig mitleidlose Haltung des Doktors, der Woyzeck anbrüllt, für seine Experimente ausnutzt und seiner Menschenwürde beraubt.
- Physische und psychische Angeschlagenheit Woyzecks durch die verordnete Erbsen-Diät.
- Sprachlich unterscheiden sich beide stark: Der Doktor hat einen viel höheren Sprechanteil, spricht in Hypotaxen, verwendet Fremdwörter („centrum gravitationis", Z. 9; „Courage", Z. 21), die Woyzeck nicht versteht. Woyzecks Äußerungen dagegen sind einfach, knapp und haben das Ziel der Unterordnung.

Menschenbild Büchners:

- Büchner war von der Gleichheit aller Menschen überzeugt und setzte sich für demokratische Wahlen ein: gleiche Rechte und Pflichten für alle Menschen.
- Kampf gegen gesellschaftlich bedingtes Unrecht (vgl. das Flugblatt „Der Hessische Landbote").
- Büchners Menschenbild wird sehr deutlich: Skrupelloser Missbrauch und Erniedrigung Woyzecks, eines Vertreters der mittellosen Unterschicht, durch den Doktor, eines Vertreters der Mittelschicht.
- Karikierende Darstellung des Doktors; die Sympathie und das Mitleid gehören der misshandelten und gedemütigten Hauptfigur

Seite 128, Aufgaben 1 bis 3 unten)

Hinweise zur Interpretation:

- Gedicht „Als er zurückkam" von Ulla Hahn aus dem Jahr 1993

Mögliche Deutungshypothese: Das lyrische Ich erkennt im Licht bewusst wahrgenommer Vergänglichkeit den Wert des zurückkehrenden Geliebten.

Mögliche Aspekte der Interpretation:

- Kennzeichen von Lyrik der Moderne wie unregelmäßiges Metrum, Verzicht auf Endreime
- Reflexion von Wahrnehmungen des vermutlich weiblichen lyrischen Ich bei Rückkehr des Geliebten
- Innensicht bei konkreten Beobachtungen und Einschätzungen, die ineinandergreifen
- im ersten Satz Situation einer Rückkehr nach unbestimmter Zeitspanne
- Bericht, durchgehend im Präteritum gehalten bis zur Schlussfolgerung in den letzten beiden Versen
- zurückkehrender: „mein Freund mein Geliebter" (V. 1), beschrieben zu Beginn des zweiten Verses als „blass mager"
- Szene einer Umarmung mit Wahrnehmung des lyrischen Ichs: Begreifen der Sterblichkeit des Geliebten, Erkenntnis des Moments: „begriff [...] augenblicks" (V. 3), „mitten in seinem lebendigen Kuss" (V. 4)
- Beibehalten der Betrachterperspektive bei Beschreiben der körperlichen Vereinigung
- Beschreibung des männlichen Körpers im beginnenden Verfall („vierzig Jahr alte[] Arme und Beine", V. 8/9)
- Liebesakt mit hymnischen Zuschreibungen: „Wunder gebaren mir [...] Arme und Beine" (V. 8/9), Rede von „seine[r] schöne[n] Brust" (V. 9)
- anaphorisch verklammerte Sätze: „Nein ich liebte ihn nicht wie beim ersten Mal [...] Nein ich liebte ihn offenen Auges [...]" (V. 11 – 13)
- Vereinigung im Wissen um die Sterblichkeit wie „zum ersten Mal" (V. 13)
- Erkenntnis der Vergänglichkeit zeigt besondere Liebe: „mir war ich müsste mein Leben einfauchen" (V. 6)
- schlussfolgernd: Wissen um den „sehr kostbare[n], sehr vergängliche[n] Mensch[en]" (V. 15)

Einordnung in Literatur der zweiten Hälfte des 20. Jahrhunderts:

- Kennzeichen moderner Lyrik: ohne Stropheneinteilung, Reim und festem Metrum; Annäherung der Form an Prosa, allerdings Zeileneinteilung; subjektives, persönliches Sprechen des lyrischen Ichs
- Zugehörigkeit zu der seit den 1970er-Jahren bestehenden Strömung der „Neuen Subjektivität", die Literatur nicht in einer politisch-gesellschaftlichen Funktion sieht

9. Leiten Sie aus den Ergebnissen Deutungsaussagen zu folgenden Aspekten ab.

a) Darstellung der Natur und der Welt

b) Menschenbild

c) Verhältnis des lyrischen Ichs zum angesprochenen „Du“

10. Erarbeiten Sie aus Ihren bisherigen Ergebnissen und der Deutung des Titels eine mögliche Gesamtintention des Gedichts ab.

Bezüge zu einer Epoche der Literatur herstellen

Wissen und Können

Vielfach lässt sich durch den **Bezug zu der literarischen Epoche**, in welcher ein Gedicht entstanden ist, der Text noch vertieft deuten. Wenn man aufzeigen kann, dass beispielsweise wiederkehrende Motive oder zeittypische Gedanken oder Gefühle verarbeitet wurden, erweitert sich das eigene Verständnis des Gedichts, weil neben den textimmanenten auch übergreifende Zusammenhänge erfasst und mitbedacht werden können. Zudem kann auf diese Weise beurteilt werden, ob und inwiefern es sich hier um ein sehr typisches Gedicht für eine bestimmte Epoche handelt.

11. Ordnen Sie das Gedicht begründet in die Epoche der Romantik ein, indem Sie Bezüge zu typischen Gedanken und Motiven herstellen und in die Tabelle eintragen. Zur Wiederholung und Festigung Ihres Wissens zur Epoche finden Sie Hinweise auf den Seiten 20–32.

Typische Motive und Gedanken der Epoche „Romantik“	Bezüge zum Gedicht „Zuversicht“
„Poetisierung“ bzw. „Romantisierung“ der Welt: fantasie- und gefühlvoller Zugriff auf die Natur und die Welt	
Fernweh und Reiselust; das Motiv des Wanderns	
Sehnsucht nach Ganzheitlichkeit	
Betonung von Individualität und Subjektivität	

12. Formulieren Sie eine zusammenhängende, strukturierte Interpretation des Textes.

Wissen und Können

In der **Einleitung** formulieren Sie zunächst einen hinführenden Gedanken und nennen dann die wichtigsten **Textdaten** (Gedichtart, Titel, Autor/-in, Erscheinungs- bzw. Entstehungsjahr) und geben – soweit bekannt – Informationen zum historischen Hintergrund. Ferner machen Sie in knapper Form Angaben zum Inhalt und zum Thema des Gedichtes (Worum geht es? Was wird dargestellt?). Am Ende der Einleitung steht die **Deutungshypothese**, die den oder die zentralen Gedanken zur Interpretation des Textes enthält, welche(r) dann im Hauptteil entfaltet wird bzw. werden.

Im **Hauptteil begründen** Sie Ihre **Deutungshypothese** und belegen Ihre Befunde am Text durch **Zitate**. Dazu beschreiben Sie **zunächst** die **äußere Form** des Gedichtes (Strophenzahl, Verseinteilung, Reimschema, Metrum) zusammenhängend. Die formale Gestalt sollte später in die genaue Beschreibung und Deutung der Einzelstrophen eingebunden werden. Das gilt vor allem auch für **besondere Auffälligkeiten/Ausnahmen** (z. B. Unregelmäßigkeiten im Metrum). Danach beschreiben und deuten Sie – soweit auffällig – den Textaufbau (z. B. bei einer Rahmenstellung von Versen bzw. Strophen).
Anschließend gehen Sie näher auf den **Inhalt** und die **sprachliche Gestaltung** und die **Bedeutung** ein (z. B. Situation des lyrischen Ichs, Atmosphäre, Darstellung des Themas in den einzelnen Strophen, inhaltliche Entwicklung). Dabei können Sie strophenweise vorgehen **oder** bestimmte **Untersuchungsschwerpunkte** in den Mittelpunkt stellen. Hierbei sind unbedingt die sprachlichen Mittel (z. B. sprachliche Bilder, Wortwahl, Satzbau, rhetorische Mittel) zu benennen und in ihrer Wirkung und Bedeutung für Inhalt und Aussage des Gedichtes zu erläutern. Alle Deutungsbefunde müssen am Text durch Zitate belegt werden (vgl. S. 101 f.). Am Ende des Hauptteils fassen Sie die Ergebnisse Ihrer Interpretation zusammen. Dabei bestätigen, erweitern, verändern oder revidieren Sie die Deutungshypothese des Anfangs.

Am **Schluss** fassen Sie die wichtigsten Beobachtungen und Erkenntnisse zusammen und führen einen abrundenden Gedanken an. Das kann zum Beispiel ein Ausblick auf andere literarische Werke sein.

Gedichte vergleichen

Wissen und Können

Manchmal wird in einer in der zweiten Aufgabe ein **Gedichtvergleich** gefordert. Dabei geht es darum, zwei Texte, die grundlegende thematische Gemeinsamkeiten aufweisen, nach bestimmten vorgegebenen Kriterien einander gegenüberzustellen. Besonders geeignet für einen solchen Vergleich sind zwei thematisch verwandte Gedichte (z. B. Naturlyrik, Liebeslyrik, Lyrik zum Motiv „Unterwegs sein“) aus unterschiedlichen literaturgeschichtlichen Zusammenhängen.

In der Aufgabenstellung wird **eins der zu vergleichenden Gedichte** als Ausgangspunkt der Interpretation vorgegeben. Es empfiehlt sich daher, dieses Gedicht im **Hauptteil** nach den Ihnen bekannten Kriterien möglichst vollständig zu bearbeiten (s. S. 48).

Für das zweite Gedicht wird **keine vollständige Interpretation** verlangt, sondern es werden Vergleichsaspekte vorgegeben. Daher können Sie als Überleitung zunächst wie bei dem ersten Gedicht allgemein in den Text einführen (Textdaten, Inhalt/Thematik …).

Listen Sie zudem die Aspekte auf, unter denen die beiden Gedichte verglichen werden sollen, z. B.: „Bei dem folgenden Vergleich stehen die Aspekte X, Y, Z im Zentrum.“ Oder: „Im Folgenden werden die beiden Gedichte von … und … im Hinblick auf die Aspekte X, Y, Z miteinander verglichen.“ Arbeiten Sie diese Aspekte anschließend nacheinander aus.

Fassen Sie im **Schluss** Ihre Ergebnisse noch einmal **im Überblick** zusammen.

1. Lesen Sie noch einmal die Aufgabenstellung auf Seite 42 oben und formulieren Sie mit eigenen Worten, was von Ihnen verlangt wird.

____

____

____

Mascha Kaléko (1907 – 1975)

Rezept

Mascha Kaléko wurde in Chrzanów (in Westgalizien, dem damaligen Österreich-Ungarn) als Kind einer jüdischen Familie geboren. 1914, als der Erste Weltkrieg ausbrach, übersiedelte die Familie nach Deutschland. Mit sechzehn Jahren verließ Mascha Kaléko, obgleich sie durch besonderes Talent auffiel und bereits früh Gedichte schrieb, die Schule mit der Mittleren Reife und begann eine Lehre im Büro. Im Jahre 1934 heiratete sie ihren ersten Mann, den Philologen Saul Kaléko. Mit ihrem dichterischen Talent fand sie schließlich Anschluss an die künstlerische Avantgarde in Berlin und erhielt die Möglichkeit, ihre Gedichte in Zeitungen zu veröffentlichen. Es folgte eine kurze Zeit voller Erfolge: Sie wurde gleichermaßen von Kritikern wie vom Publikum für ihre Lyrik, in der sie so treffend den Alltag der kleinen Leute und das Lebensgefühl in der aufstrebenden Metropole in Worte fasste, gefeiert. 1935 allerdings, unter der Herrschaft der Nationalsozialisten und wegen der zunehmenden Diskriminierung von Menschen jüdischen Glaubens, erhielt Kaléko Berufsverbot. Auch privat verschärfte sich ihre Lebenssituation dadurch, dass sie sich in einen anderen Mann, den Musiker Chemjo Vinaver, verliebte und 1937, nach der Geburt des gemeinsamen Sohnes, zu ihm zog. Ein Jahr später, 1938, ließ sich Kaléko scheiden, und heiratete Vinaver. Noch in demselben Jahr emigrierte die kleine Familie nach New York. In ihrer Lyrik thematisierte Mascha Kaléko neben dem Leben in der Großstadt und ihrer Liebe zu ihrem Mann und Kind auch die Erfahrungen von Flucht und Emigration.

Jage die Ängste fort
Und die Angst vor den Ängsten.
Für die paar Jahre
Wird wohl alles noch reichen.
Das Brot im Kasten
Und der Anzug im Schrank.

Sage nicht mein.
Es ist dir alles geliehen.
Lebe auf Zeit und sieh,
Wie wenig du brauchst.
Richte dich ein.
Und halte den Koffer bereit.

Es ist wahr, was sie sagen:
Was kommen muss, kommt.
Geh dem Leid nicht entgegen.
Und ist es da,
Sieh ihm still ins Gesicht.
Es ist vergänglich wie Glück.

Erwarte nichts.
Und hüte besorgt dein Geheimnis.
Auch der Bruder verrät,
Geht es um dich oder ihn.
Den eignen Schatten nimm
Zum Weggefährten.

Feg deine Stube wohl.
Und tausche den Gruß mit dem Nachbarn.
Flicke heiter den Zaun
Und auch die Glocke am Tor.
Die Wunde in dir halte wach
Unter dem Dach im Einstweilen.

Zerreiß deine Pläne. Sei klug
Und halte dich an Wunder.
Sie sind lang schon verzeichnet
Im großen Plan.
Jage die Ängste fort
Und die Angst vor den Ängsten.

(1966)

Jüdische Kinder aus Wien winken zur Freiheitsstatue in der Hafeneinfahrt von New York. Mit dem Passagierschiff ‚S.S. Präsident Harding' kamen am 3. Juni 1939 insgesamt 50 jüdische Kinder in die Vereinigten Staaten, um dort von amerikanischen Familien adoptiert zu werden.

2. Versuchen Sie, das Thema des Gedichts von Kaléko in einem einzigen Satz zu formulieren. Nutzen Sie dafür ggf. Begriffe aus dem folgenden Wortspeicher.

Lebensführung bzw. -gestaltung • Lebensweg • Hinweise und Ratschläge • Erfahrungen • Umgang mit schicksalhaften Ereignissen • Glaube • Weltbild

3. Bearbeiten Sie die folgenden Teilaufgaben zum Inhalt des Gedichts.

a) Beschreiben Sie die Kommunikationssituation im Gedicht. Gehen Sie dabei auf folgende Fragen ein: Wer spricht zu wem und warum? Welche Aussageweise (Frage, Aussage, Aufforderung) ist vorherrschend?

b) Erläutern Sie, was mit dem Titel gemeint sein könnte.

c) Erklären Sie die teils widersprüchlichen Aussagen im Text.

d) Benennen Sie die Grundhaltung des lyrischen Ichs.

e) Das Gedicht wurde von der Zeitung „Neue Westfälische“ wohl zum Jahresanfang 2021 eigens ausgewählt und neu abgedruckt. Nennen Sie einen möglichen Grund für den Abdruck.

4. Formulieren Sie eine Deutungshypothese zum Gedicht.

5. Bestimmen Sie die äußere Form des Gedichts (Strophenzahl, Reimschema, Metrum etc.). Vergleichen Sie die Form mit der des Gedichts von Ludwig Tieck (S. 42) und deuten Sie diese.

6. Sie finden links in der Tabelle sprachliche Besonderheiten bzw. rhetorische Mittel, die im Gedicht verwendet werden. Formulieren Sie mögliche Deutungen in der rechten Spalte.

Sprachliche Besonderheit	**Deutung**
Wiederholung (Anfangs- und Schlussverse); Rahmenstruktur	Umgang mit den Ängsten als „Hauptzutat“ im „Rezept“ für ein gelingendes Leben; Betonung, wie wichtig die Befreiung von Ängsten ist
„mein“, V. 7 (Possessivpronomen, besitzanzeigend)	
Antithese bzw. Gegensatz: einrichten – den Koffer bereithalten (vgl. V. 11 f.)	
Personifikation des Leids (vgl. V. 15 ff.)	
Personifikation des eigenen Schattens, metaphorische Darstellung des Schattens als „Weggefährten“ (V. 24)	
Metapher der „Wunde in dir“ (V. 29), die wach gehalten werden soll	
Metapher des „Dach[es] im Einstweilen“ (V. 30)	
Antithese: Orientierung an Plänen – Orientierung an Wundern (vgl. V. 31 f.)	

7. Stellen Sie Überlegungen dazu an, inwiefern biografische und zeittypische Lebenserfahrungen im Gedicht zum Ausdruck kommen. Lesen Sie dazu den Informationstext zur Autorin Mascha Kaléko auf der Seite 50.

8. Durch die Aufgabenstellung sind bereits zwei Aspekte zum Vergleich benannt worden. Vergleichen Sie diese stichwortartig in Form der folgenden Tabelle.

Vergleichsaspekt	Tieck: Zuversicht	Kaléko: Rezept
Wahrnehmung der Welt		
Auffassung von einem gelingenden Leben		

9. Welche weiteren oder detaillierteren Aspekte bieten sich für den Gedichtvergleich an? Suchen Sie aus den folgenden Vorschlägen zwei weitere ergiebige Aspekte heraus und streichen Sie die, die Sie für weniger geeignet halten.

- ☐ Wanderschaft und Reise
- ☐ Glaube bzw. Bezug zur Religion
- ☐ Sprachlich-formale Aspekte (äußere Form und sprachliche Gestaltung der Gedichte und deren Wirkung)
- ☐ Gesellschaftskritik
- ☐ Stimmung/Atmosphäre
- ☐ Unterwegssein

- [ ] Beziehung zwischen dem lyrischen Ich und einer angesprochenen Person
- [ ] Umgang mit Glück und Leid
- [ ] Zukunftsperspektive
- [ ] Wirkung der Natur auf den Menschen
- [ ] Gedichttitel
- [ ] Heimat
- [ ] Fernweh

10. Stellen Sie nun die von Ihnen ausgewählten beiden Vergleichsaspekte der beiden Gedichte einander gegenüber.

Vergleichsaspekt	Tieck: Zuversicht	Kaléko: Rezept

11. Fassen Sie anschließend die Ergebnisse des Vergleichs in Form eines Fazits zusammen.

12. Verfassen Sie einen Vergleich der beiden Gedichte in Ihrem Heft.

Eine Dramenszene interpretieren

Im Rahmen von Schulaufgaben oder auch in der Abituraufgabe wird von Ihnen die Interpretation literarischer Texte mit begründeter Deutungshypothese verlangt. Eine Aufgabenstellung könnte lauten:

▶ **Aufgabenstellung**
Interpretieren Sie den Ausschnitt aus Jean Anouilhs Drama „Antigone". Gehen Sie dabei insbesondere auf den Konflikt der beiden Hauptfiguren ein.

Zur dieser Fragestellung wird auf den folgenden Seiten eine mögliche Vorgehensweise mit der Bearbeitung verschiedener möglicher Teilaspekte aufgezeigt, die letztlich in eine zusammenhängende schriftliche Interpretation mündet.

Wissen und Können

In der **Einleitung** der Interpretation einer Dramenszene formulieren Sie zunächst einen **hinführenden Gedanken** zum zentralen Thema und nennen dann **Autor/-in** und den **Titel** des Dramas, das **Erscheinungs- oder Entstehungsjahr** und eventuell den **historischen Kontext**, in dem das Drama entstanden ist. Weiterhin geben Sie **Ort**, **Zeit** und auftretende **Figuren** der zu interpretierenden Szene an, fassen den **Inhalt knapp** zusammen und ordnen die Szene in den Gesamtzusammenhang der bisherigen Handlung ein. Am Ende der Einleitung steht die **Deutungshypothese**, die den oder die zentralen Gedanken zur Interpretation des Textes enthält, welche(r) dann im Hauptteil entfaltet wird bzw. werden. Sie können inhaltliche Zusammenfassung und Einordnung des Ausschnitts in das gesamte Drama auch an den Beginn des Hauptteils stellen.

Im **Hauptteil** untersuchen Sie die Szene im Hinblick auf die folgenden **Aspekte**. Nutzen Sie dabei als eine Art roten Faden Ihre Deutungshypothese, auf die Sie Ihre interpretatorischen Einzelbeobachtungen und Erkenntnisse jeweils beziehen.

- Gesprächsverlauf, Verhalten und Strategien der Gesprächspartner,
- Charaktereigenschaften, Haltungen, Wertvorstellungen der Figuren,
- Beziehungen zwischen den Figuren.

Dabei sollten Sie immer auch **sprachliche Besonderheiten** des Textes bei Ihrer Untersuchung berücksichtigen und Arbeitsergebnisse am Text durch Zitate belegen (vgl. S. 101 ff.).

Am Ende des Hauptteils fassen Sie die Ergebnisse Ihrer Interpretation zusammen. Dabei bestätigen, erweitern, verändern oder revidieren Sie die Deutungshypothese des Anfangs.

Zum **Schluss** runden Sie Ihre Arbeit ab, indem Sie kurz entweder auf die Wirkungsgeschichte des Textes, den Autor, andere Werke des Autors oder Werke mit verwandter Thematik eingehen.

Jean Anouilh (1910 – 1987)

Antigone

Jean Anouilh war ein französischer Autor und Dramatiker. Schon früh, nachdem er ein Jura-Studium zugunsten der Literatur abgebrochen hatte, beschäftigte er sich vorzugsweise mit dem Theater. Im Jahre 1940 wurde er als Soldat einberufen und geriet kurz darauf in deutsche Kriegsgefangenschaft. Möglicherweise rührte sein Interesse an der Frage nach dem Verhältnis zwischen den Lebensvorstellungen des Einzelnen und den Erwartungen der Gesellschaft, der er auch in seinen Stücken Raum gab, auch aus dieser Erfahrung. In seinen Adaptionen griechischer Dramen, von denen die „Antigone" den größten Erfolg feiern konnte, veränderte er die Vorlage und ihre Figuren sehr deutlich, nicht zuletzt, indem er die Handlung modernisierte und in diesem Zuge den Verweis auf Götter und Sitten weitgehend aufgab. Im Mittelpunkt stehen stattdessen die Motivationen der Figuren sowie allgemein menschliche Grundlagen des Konflikts.

Anouilh übernimmt in seinem Stück den Rahmen der antiken Vorlage: Handlungsort ist die Stadt Theben, Handlungszeit der frühe Morgen des Tages: Im Kampf um die Macht in Theben haben sich

Antigones Brüder Eteokles und Polyneikes gegenseitig umgebracht. Aus Gründen der Staatsräson und des gesellschaftlichen Friedens hat Kreon für den einen ein Staatsbegräbnis, für den anderen ein Bestattungsverbot erlassen, das unter Androhung der Todesstrafe durchgesetzt werden soll. Der wesentliche Konflikt, der in den Mittelteil des Dramas verlagert ist, beinhaltet die Auseinandersetzung zwischen dem als Realpolitiker gekennzeichneten und als eine komplexe und vielschichtige Figur dargestellten Kreon und der kompromisslosen, rebellischen und von Idealen erfüllten Jugendlichen Antigone. Kreon bietet Antigone einen Ausweg, der sie retten soll, sie jedoch lehnt ab. Auf diese Weise gestaltet Anouilh in seiner Version den Kampf um Macht neu und akzentuiert daneben auch den Generationenkonflikt. Die Antagonisten werden in einem Prolog von dem Sprecher wie folgt dem Publikum vorgestellt:

SPRECHER: So ... Diese Leute werden euch jetzt die Geschichte der Antigone spielen. Antigone ist die kleine Magere, die da drüben sitzt und schweigt. Starr blickt sie vor sich hin und denkt. Sie denkt, dass sie nun gleich Antigone sein wird, dass sie plötzlich nicht mehr das schmächtige, verschlossene Mädchen ist, das keiner in der Familie ernst nimmt, sondern dass sie sich allein gegen die Welt stellen wird und gegen KREON, ihren Onkel, der König ist.
[...]
Der kräftige, weißhaarige Mann, der nachdenklich dort neben seinem Pagen sitzt, das ist Kreon. Er ist der König. Er hat Runzeln und ist müde. [...]
Abends, wenn er dann müde ist, fragt er sich oft, ob es nicht sinnlos sei, die Menschen führen zu wollen, ob es nicht ein schmutziges Geschäft sei, das man weniger empfindsamen Naturen überlassen solle. Doch am nächsten Morgen erwarten ihn neue Aufgaben, und er steht auf, gelassen wie ein Arbeiter, der an sein Tagwerk geht.

Jean Anouilh

Antigone und Kreon

Die WÄCHTER *werden vom Pagen hinausgeführt.* KREON *und* ANTIGONE *sind allein.*

[...]

ANTIGONE: [...] Du willst mich nur retten, weil es sicher viel bequemer ist, eine kleine, schweigsame Antigone irgendwo im Palast zu halten. Du bist noch etwas zu empfindlich, um einen guten Tyrannen abzugeben. Aber im Grunde weißt du genau, dass du mich töten lassen musst. Und weil du es weißt, deswegen hast du Angst. Ein Mann, der Angst hat, ist erbärmlich!

KREON *still*: Ja ... gut, ich habe Angst. Bist du jetzt zufrieden? Ich habe Angst, dass ich dich töten lassen muss, wenn du nicht nachgibst. Ich möchte es nicht.

ANTIGONE: Ich, ich muss nicht tun, was ich nicht möchte. Wolltest du vielleicht auch meinem Bruder das Grab nicht verweigern? Jetzt sage nur, dass du es nicht wolltest.

KREON: Ich habe es dir schon gesagt.

ANTIGONE: Und trotzdem hast du es getan. Und jetzt wirst du mich töten lassen, ohne es zu wollen. Und das heißt König sein!

KREON: Ja, so ist es.

ANTIGONE: Armer Kreon! Mit meinen verrissenen, erdigen Fingernägeln, mit den blauen Flecken am Arm vom harten Griff deiner Wächter und mit meiner ganzen Angst, die mir die Eingeweide zerwühlt, bin ich doch Königin!

KREON: Dann hab Mitleid mit mir. Ruhe und Ordnung in Theben sind teuer genug bezahlt mit dem faulenden Leichnam vor meinem Haus. Sieh, mein Sohn liebt dich. Ich will dich nicht auch noch opfern müssen. Ich habe wirklich schon genug bezahlt.

ANTIGONE: Nein – denn du hast ja gesagt. Dafür wirst du von jetzt an immer bezahlen müssen.

KREON *außer sich, schüttelt sie*: Mein Gott, versuche doch endlich zu begreifen. Ich gebe mir ja auch Mühe, dich zu verstehen. Irgendjemand muss schließlich ja sagen. Es muss doch einer da sein, der das Schiff steuert. Überall dringt schon Wasser ein, Verbrechen, Dummheit und Elend sind an Bord. Das Steuerruder schlägt hin und her, die Mannschaft lungert herum und denkt nur ans Plündern, und die Herren Offiziere bauen sich schon ein kleines sicheres Floß, das nur für sie da ist, mit Trinkwasser und Vorräten ausgestattet, um sich in Sicherheit zu bringen. Der Mast kracht, der Sturm heult, die Segel zerreißen, und die ganze Bande wird jämmerlich verrecken, weil jeder nur an seine eigene kostbare Haut und an seine nichtigen Angelegenheiten denkt. Glaubst du, da kann ich lang überlegen, wie man es am raffiniertesten anstellt, ob man nun ja oder nein sagen soll? Da kann man nicht mehr lange fragen, ob man es nicht eines Tages teuer bezahlen wird oder man nachher überhaupt noch ein Mensch sein kann. Man nimmt das Rad in die Hand, sieht sich den türmenden Wellenbergen entgegen, man brüllt einen Befehl, und man schießt blindlings in die Menge, auf den Erstbesten, der aus ihr hervortritt. Die Menge! Das ist etwas Namenloses. Wie eine Welle, die auf das Deck niederrauscht. Der Wind heult, und wer tot in der Gruppe umfällt, ist namenlos. Vielleicht hat er dir noch am Vorabend freundlich lächelnd Feuer für deine Zigarette gegeben. Jetzt ist er ein Namenloser. Und du selbst bist an das Ruder geklammert – namenlos. Nur das Schiff und der Sturm haben Namen, verstehst du das?

ANTIGONE *schüttelt den Kopf*: Ich will nicht verstehen! Das ist etwas für dich. Ich bin nicht da, um zu verstehen. Ich muss nein sagen und sterben.

KREON: Nein sagen ist oft leicht.

ANTIGONE: Nicht immer!

Vorarbeiten

Wissen und Können

Bei der **Vorbereitung der schriftlichen Interpretation einer Dramenszene** erweist es sich als günstig, folgende Arbeitsschritte zu beachten:

1. Festhalten des ersten Leseeindrucks
2. Formulierung des Themas der Szene und einer Deutungshypothese
3. Charakterisierung der dramatischen Figuren und ihres Denkens und Handelns
4. Interpretation der Struktur und des Verlaufs des Dialogs bzw. Monologs
5. Untersuchung und Deutung der Sprache der Figuren

1. Notieren Sie in Stichworten die Grunddaten zur vorliegenden Szene „Antigone und Kreon".

Beteiligte Figuren: ______________________________

Ort und Zeitpunkt des Gesprächs: ______________________________

Gesprächsanlass: ______________________________

____

Gesprächsinhalt und Anliegen der Figuren: ______________________________

____

2. Notieren Sie Ihren ersten Eindruck zu den handelnden Figuren in der oberen Zeile der Tabelle.

Kreon	Antigone

3. Ergänzen Sie in der zweiten Zeile der obigen Tabelle Eigenschaften, die Sie den beiden Charakteren zuweisen würden. Überlegen Sie hierzu, welche der folgenden Vorschläge zu Ihrer Wahrnehmung der Figuren passen, und tragen Sie die Adjektive entsprechend ein.

unsicher • stark • schwach • starrsinnig • kompromissbereit • realistisch • idealistisch • hochmütig • mutig • entschlossen • dynamisch • klug • weitsichtig • egoistisch • altruistisch • sympathisch • unsympathisch • machtbesessen • abwägend • kämpferisch • resigniert • provozierend

4. Formulieren Sie in Ihren Unterlagen eine Deutungshypothese zu der Szene. Berücksichtigen Sie dazu auch, wie der Sprecher Kreon und Antigone im ersten Ausschnitt (S. 56 oben) einführt, und die Erwartungen, die eine Deutungshypothese erfüllen soll: Sie soll ausgehend davon, wovon der Text handelt, einen ersten Interpretationsansatz liefern, wie Sie den Text verstehen und interpretieren. Diese Deutungshypothese muss in der schriftlichen Arbeit dann in den folgenden Abschnitten argumentativ gestützt werden.

Bei der Bearbeitung der folgenden Aufgaben haben Sie Ihre Deutungshypothese immer im Blick und überprüfen diese.

Den Aufbau und den Gesprächsverlauf einer Szene untersuchen

5. Erklären Sie den Aufbau der Szene, indem Sie folgende Sinnabschnitte gemäß ihrer Reihenfolge sortieren, die Zeilenzahlen ergänzen und jedem Abschnitt eine Funktion zuweisen.

A Kreons monologartige, emotional erregte Bitte um Verständnis (Z. ______ bis Z. ______)

Funktion: ____

B Kreon als ängstlicher Herrscher und Antigones Spott darüber (Z. ______ bis Z. ______)

Funktion: ____

C Ablehnung der Bitte Kreons (Z. ______ bis Z. ______)

Funktion: ____

D Streit zwischen Kreon und Antigone (Z. ______ bis Z. ______)

Funktion: ____

Reihenfolge: ____

6. Untersuchen Sie den Gesprächsverlauf und das Gesprächsverhalten zwischen Kreon und Antigone, indem Sie die Tabelle ergänzen, sowohl inhaltlich, als auch mit Textverweisen (Zeilenangaben) und Zitaten zum Bekräftigen und Belegen Ihrer Aussagen.

Untersuchungsfragen	Kreon	Antigone
Wie sind die Redeanteile verteilt?		
Wer ergreift die Initiative, wer lenkt das Gespräch?		Sie beginnt das Gespräch mit einer Analyse von Kreons Handlungsweise (vgl. Z. 2 ff.) und wirft ihm dann Ängstlichkeit vor (vgl. Z. 5) …

Untersuchungsfragen	Kreon	Antigone
Wie reagieren die Figuren aufeinander? Gehen die Figuren aufeinander ein?	Er geht auf Antigone ein und gibt seine Angst zu: „Ja … gut, ich habe Angst." (Z. 7)	
Welche Bedeutung haben die Regieanweisungen?		Sie *„schüttelt den Kopf"* (Z. 40) – Das betont auch körpersprachlich ihre Ablehnung von Kreons Bitte um Verständnis seiner Situation.
Welche Absichten und Strategien verfolgen die Protagonisten?	Sein Ziel ist, Antigone zum Einlenken zu bewegen, er will ihren Tod verhindern, dazu muss sie aber mit ihm kooperieren. Er erreicht sein Ziel nicht: Antigone: „Ich will nicht verstehen!" (Z. 40)	

7. Kreuzen Sie die Aussagen an, die Ihrer Meinung nach richtig sind:

- ☐ Das Gespräch zwischen Kreon und Antigone ist ein Überzeugungsdialog, da Kreon Antigone von der Notwendigkeit des Nachgebens zu überzeugen versucht.
- ☐ Das Gespräch zwischen Kreon und Antigone ist ein Konfliktdialog, da beide sich ohne Einigung darüber streiten, wie die Situation zu lösen sei.
- ☐ Das Gespräch zwischen Kreon und Antigone ist ein Enthüllungsdialog, da Antigone Kreon enthüllt, dass sie nicht nachgeben wird.
- ☐ Kreon ist in diesem Gespräch Antigone überlegen, da er älter ist als sie, außerdem Mann und König.
- ☐ Antigone ist in diesem Gespräch überlegen, da sie die Tochter des verstorbenen Königs ist.
- ☐ Beide reden gleichberechtigt miteinander, keiner gibt nach oder ist in einer unterlegenen Position.
- ☐ Da Antigone anscheinend ihren Tod will, nützt Kreon seine scheinbar überlegene Position als König und Herr über ihr Leben nichts.

Die sprachliche Gestaltung eines Dramas untersuchen

Wissen und Können

Für die Interpretation einer Dramenszene ist es wichtig, auch die **sprachlichen Besonderheiten** des Textes genauer zu untersuchen. Dies bedeutet, dass man in der Regel darauf achtet, wie die **Redebeiträge der einzelnen Figuren** sprachlich gestaltet sind, z. B. mit Blick auf die **Wortwahl**, die **Stilebene** oder die Verwendung **sprachlich-stilistischer Mittel**. Die **Charakterisierung der Figuren** erfolgt in einem Drama oft auch darüber, wie diese sprechen.

8. In seiner Rede verwendet Kreon die Metapher von einem Schiff, um seine Auffassung vom Staat einerseits und der Aufgabe der Regierung desselben andererseits zu veranschaulichen. Untersuchen Sie, welche Bedeutungsnuancen Anouilh dieser Metapher verleiht, indem Sie die folgenden Bildbereiche auflösen.

Wasser dringt ein (vgl. Z. 24)	**„Das Steuerruder schlägt hin und her“ (Z. 25)**	**„die Mannschaft lungert herum“ (Z. 25)**
Die Macht unerwünschter und ggf. destruktiver Einflüsse (z. B. Dummheit, Elend)		
„die Herren Offiziere bauen sich schon ein kleines, sicheres Floß“ (Z. 26)	**„Der Mast kracht, der Sturm heult, die Segel zerreißen“ (Z. 28)**	**„die ganze Bande wird jämmerlich verrecken“ (Z. 28 f.)**

9. Untersuchen Sie, welche rhetorischen Mittel Antigone in den beiden Beispielen einsetzt, und erläutern Sie Funktion und Wirkung.

a) „Armer Kreon“ (Z. 15) __________

b) „Mit meinen verrissenen, erdigen Fingernägeln, mit den blauen Flecken am Arm vom harten Griff deiner Wächter und mit meiner ganzen Angst, die mir die Eingeweide zerwühlt, bin ich doch Königin.“ (Z. 15 ff.) __________

Den Konflikt deuten und die Interpretation schreiben

10. Untersuchen Sie, welche Auffassung vom Staat und von der Aufgabe der Regierung Kreon hat.

11. Arbeiten Sie heraus, mit welcher Haltung Kreon sein Herrscheramt ausübt. Benennen Sie die Konsequenzen, die Kreon aus der Erkenntnis zieht, in einer schwierigen Situation sein Amt übernommen zu haben.

12. Deuten Sie Antigones Aussage, Kreon werde für sein Ja-Sagen „immer bezahlen müssen“ (Z. 21), und untersuchen Sie, inwieweit Kreon sich bewusst ist, dass seine Herrscherposition auch Nachteile mit sich bringt.

13. Schreiben Sie, ausgehend von Ihren Ergebnissen auf den vorangegangenen Seiten, eine Interpretation der Dramenszene. Orientieren Sie sich dabei an den Informationen auf S. 55. Schreiben Sie in Ihr Heft.

14. Überarbeiten Sie Ihren Text. Nutzen Sie dazu beispielsweise die Anregungen auf der Seite 105.

Epochen kennen

Die Weimarer Klassik

Goethes Abkehr von Einstellung und Darstellungsweise des „Sturm und Drangs" wird durch seine Bearbeitung des Iphigenie-Stoffes ab 1779 deutlich. Auf der Reise nach Italien bringt er „Iphigenie auf Tauris" in die endgültige Fassung und plant ein zweites Iphigenie-Drama, das die Rückkehr von Orest und Iphigenie nach Griechenland darstellen sollte, wo sie ihre Schwester Elektra treffen, die sie zunächst nicht erkennt. Im seinem Reisetagebuch hält Goethe den Plan zu diesem Stück fest, den er dann aber später nicht mehr ausführt. Die Umgestaltung des antiken Stoffes im Sinne eines Entwurfs der Humanität wird aber auch in diesem Plan erkennbar.

1. Goethe verfasst mit „Iphigenie auf Tauris" wieder ein Stück, das die Regeln zu den drei Einheiten (Zeit, Ort, Handlung) einhält, die er zuvor in anderen Texten (etwa in seiner Rede zum Shakespeare-Tag und dem Drama „Götz von Berlichingen") abgelehnt hatte. Nennen Sie dramentechnische und literaturgeschichtliche Gründe für diese Abkehr.

Johann Wolfgang von Goethe (1749 – 1832)

Italienische Reise. Ferrara bis Rom. 19.10.1786

Elektra, in gewisser Hoffnung, dass Orest das Bild der Taurischen Diana nach Delphi bringen werde, erscheint in dem Tempel des Apoll und widmet die grausame Axt, die so viel Unheil in Pelops' Hause[1] angerichtet, als schließliches Sühnopfer dem Gotte. Zu ihr tritt, leider, einer der Griechen und erzählt, wie er Orest und Pylades nach Tauris begleitet, die beiden Freunde zum Tode führen sehen und sich glücklich gerettet. Die leidenschaftliche Elektra kennt sich selbst nicht und weiß nicht, ob sie gegen Götter oder Menschen ihre Wut richten soll.
Indessen sind Iphigenie, Orest und Pylades gleichfalls zu Delphi angekommen. Iphigeniens heilige Ruhe kontrastiert gar merkwürdig mit Elektrens irdischer Leidenschaft, als die beiden Gestalten wechselseitig unerkannt zusammentreffen. Der entflohene Grieche erblickt Iphigenien, erkennt die Priesterin, welche die Freunde geopfert, und entdeckt es Elektren. Diese ist im Begriff, mit demselbigen Beil, welches sie dem Altar wieder entreißt, Iphigenien zu ermorden, als eine glückliche Wendung dieses letzte schreckliche Übel von den Geschwistern abwendet. Wenn diese Szene gelingt, so ist nicht leicht etwas Größeres und Rührenderes auf dem Theater gesehen worden.

2. Erläutern Sie den Konflikt, den Goethe in seinem Plan zu Iphigenie in Delphi gestalten wollte.

3. Dieser Konflikt sollte durch eine „glückliche Wendung" gelöst werden. Wie könnte eine solche im Sinne einer Utopie der Humanität aussehen? Stellen Sie begründete Vermutungen dazu an.

[1] **Pelops' Haus:** Pelops, Stammvater der Familie von Iphigenie, der bereits Familienmitglieder tötete

Die Frage, wie ein menschliches, „humanes“ Zusammenleben in Freiheit erreicht werden kann, bewegt die Menschen am Ende des 18. Jahrhunderts in besonderer Weise. Überkommene Anschauungen und Legitimationen bestehender Verhältnisse werden durch die sich beschleunigenden Entwicklungen in der Gesellschaft, der Revolution der Produktionsweisen und der Zuspitzung politischer Konflikte brüchig. In der Französischen Revolution ab 1789 etwa finden diese Entwicklungen ihren manifesten Ausdruck. Von den einen als Befreiung, von anderen als Bedrohung angesehen, verstärken die Umwälzungen der Revolution in jedem Fall das Bewusstsein der Menschen, in einer Zeit der Krisen zu leben. In dieser Umbruchzeit setzen die Autoren der Weimarer Klassik auf Evolution, also auf Bildung und Erziehung vor allem auch durch Literatur und Kunst.

Friedrich Schiller (1759 – 1805)

Der Antritt des neuen Jahrhunderts. An ***

Friedrich Schiller veröffentlicht dieses Gedicht in einer literarischen Zeitschrift zum Jahres- und Jahrhundertwechsel. Der Untertitel „An***“ bezieht sich auf einen nicht weiter benannten Adressaten.

Edler Freund! Wo öffnet sich dem Frieden,
Wo der Freiheit sich ein Zufluchtsort?
Das Jahrhundert ist im Sturm geschieden,
Und das neue öffnet sich mit Mord.

Und das Band der Länder ist gehoben,
Und die alten Formen stürzen ein;
Nicht das Weltmeer hemmt des Krieges Toben[1],
Nicht der Nilgott und der alte Rhein.

Zwo gewaltige Nationen[2] ringen
Um der Welt alleinigen Besitz,
Aller Länder Freiheit zu verschlingen,
Schwingen sie den Dreizack und den Blitz[3].

Gold muss ihnen jede Landschaft wägen,
Und, wie Brennus[4] in der rohen Zeit,
Legt der Franke seinen ehrnen Degen[5]
In die Waage der Gerechtigkeit.

Seine Handelsflotten streckt der Britte
Gierig wie Polypenarme[6] aus,
Und das Reich der freien Amphitrite[7]
Will er schließen wie sein eignes Haus.

Zu des Südpols nie erblickten Sternen
Dringt sein rastlos ungehemmter Lauf[8],
Alle Inseln spürt er, alle fernen
Küsten – nur das Paradies nicht auf.

Ach umsonst auf allen Länderkarten
Spähst du nach dem seligen Gebiet,
Wo der Freiheit ewig grüner Garten,
Wo der Menschheit schöne Jugend blüht.

Endlos liegt die Welt vor deinen Blicken,
Und die Schifffahrt selbst ermisst sie kaum;
Doch auf ihrem unermessnen Rücken
Ist für zehen Glückliche nicht Raum.

In des Herzens heilig stille Räume
Musst du fliehen aus des Lebens Drang,
Freiheit ist nur in dem Reich der Träume,
Und das Schöne blüht nur im Gesang.

(1801)

1. Erläutern Sie in Ihren Unterlagen die Sprech-/Rede-Situation in diesem Gedicht von Friedrich Schiller: Wer spricht zu wem über was?

2. Zeigen Sie auf, welche Leitmotive der Klassik in diesem Gedicht erkennbar werden.

[1] **Krieges Toben:** spielt auf den Krieg zwischen Frankreich und England an, wo um die Herrschaft auf den Weltmeeren und den Kolonien gekämpft wurde.
[2] **zwo gewaltige Nationen:** gemeint sind Frankreich und England
[3] **Dreizack und den Blitz:** Symbole für See- und Landkriege
[4] **Brennus:** gallischer Heerführer, der im 4. Jhdt. Rom zerstören und plündern ließ
[5] **ehrnen Degen:** eiserner Degen
[6] **Polypenarme:** Arme eines Seeungeheuers
[7] **Amphitrite:** Meeresgöttin in der griechischen Mythologie, Gattin des Poseidon
[8] **ungehemmter Lauf:** Entdeckungsfahrten

Zentrale Strömungen realistischer Literatur im 19. Jahrhundert

Wissen und Können

Verschiedene realistische Strömungen kennzeichnen die Literatur nach der Romantik, wobei diese Strömungen (u. a. Biedermeierliteratur, Junges Deutschland und Vormärz, poetischer Realismus) gemeinsam haben, dass sie sich auf die vorhandene Realität beziehen: Wirklichkeitsnähe, Lebensechtheit, Widerspiegelung der Alltagswelt sind gefordert, außerdem Beispielhaftigkeit, Verdichtung, Verklärung („poetischer Realismus“) im Sinne eines poetischen Mehrwerts, der das gewöhnliche Bild der Erscheinungen übersteigt. Die Wirklichkeit soll durch Auswahl und Konzentration auf Details entstehen, die Distanzierung des Autors wird gefordert.

Theodor Fontane (1819 – 1898)

Mathilde Möhring (1. Kapitel)

Hugo Großmann, Jurastudent mit Hang zur Literatur und Bühne, mietet sich bei Möhrings zur Untermiete ein. Mathilde nimmt sich energisch und zielstrebig seiner an; sie führt ihn zum Examen und er heiratet sie. Es gelingt Mathilde, ihrem Mann gesellschaftliche Anerkennung zu verschaffen, beide etablieren sich in gehobeneren Kreisen einer westpreußischen Kleinstadt, in der Hugo Bürgermeister wird. Hugo stirbt bald und Mathilde geht als Lehrerin nach Berlin zurück.

Möhrings wohnten Georgenstraße 19 dicht an der Friedrichsstraße. Wirt war Rechnungsrat Schultze, der in der Gründerzeit mit dreihundert Talern spekuliert und in zwei Jahren ein Vermögen erworben hatte. Wenn er jetzt an seinem Ministerium vorüberging, sah er immer lächelnd hinauf und sagte: „Gu'n Morgen, Exzellenz Gott, Exzellenz.“ Wenn Exzellenz fiel, und alle Welt wunderte sich, dass er noch nicht gefallen sei, so stand er, wie Schultze gern sagte, vis-à-vis de rien[1], höchstens Oberpräsident in Danzig. Da war er besser dran, er hatte fünf Häuser, und das in der Georgenstraße war beinah schon ein Palais, vorn kleine Balkone von Eisen mit Vergoldung. Was anscheinend fehlte, waren Keller und natürlich auch Kellerwohnungen, stattdessen lagen kleine Läden, ein Vorkostladen, ein Barbier-, ein Optikus und ein Schirmladen in gleicher Höhe mit dem Straßenzug, wodurch die darüber gelegene Wirtswohnung jenen à-deux-mains-Charakter[2] so vieler neuer Berliner Häuser erhielt. War es Hochparterre oder war es eine Treppe hoch? Auf Schultzes Karte stand: Georgenstraße 19 I, was jeder gelten ließ mit Ausnahme Möhrings, die, je nachdem diese Frage entschieden wurde, drei oder vier Treppen hoch wohnten, was neben der gesellschaftlichen auch eine gewisse praktische Bedeutung für sie hatte.

Möhrings waren nur zwei Personen, Mutter und Tochter; der Vater, Buchhalter in einem Kleider-Exportgeschäft, war schon sieben Jahre tot und war am Palmsonnabend gestorben, einen Tag vor Mathildens Einsegnung[3]. Der Geistliche hatte daraufhin eine Bemerkung gemacht, die bei Mutter und Tochter noch fortlebte. Ebenso das letzte Wort, das Möhring Vater an seine Tochter gerichtet hatte: „Mathilde, halte dich propper.“ Pastor Neuschmidt, dem es gesagt wurde, war der Meinung, der Sterbende habe es moralisch gemeint, Schultzes, die auch davon gehört hatten und neben dem Geld- und Rechnungsrat-Hochmut natürlich auch noch den Wirtshochmut hatten, bestritten dies aber und brachten das Wort einfach in Zusammenhang mit dem Kleider-Exportgeschäft, in dem sich der Gedankengang des Alten bewegt habe; es solle soviel heißen wie: „Kleider machen Leute“.

Damals waren Möhrings eben erst eingezogen, und Schultze sah den Tod des alten Möhring, der übrigens erst Mitte vierzig war, ungern. Als man den Sarg auf den Wagen setzte, stand er

1 **vis-à-vis de rien:** dem Nichts gegenüber
2 **jenen à-deux-mains-Charakter:** jenen Doppelcharakter, jenes ungewisse Aussehen (bei dem man zweifelt, ob es sich um Parterre oder ersten Stock handelt)
3 **Einsegnung:** Konfirmation

am Fenster und sagte zu seiner hinter ihm stehenden Frau: „Fatale Geschichte. Die Leute haben natürlich nichts, und nu war vorgestern auch noch die Einsegnung. Ich will dir sagen, Emma, wie's kommt, sie werden vermieten, und weil es eine Studentengegend ist, so werden sie's an einen Studenten vermieten, und wenn wir dann mal spät nach Hause kommen, liegt er auf dem Flur, weil er die Treppe nicht hat finden können. Ich bitte dich schon heute, erschrick nicht, wenn es vorkommt, und kriege nicht deinen Aufschrei." Als Schultze diesen Satz geendet, fuhr draußen der Wagen fort.

Die Befürchtungen Schultzens erfüllten sich und auch wieder nicht. Allerdings wurde Witwe Möhring eine Zimmervermieterin, ihre Tochter aber hatte scharfe Augen und viel Menschenkenntnis, und so nahmen sie nur Leute ins Haus, die einen soliden Eindruck machten. Selbst Schultze, der Kündigungsgedanken gehabt hatte, musste das nach Jahr und Tag zugeben, bei welcher Gelegenheit er nicht unterließ, den Möhrings überhaupt ein glänzendes Zeugnis auszustellen. „Wenn ich bedenke, Buchhalter in einer Schneiderei, und die Frau kann doch auch höchstens eine Müllertochter sein, so ist es erstaunlich. Manierlich, bescheiden, gebildet. Und das Mathildchen, sie muss nu wohl siebzehn sein, immer fleißig und grüßt sehr artig. Ein sehr gebildetes Mädchen."

Das war nun schon wieder sechs Jahr her, und Mathildchen war nun eine richtige Mathilde von dreiundzwanzig. Das heißt, eine so ganz richtige Mathilde war sie doch nicht, dazu war sie zu hager und hatte einen grisen[1] Teint. Und auch das aschblonde Haar, das sie hatte, passte nicht recht zu einer Mathilde. Nur das Umsichtige, das Fleißige, das Praktische, das passte zu dem Namen, den sie führte. [...] Mathilde hielt auf sich, das mit dem „propper" hatte sich ihr eingeprägt, aber sie war trotzdem nicht recht zum Anbeißen, was doch das eigentlich Appetitliche ist, sie war sauber, gut gekleidet und von energischem Ausdruck, aber ganz ohne Reiz. Mitunter war es, als ob sie das selber wisse, und dann kam ihr ein gewisses Misstrauen, nicht in ihre Klugheit und Vortrefflichkeit, aber in ihren Charme, und sie hätte dies Gefühl vielleicht großgezogen, wenn sie sich nicht in solchen kritischen Momenten eines unvergesslichen Vorgangs entsonnen hätte. [...] Einer der Kegelspieler sagte: „Sie hat ein Gemmengesicht[2]." Von diesem Worte lebte sie seitdem. [...] Und durfte es auch; sie hatte wirklich ein Gemmengesicht, und auf ihre Fotografie hin hätte sich jeder in sie verlieben können, aber mit dem edlen Profil schloss es auch ab, die dünnen Lippen, das spärlich angeklebte, aschgraue Haar, das zu klein gebliebne Ohr, daran allerhand zu fehlen schien, alles nahm dem Ganzen jeden sinnlichen Zauber, und am nüchternsten wirkten die wasserblauen Augen. *(1891)*

1. Interpretieren Sie den Anfang des Fontane-Romans „Mathilde Möhring" und setzen Sie ihn in Bezug zu anderen Fontane-Romananfängen, die Sie kennen, z. B. zum Anfang von „Effi Briest". Schreiben Sie in Ihr Heft.

2. Erläutern Sie, inwieweit sich am Text Fontanes Vorstellung von „Realismus" zeigt. Sie können dazu den Text im Lehrwerk auf der Seite 227 nutzen.

3. Vergleichen Sie Mathilde wahlweise mit einer anderen literarischen Frauenfigur, z. B. Tony („Buddenbrooks", S. 109 f.), Gilgi („Gilgi – eine von uns", S. 67 f.).

[1] **gris:** fahl, grau
[2] **Gemme:** Schmuckstein mit eingeschnittenem Bild, der als Brosche oder Kette getragen wird

Strömungen in der Moderne

Die literarische Moderne zeichnet sich durch eine Vielfalt von Strömungen aus. Auf den nächsten Seiten beschäftigen Sie sich exemplarisch mit zwei dieser Strömungen.

Wissen und Können

Die kurze Epoche des **Expressionismus** zwischen 1910 und 1925 war geprägt von tiefgreifenden Umbrüchen mit politischen Krisen, dem Ersten Weltkrieg und Revolutionen. Die Folgen der Industrialisierung und das moderne Großstadtleben sowie Angst vor Identitätsverlust, vor Krieg und allgemeinem Zerfall waren die vorherrschenden Themen der zeitgenössischen Literatur.

1. Lesen Sie das Gedicht mehrere Male aufmerksam durch. Achten Sie dabei auf inhaltliche und stilistische Auffälligkeiten und vervollständigen Sie die Markierungen und Notizen.

Jakob van Hoddis

Stadt

Wie schön ist diese stolze Stadt der Gierde!
Ihr Elend und geschmähter Überfluss
Und schwerer Straßen sehr verzerrte Zierde.

Schamloser Tag entdeckt dir die Konturen.
Die Häuser stehn befleckt mit Staub und Ruß,
Es flirrt um Eilende und Wagenhaufen
Furchtsame Weiber, Männer, blasse Huren ...

Ich starre lange in die schnelle Pracht
Ein Dumpfes ahnend drunten im Gedränge -
Ich weiß, wie sie des blöden Tages Strenge
Gewaltig preisen: dass er herrschen macht.

(Es zieht sie nur zur wohlumbauten Enge.)

Komm! Lass uns warten auf die kranke Nacht
Der schweren dröhnenden Gedankenpränge.

(1907 – 1909)

Notizen

positiv konnotierte Adjektive und Nomen
→ Die Schönheit der Stadt wird hervorgehoben
negativ konnotierte Adjektive und Nomen
→ Kritische Haltung gegenüber dem Reichtum der Stadt. Der positive Eindruck zu Beginn wird brüchig (ironisch gemeint?)
Steigerung

2. Formulieren Sie auf der Grundlage Ihrer Markierungen eine Deutungshypothese.

3. Vervollständigen Sie die Analyse- und Interpretationsskizze:

Analyse- und Interpretationsskizze

	Form	1. Strophe	2. Strophe	3. Strophe	4. Strophe	5. Strophe
Analyse	Metrum					
	Satzbau					
	Wortwahl					
	Gegensätze					
	Sprachliche Bilder					
Deutung	Aussage					

4. Ordnen Sie das Gedicht auf der Grundlage Ihrer Ergebnisse begründet der Epoche des Expressionismus zu.

Wissen und Können

Der Begriff **Neue Sachlichkeit** beschreibt eine literarische Strömung als Reaktion auf den oft pathetischen, irrationalen Spätexpressionismus. Stark beeinflusst durch den funktionalen, sachlichen Stil der Architektur des Bauhauses kehrt sie zurück zur zeitgenössischen Gegenwart mit ihren sozialen und politischen Problemen. Themen wie Großstadt- und Angestelltenleben, Welt der so genannten „Neuen Frau", Kriegs- und Nachkriegserfahrungen aus dem Ersten Weltkrieg, soziale Fragen und die Wirtschaftskrise sind dominierend. Das Interesse am Inhalt übersteigt das an der Form: Tatsachenorientierte, oft dokumentarische Literatur entsteht mit der Folge eines kulturellen Pluralismus und der Dominanz des Politischen und Ideologischen vor der künstlerischen Gestaltung.

Irmgard Keun (1905 – 1982)

Gilgi – eine von uns

Gilgi arbeitet als Stenotypistin in einem Büro in Köln. Ihr Chef ist Herr Reuter. Sie ist mit ihm und ihrer Arbeit unzufrieden und bildet sich nach der Arbeit fort, um Karriere machen zu können. Der Textausschnitt zeigt eine Szene am Abend, als Herr Reuter Gilgi ins feine Domhotel zum Essen eingeladen hat. Gilgi bittet ihre Freundin Olga vorbeizukommen und ihr Herrn Reuter „abzunehmen".

„Du wolltest mich doch um was bitten, Gilgi?"

„Ja. Du musst mir einen Mann abnehmen."

„Ist er nett?"

„Bessere Konfektionsware – nichts für dich."

„Was soll ich dann mit ihm?"

„Er ist mein Chef, ist verliebt. Wenn er merkt, dass ich ihn nicht mag, hab' ich muffige Luft auf dem Büro. Du musst ihn von mir ablenken."

„Na ja. Wenn er aber in dich verliebt ist, wird er sich doch von mir nicht ..." Gilgi macht ihr weltweisestes Gesicht.

„Der ist nicht speziell in mich, der ist an und für sich verliebt in der letzten Zeit – ganz allgemein. Ich bin Zufallsobjekt, eine Einbildung ..."

„Wie sollen wir's denn machen?" Gilgi erklärt Olga kurz ihren Plan, Olga ist einverstanden – nur: „Werd' ich ihn denn auch wieder los?"

„Ach, Olga!" Gilgi schwingt sich auf den Schreibtisch, „du bist doch viel mehr Dame als ich – nein, nicht weil du schon fünfundzwanzig bist – an und für sich. Bei dir wird einer nicht gleich so brenzlig wie bei mir kleinem Mädchen, außerdem kannst du nach vierzehn Tagen Abreise vortäuschen." Olga macht eine Handbewegung, die ausdrücken soll, dass sie sich einer derartigen Situation bis zum Überdruss gewachsen fühlt.

Irgendwo in Köln liegt Herr Reuter (Strumpfwaren und Trikotagen en gros) im frauenverlassenen Ehebett, leidet an Schlaflosigkeit und am Um-zehn-Jahre-jünger-sein-Gefühl. [...]

Im Mansardenzimmer in der Mittelstraße stellt Gilgi das Grammofon an, Olga legt die Platte auf: ... wenn du mal in Hawaii bist, und wenn ... Beide finden das Thema Reuter nicht interessant genug, um noch eine Minute länger darüber zu sprechen.

Am Sonntag sitzen Gilgi und Herr Reuter zusammen im „Domhotel". Gilgi hat das Gefühl, zu Abend gegessen, Herr Reuter hat das Gefühl, soupiert[1] zu haben. Sie trinken Haut-Sauternes[2]. Von Glas

Imre Goth: Junge Frau mit Zigarette, 1930

[1] **soupieren:** zu Abend essen

[2] **Haut-Sauternes:** französischer Weißwein

zu Glas verkleinern sich Herrn Reuters schwärzliche Korinthenaugen um Millimeterbruchteile. Gilgis kleine Brüste zeichnen sich deutlich unter dem taubenblauen Samtkleid ab und überzeugen Herrn Reuter, dass Gilgi „die“ Frau ist, die ihn versteht. Er sagt es und glaubt, was er sagt. Er breitet sein Innenleben vor ihr aus wie eine offene Skatkarte. So ist er. Gilgi nimmt zur gefälligen Kenntnis, höflich und mäßig interessiert. Armer Idiot, wenn du ein Junger wärst, brauchte man keine Zeit mit dir zu verlieren. Hör auf, nicht soviel Lyrik, passt nicht zu deinem Pickel am Kinn.

Armer Alter, deine Mischung barock-merkantil verträgt kein glattes Nein. Also! Schließlich kommt's mir einzig auf mich an, nicht wahr? Auf die hundertfünfzig Mark, die ich monatlich bei dir auf dem Büro verdiene, auf ungestörte Arbeit. Bei meiner Arbeit kann ich Ihren Gemütszucker nicht vertragen, mein Herr – also!

„Prost!“ – „Prost!“ Klink-klink. Herr Reuter hält Gilgis Hand. Man sollte nicht soviel reden, man sollte jetzt ... nicht mehr soviel reden. So viele Leute um einen herum. Ja, wenn man bedenkt, dass sie alle Strümpfe brauchen und Trikotagen, dann muss man sie nett finden und gern haben.

„Haroba (Herr Ober), noch 'ne Flasche!“ Gilgi überhört die Aufforderung Herrn Reuters, ihn du zu nennen, am Ende soll sie nachher auch noch Friedrich zu ihm sagen.

Eine Dame geht suchend an den Tischen vorbei. Eine schöne Dame, eine leuchtende Dame.

„Eine Bekannte“, haucht Gilgi. Höchste Zeit, Olga! funkt sie mit dem linken Auge.

„Guten Abend, Fräulein Kron.“

„Guten Abend, Fräulein Jahn. Darf ich bekannt machen ...“

„Sehr angenehm“, lügt Herr Reuter.

„Mit Bekannten verabredet – nach dem Theater – noch nicht da – so peinlich –“ Olga macht hilflose Augen, ihre Marzipanfinger streicheln zärtlich den teuren Fehpelz, von dem erst die dritte Rate bezahlt ist. [...] „Wenn Sie solange hier Platz nehmen wollen“, kommt Herr Reuter zu Hilfe. Er ist Kavalier. Nicht gern. „Wenn ich darf! Handelt sich ja nur um einen Augenblick.“ Olga sieht Herrn Reuter unendlich dankbar an. Er hilft ihr aus dem Mantel. Er ist Kavalier. Nicht ungern. Er merkt, dass andere Männer ihn beneiden, als Olga sich an seinen Tisch setzt. Angebot erhöht die Nachfrage, Herr Reuter findet Olga schön. Trotzdem stört sie ihn, denn Gilgis kleine, braune Hand ist jetzt unerreichbar weit fort. [...]

Gilgi geht zur Telefonzelle, um nach Hause zu telefonieren. Als sie wiederkommt, empfindet Herr Reuter Olga nicht mehr als störend. Herr Reuter erinnert sich, dass eigentlich „blond“ sein Typ ist. Er wird geistreich. Olga sieht ihn bewundernd an, und Herr Reuter ist überzeugt, sich sein Leben lang unterschätzt zu haben. Gilgi ist ein unscheinbares, kleines Mädchen. Herr Reuter erinnert sich an etwas verrostete Prinzipien: mit Angestellten keine Liebschaften anfangen und so weiter.

Gilgi geht für zehn Minuten ins Vestibül[3], um nach einer Zeitung zu suchen. Durch cremefarbene Spitzen schimmert Olgas frische, rosige Blondinenhaut und überzeugt Herrn Reuter, dass Olga „die“ Frau ist, die ihn versteht.

Eine halbe Stunde später bringt er erst Gilgi, dann Olga nach Hause.

(1932)

1. Interpretieren Sie in Ihren Unterlagen den vorliegenden Romananfang.

2. Gilgi und Olga repräsentieren im Auftreten, Verhalten und ihren Einstellungen Männern gegenüber den Frauentypus der so genannten „Neuen Frau“. Erläutern Sie dies am Text.

[3] **Vestibül:** Eingangshalle, Foyer

Literatur nach 1945

Wissen und Können

Die **Literatur nach 1945** wird gekennzeichnet durch vielfältige Schreibweisen und poetologische Konzepte. Mit den Begriffen Nachkriegsliteratur („Trümmerliteratur"), Phase des Wirtschaftwunders und des Krisenbewusstseins, Politisierung der Literatur, Literatur des Alltags und der neuen Innerlichkeit sowie Literatur in der DDR kann man die verschiedenen Abschnitte in der Literatur seit 1945 umreißen.

Günter Kunert (1929–2019)

Der Schatten

In Hiroshima zeigt man einen Brückenbogen,
Daran der Schatten eines Menschen ist.
Der diesen Schatten warf, der fehlt, und wisst:
Seitdem die Überbombe kam geflogen.

Sie barst. Und einer Sonne Hitzewogen
Verdampften jenen schnell und ohne Frist
Für Abschiedsworte, die die Welt vergisst,
Und von ihm blieb, was in den Stein gezogen.

Doch wer der Unbekannte einmal war,
Weiß keiner, denn in seiner Todesstunde
Starb ebenfalls die Stadt mit Haut und Haar.

Dass nicht gleich ihm wir gehen so zugrunde,
Spricht uns sein stummer Schatten von Gefahr:
Wir sind das Fleisch. Er ist die offne Wunde.

(1963)

Atompilz und Bild von Hiroshima kurz nach dem Atombombenabwurf 1945

1. Lassen Sie die Bilder eine Zeit lang auf sich wirken. Welche Empfindungen und Gedanken verbinden Sie mit ihm? Notieren Sie spontan Ihre Eindrücke.

2. Ermitteln Sie Daten und Fakten zu den Atombombenabwürfen über Hiroshima und Nagasaki am 6. und 9. August 1945.

3. Interpretieren Sie in Ihren Unterlagen das Gedicht „Der Schatten" von Günter Kunert.

4. Wählen Sie einen der beiden Arbeitsaufträge aus:

- Zeigen Sie ausgehend von Ihren Ergebnissen vergleichend auf, wie das Thema „Erinnerung an eine leidvolle Geschichte" in einem anderen literarischen Text gestaltet wird.
  Tipp: Sie können das Gedicht zum Beispiel mit dem Gedicht „Hiroshima" von Marie-Luise Kaschnitz vergleichen.
- Zeigen Sie ausgehend von Ihren Ergebnissen auf, in welcher Weise das Gedicht Themen und Motive der Literatur nach 1945 aufgreift.

Kurzprosa von Günter Kunert

Günter Kunert wurde am 6. März 1929 als Sohn einer jüdischen Mutter in Berlin geboren. Diskriminiert durch die faschistischen Rassengesetze durfte Günter Kunert als sog. „Halbjude“[1] keine höhere Schule besuchen. Schon früh begann er, Gedichte zu schreiben, in denen er sich mit den Grausamkeiten der Nationalsozialisten auseinandersetzte. 1976 wurde Günter Kunert Mitglied in der Akademie der Künste in Ostberlin, wurde aber wieder ausgeschlossen, da er gegen die Ausbürgerung des Liedermachers Wolf Biermann öffentlich protestierte. 1979 verließ Kunert mit seiner Frau die DDR und siedelte in die Bundesrepublik über. Nachfolgend widmete er sich hauptsächlich der Malerei und Grafik. 1985 hielt er die bekannten Frankfurter Poetik-Vorlesungen. Günter Kunert wurde ein vielfach ausgezeichneter Dichter, Schriftsteller und Künstler.

An einem sonnigen Morgen stößt ein Jemand innerhalb seiner Wohnung auf ein amtliches Schreiben: es liegt auf dem Frühstückstisch neben der Tasse. Wie es dahin kam, ist ungewiss. Kaum geöffnet, überfällt es den Lesenden mit einer Aufforderung:

Sie haben sich, befiehlt der amtliche Druck auf dem grauen, lappigen Papier, am 5. November des laufenden Jahres morgens acht Uhr in der Herrentoilette des Zentralbahnhofes zwecks Ihrer Hinrichtung einzufinden. Für Sie ist Kabine 18 vorgesehen. Bei Nichtbefolgung dieser Aufforderung kann auf dem Wege der verwaltungsdienstlichen Verordnung eine Bestrafung angeordnet werden. Es empfiehlt sich leichte Bekleidung, um einen reibungslosen Ablauf zu garantieren.

Wenig später taucht der solchermaßen Betroffene verzagt bei seinen Freunden auf. Getränke und Imbiss lehnt er ab, fordert hingegen dringlich Rat, erntet aber nur ernstes und bedeutungsvolles Kopfschütteln. Ein entscheidender Hinweis, ein Hilfsangebot bleibt aus. Heimlich atmet man wohl auf, wenn hinter dem nur noch begrenzt Lebendigen die Tür wieder zufällt, und man fragt sich, ob es nicht schon zu viel gewesen ist, sie ihm überhaupt zu öffnen. Lohnte es denn, wer weiß was alles auf sich zu laden für einen Menschen, von dem in Zukunft so wenig zu erwarten ist? Der nun selber begibt sich zu einem Rechtsanwalt, wo ihm vorgeschlagen wird, eine Eingabe zu machen, den Termin (5. Nov.) aber auf jeden Fall einzuhalten, um Repressalien auszuweichen. Herrentoilette und Zentralbahnhof höre sich doch ganz erträglich und vernünftig an. Nichts werde so heiß gegessen wie gekocht. Hinrichtung? Wahrscheinlich ein Druckfehler. In Wirklichkeit sei „Einrichtung“ gemeint. Warum nicht? Durchaus denkbar findet es der Rechtsanwalt, dass man von seinem frisch gebackenen Klienten verlange, er solle sich einrichten. Abwarten. Und vertrauen! Man muss Vertrauen haben! Vertrauen ist das Wichtigste.

Daheim wälzt sich der zur Herrentoilette Beorderte schlaflos über seine durchfeuchteten Laken. Erfüllt von brennendem Neid lauscht er dem unbeschwerten Summen einer Fliege. Die lebt! Die hat keine Sorgen! Was weiß die schon vom Zentralbahnhof?! Man weiß ja selber nichts darüber ... Mitten in der Nacht läutet er an der Tür des Nachbarn. Durch das Guckloch glotzt ihn ein Auge an, kurzfristig, ausdruckslos, bis der Klingelnde kapituliert und den Finger vom Klingelknopf löst. Pünktlich um acht Uhr morgens betritt er am 5. Nov. den Zentralbahnhof, ... *(1977)*

1. Der Ihnen vorliegende Text ist unvollständig: Finden Sie zu ihm einen Schluss und geben Sie ihm einen Titel. Vergleichen Sie Ihren Titelvorschlag und Schluss mit der Überschrift und dem Ende der Originalversion des Textes (vgl. Lösungen).

2. Interpretieren Sie, ausgehend von einer Deutungshypothese, den Text (mit dem Originalschluss). Gehen Sie dabei auch auf die sprachliche und erzählerische Gestaltung des Textes ein und bestimmen Sie die Textsorte.

3. Setzen Sie die biografischen Informationen in Bezug zum Text. Erläutern Sie, inwieweit diese Informationen Ihr Textverständnis erweitern.

[1] **Halbjude:** Der Begriff „Halbjude“ ist ein abwertender Ausdruck aus dem nationalsozialistischen Sprachgebrauch für eine Person mit einem nicht-jüdischen und einem jüdischen Elternteil.

Gegenwartsliteratur

Wissen und Können

Der Begriff **Gegenwartsliteratur** wird nicht einheitlich gebraucht: Mal wird mit Gegenwartsliteratur noch immer die Literatur nach 1945 bezeichnet, mal bezieht er sich auf die gegenwärtige Literaturproduktion ab der Wende von 1990. Je näher man an die Gegenwart heranrückt, umso schwieriger wird die Sichtung und Einordnung. Der Versuch einer Einteilung und Strukturierung muss also in der Gegenwartsliteratur noch fragwürdiger und vorläufiger sein als in den Zeiträumen davor. Einige Aspekte erscheinen aus heutiger Sicht dennoch zeittypisch: beispielsweise die Auseinandersetzung mit Geschichte (Zeit des Nationalsozialismus, Mauerfall und Ende der DDR 1989/1990) und die interkulturelle Literatur.

Jana Hensel (geb. 1976)

Zonenkinder

Heute, mehr als zehn Jahre später und nach unserem zweiten halben Leben, ist unser erstes lange her, und wir erinnern uns, selbst wenn wir uns anstrengen, nur noch an wenig. Ganz so, wie unser ganzes Land es sich gewünscht hatte, ist nichts übrig geblieben von unserer Kindheit, und auf einmal, wo wir erwachsen sind und es beinahe zu spät scheint, bemerke ich all die verlorenen Erinnerungen. Mich ängstigt, den Boden unter meinen Füßen nur wenig zu kennen, selten nach hinten und stets nur nach vorn geschaut zu haben. Ich möchte wieder wissen, wo wir herkommen, und so werde ich mich auf die Suche nach den verlorenen Erinnerungen und unerkannten Erfahrungen machen, auch wenn ich fürchte, den Weg zurück nicht mehr zu finden.

„Fahnenappell“ anlässlich der Einweihung der Polytechnischen Oberschule in Ost-Berlin in der DDR 1987. Ein Schüler steht in Pionierkleidung beim Pioniergruß vor seiner Lehrerin.

Über Nacht waren all unsere Termine verschwunden, obwohl doch unsere Kindheit fast nur aus Terminen bestanden hatte. Es passierte nicht mehr, dass wir morgens vor der ersten Stunde eine Exkursion, einen Feueralarm oder einen Fahnenappell auf dem Tagesplan vorfanden. Die Reihenuntersuchung hatte man abgeschafft, und geschlossen im Klassenverband, wie unsere Lehrer immer sagten, ging niemand mehr mit uns zum Zahnarzt in den Schulkeller. [...]

Statt Otto & Alwin-Bildchen sammelten wir Überraschungseier, statt Puffreis aßen wir Popkorn, die „Bravo“ ersetzte die „Trommel“ und statt an verregneten Sonntagnachmittagen Kastanienmännchen zu basteln, Bierdeckel zwischen die Speichen unserer Fahrräder zu montieren oder Mau-Mau zu spielen, saßen wir nun vor Monopoly oder lasen Mickymaus.

Überhaupt waren sie auf einmal verschwunden, diese ganzen pädagogischen Berufsgruppenspiele, die aus uns eine sozialistische Persönlichkeit machen sollten und mit denen wir uns in unseren Kinderzimmern als Konstrukteure, Ingenieure, Kosmonauten, Lehrer oder Verkehrshelfer auf eine ziemlich klare Zukunft vorbereitet hatten. Wenn mir heute Freunde aus Heidelberg oder Krefeld sagen, sie hätten lange gebraucht, sich daran zu gewöhnen, dass Raider nicht mehr Raider, sondern irgendwann Twix hieß, und wie sehr sie es lieben, in den Ferien für ein paar Tage nach Hause zu fahren, weil man es da zwar nicht lange aushalte, aber alles noch so schön wie früher und an seinem Platz sei, dann beneide ich sie ein bisschen. Ich stelle mir in solchen Momenten heimlich vor, noch einmal durch die Straßen unserer Kindheit gehen zu können, die alten Schulwege entlangzulaufen, vergangene Bilder, Ladeninschriften und Gerüche wieder zu finden.

Wir werden es nie schaffen, Teil einer Jugendbewegung zu sein, dachte ich einige Jahre später, als ich mit italienischen, spanischen, französischen, deutschen und österreichischen Freunden eng zusammengequetscht in einem Marseiller Wohnheimzimmer saß. Die Wende war bereits mehr als sechs Jahre her. [...] Als einige Flaschen Wein geleert waren und die Aschenbecher langsam überquollen, begannen alle laut, euphorisiert und wild durcheinander zu reden. Alte

Namen und Kindheitshelden flogen wie Bälle durch den Raum: welche Schlümpfe man am liebsten hatte, welches Schlumpfkind mit wem verwandt war und wie sie auf Italienisch, Deutsch oder Spanisch hießen. Lieblingsfilme wurden ausgetauscht; Lieblingsbücher beschworen und erhitzt die Frage debattiert, ob man den Herrn der Ringe, Pippi Langstrumpf, Donald Duck oder Dagobert lieber mochte, Lucky Luke oder Asterix und Obelix verschlungen hatte. [...] Ich wollte meine Geschichten genauso einfach erzählen wie die Italiener, Franzosen oder Österreicher, ohne Erklärungen zu suchen und meine Erinnerungen in Worte übersetzen zu müssen, in denen ich sie nicht erlebt hatte und die sie mit jedem Versuch ein Stück mehr zerschlugen. Ich verstummte, und um ihre Party und ihr schönes warmes Wir-Gefühl nicht länger zu stören, hielt ich den Mund. Ich überlegte, was ich stattdessen mit meiner Kindheit anfangen könnte, in welches Regal ich sie stellen oder in welchen Ordner ich sie heften könnte. Wie ein Sommerkleid war sie anscheinend aus der Mode geraten und taugte nicht einmal mehr für ein Partygespräch.

(2002)

1. Notieren Sie Ihre Assoziationen zur Überschrift des Textes.

____

____

2. „Die Wende traf uns wie ins Mark. Wir waren gerade 12, 13, 14 oder 15 Jahre alt. Sie fuhr uns in die Knochen und machte, dass sich alles um uns drehte. Wir waren zu jung, um zu verstehen, was vor sich ging, und zu alt, um wegzusehen, und wurden unserer Kindheitswelt entrissen, bevor wir wussten, dass es so etwas überhaupt gab.“ – so Jana Hensel über ihre Kindheit. Stellen Sie einen Bezug her zwischen dem Textauszug und dieser autobiografischen Aussage.

Lutz Rathenow (geb. 1952)

Deutschland

Grüß Heil! Sieg Front! Rot Gott!
Ich liebe Herren, die Hunde beißen.
Hammer zerschlug Sichel. Ährenkranz,
Totentanz. Und nun das D-Mark-Leben,
Zu spät, zu früh, oh Jammerlust –
neuer Staat, neues Gedicht. Spiele,
ich spiele gern: Zu-Zu-Zuversicht.

(1991)

Stefan Döring (geb. 1954)

III/9

auferstanden und ruiniert
gewandter in losen gewändern
neuer vergangenheit zugewandt
heult in zukunft ruinen
zeitwinds wehn von ursprung
durch dies loch jetzt
zuhälter und aufreisser
meister im flötenspiel
dem rechten augenblick
zu pfeifen den totentanz.

1. Rathenows Gedicht ist ein knapper, assoziativer Text. Welche Assoziationen mag der Dichter im Blick haben? Weisen Sie Sprachspielereien im Gedicht nach. Schreiben Sie in Ihr Heft.

2. Stefan Döring greift in seinem Gedicht die DDR-Hymne Johannes R. Bechers fragmentarisch auf. Ebenso lassen sich Bezüge zu Paul Celans Gedicht „Todesfuge“ herstellen. Recherchieren Sie die Texte und erarbeiten Sie, welche Textzitate Döring jeweils in seinem Gedicht benutzt und wie er sie in einem neuen Kontext produktiv umsetzt.

3. Weisen Sie Kennzeichen von Gegenwartsliteratur in den Beispieltexten nach.

____

____

Filmisches Erzählen

In diesem Kapitel analysieren Sie eine Szene aus dem Film „Fabian oder Der Gang vor die Hunde“ von Dominik Graf, der im Juni 2021 im Wettbewerb der Internationalen Filmfestspiele Berlin seine Premiere feierte. Grundlage ist der folgende Auszug aus dem Film: 1:15:14 – 1:31:15.

Eine Filmszene analysieren

Verhungern ist Geschmackssache

1. Sehen Sie sich die Szene zunächst komplett an und beantworten Sie dann folgende Fragen: Woher hat Fabian das Geld für das Kleid, das er Cornelia schenkt?

- [ ] Er hat das Geld von seiner Mutter bekommen.
- [ ] Er hat das Geld seinem Freund entwendet.
- [ ] Er hat das Kleid von seiner Abfindung bezahlt.

Was meint Fabian, als er Cornelia vorwirft, sie fahre zweigleisig?

- [ ] Er meint, Cornelia möchte gleichzeitig bei Makart in der Abteilung Filmrecht und als Schauspielerin arbeiten.
- [ ] Er meint, sie werbe gleichzeitig um ihn als Geliebten und um Makart als „Beschützer“.
- [ ] Er meint, sie könne nicht gleichzeitig mit ihm und seiner Mutter und in der Gesellschaft von Makart den Abend verbringen.

Welche unmittelbaren Folgen hat der Abend für das Paar?

- [ ] Cornelia zieht aus.
- [ ] Fabian trennt sich von Cornelia.
- [ ] Fabian beschließt, sich einen neuen Job zu suchen.

Fabians Mutter kommt aus Dresden nach Berlin, um ihren Sohn zu besuchen. Nachdem er sie am Bahnhof abgeholt haben, nimmt er sie mit in sein Zimmer, wo er ihr vom Leben in Berlin berichtet und wo sie auf Cornelia treffen. Anschließend gehen die drei zusammen zum Essen.

2. Benennen Sie die Szenen in dem Filmausschnitt (1:15:14 – 1:21:51), in denen die finanzielle Situation der Protagonisten direkt oder indirekt thematisiert wird.

Timecode	Beschreibung

3. Erläutern Sie, was sich daraus über die finanziellen Verhältnisse und den Umgang damit ableiten lässt.

4. Mit der Ankunft des Filmproduzenten Makarts im Restaurant (1:21:52) ändert sich nicht nur die Stimmung innerhalb des Films, sondern auch die Erzählweise. Untersuchen Sie die filmischen Gestaltungsmittel der Szene (bis 1:22:29): Inwiefern unterscheiden sie sich von den in den vorherigen Szenen eingesetzten Mitteln?

5. Deuten Sie den Wechsel der eingesetzten filmischen Gestaltungsmittel: Welche Überlegungen der Regie könnten hinter dem Einsatz dieser Mittel stecken?

Als Cornelia in der Nacht nach Hause kommt, wartet Fabian noch auf sie. Im Bad entspinnt sich ein Gespräch über den Abend und die gemeinsame Zukunft (1:26:09 – 1:31:15).

6. Beschreiben und erklären Sie, wie der Wechsel von Nähe und Distanz zwischen Jakob Fabian und Cornelia visuell umgesetzt wird.

7. Die Szene endet mit einem „Kuss“ (1:31:06), der die Verbundenheit und Distanz der beiden Protagonisten gleichermaßen ausdrückt. Entwerfen Sie zwei alternative Schlussbilder mit vergleichbarer Aussage.

Mit Sprache umgehen

Grammatisches Wissen nutzen

Die stilistische Funktion von Sätzen untersuchen

Wissen und Können

Eine **Satzreihe** besteht mindestens aus zwei Hauptsätzen, die durch Konjunktionen (*und, doch, oder, aber, sondern*), Kommata oder Semikola verbunden sind, inhaltlich eng zusammengehören und eine Aussageeinheit bilden. Das **Satzgefüge** ist ein komplexer Satz und besteht aus einem Hauptsatz und einem oder mehreren Nebensätzen. Ein Nebensatz übernimmt die Aufgabe eines Satzglieds oder Satzgliedteils. Dabei ist er dem Hauptsatz oder einem anderen Nebensatz untergeordnet und hängt grammatikalisch von ihm ab.
Nebensätze werden zumeist durch eine Subjunktion (*als, nachdem, weil, obwohl, sodass …*) oder ein Relativpronomen (*der, die, das, welcher, welche, welches*) mit dem Hauptsatz verbunden. Sie können gut erkannt werden an der Stellung des finiten Verbs, das am Ende des Nebensatzes steht (Verbletztsatz). Meist stehen Nebensätze nicht allein. Die häufigsten Nebensatzarten sind: Subjektsatz, Objektsatz, Adverbialsatz, Attributsatz/Relativsatz. Nebensätze werden durch ein Komma vom Hauptsatz abgetrennt.

Mit Sätzen können unterschiedliche **stilistische Funktionen** verbunden werden:
- **Nichtsätze:** Unvollständige, fragmentarische Sätze ohne finites Verb erzeugen einen mündlichen Sprachstil.
- **Einwortsätze**, die nur aus einem finiten Verb bestehen, verleihen der Aussage Nachdruck, erinnern an mündlichen Stil, erzeugen einen knappen Befehlston.
- **Parataxen** (Satzreihen, Reihung von Wörtern und Wortgruppen) sind besonders geeignet, äußere Vorgänge zu beschreiben, ständige Wiederholungen oder die Gleichförmigkeit der Abläufe aufzuzeigen.
- **Hypotaxen** (Satzgefüge) dagegen eignen sich besser dazu, Gedankliches auszudrücken, d. h. beispielsweise Vorgänge zu erklären oder genaue Beschreibungen zu liefern.

Heinrich von Kleist (1777 – 1811)

Michael Kohlhaas (Auszug)

Spornstreichs[1] auf dem Wege nach Dresden war er schon, als er, bei dem Gedanken an den Knecht, und an die Klage, die man auf der Burg gegen ihn führte, schrittweis zu reiten anfing, sein Pferd, ehe er noch tausend Schritt gemacht hatte, wieder wandte, und zur vorgängigen Vernehmung des Knechts, wie es ihm klug und gerecht schien, nach Kohlhaasenbrück einbog. Denn ein richtiges, mit der gebrechlichen Einrichtung der Welt schon bekanntes Gefühl machte ihn, trotz der erlittenen Beleidigungen, geneigt, falls nur wirklich dem Knecht, wie der Schlossvogt behauptete, eine Art von Schuld beizumessen sei, den Verlust der Pferde, als eine gerechte Folge davon, zu verschmerzen.

(1810)

1. Markieren Sie im ersten Satzgefüge (Z. 1 – 4) den Hauptsatz.

2. Ordnen Sie die zusammengehörigen Teile der einzelnen Nebensätze im ersten Satzgefüge (Z. 1 – 4), indem Sie sie jeweils in der gleichen Farbe unterstreichen.

[1] **Spornstreichs:** unverzüglich, ohne lange zu überlegen

3. Benennen Sie in Ihren Unterlagen diese Nebensätze und geben Sie ihre Funktion an.

4. Kleist setzt nach heutigen Regeln zu viele Kommas. Untersuchen Sie die unterstrichenen Satzteile. Welche Satzglieder trennt er durch Kommas als Einschub ab?

5. Erklären Sie, inwiefern der Satzbau Kleists Vorstellung von „der gebrechlichen Einrichtung der Welt" (Z. 5) unterstützt.

____

____

6. Bestimmen Sie Subjekt und Prädikat des Hauptsatzes und die folgenden Satzglieder.
Geben Sie die entsprechende Frage und Funktion an: Achtung: Keine typische Hauptsatzstellung!

Satzglieder	Bestimmung	Frage	Funktion
	Ergänzung im Nominativ		Subjekt
	finites Verb		Prädikat
Spornstreichs auf dem Weg nach Dresden	Adverbial des Ortes (Lokaladverbial)	Wo? Wohin?	Angabe eines Ortes
auf der Burg			
schrittweis			
zur vorgängigen Verneh-mung des Knechts			
klug und gerecht			
nach Kohlhaasenbrück			

7. Bestimmen Sie die Funktion, die die Adjektivattribute bzw. Attributsätze haben, die bei Kleist häufig vorkommen.

____

____

8. Lösen Sie den komplizierten Satzbau in dem folgenden Auszug aus „Michael Kohlhaas" auf, indem Sie einfache Satzgefüge oder Satzreihen verwenden. Schreiben Sie den Text neu auf.

Kohlhaas, der, beim Eintritt in den Saal, einen Junker Hans von Tronka, der ihm entgegen kam, bei der Brust fasste, und in den Winkel des Saals schleuderte, dass er sein Hirn an den Steinen versprützte, fragte, während die Knechte die anderen Ritter, die zu den Waffen gegriffen hatten, überwältigten, und zerstreuten: wo der Junker Wenzel von Tronka sei?

9. Verfassen Sie eine eigene kurze Erzählung (z. B. in einem einzigen Satzgefüge) und versuchen Sie, Kleists Sprachstil zu imitieren.

Nebensätze in ihrer Satzgliedfunktion anwenden

Erich Fried (1921 – 1988)

Nur nicht

Das Leben
wäre
vielleicht einfacher
wenn ich dich
gar nicht getroffen hätte

Weniger Trauer
jedes Mal
wenn wir uns trennen müssen
weniger Angst
vor der nächsten
und übernächsten Trennung

Und auch nicht soviel
von dieser machtlosen Sehnsucht
wenn du nicht da bist
die nur das Unmögliche will
und das sofort
im nächsten Augenblick
und die dann
weil es nicht sein kann
betroffen ist
und schwer atmet
Das Leben
wäre vielleicht
einfacher
wenn ich dich
nicht getroffen hätte
Es wäre nur nicht
mein Leben

(1983)

Erich Fried (1921 – 1988), Aufnahme aus dem Jahr 1986

1. Schreiben Sie das Gedicht von Erich Fried in einen Prosatext um. Fügen Sie Satzzeichen an der richtigen Stelle ein.

2. Markieren Sie unvollständige Sätze (ohne finites Verb).

3. Bestimmen Sie die Nebensätze in ihrer Satzgliedfunktion. Markieren und benennen Sie die Signalwörter (Subjunktionen und Relativpronomen), die Ihnen bei der Bestimmung helfen.

1. VL und 7. VL: *wenn ich dich (gar) nicht getroffen hätte:* ______________________________

2. VL: ______________________________

3. VL: ______________________________

4. und 5. VL: ______________________________

6. VL: ______________________________

4. Klären Sie, welchen Einfluss die Nebensätze auf die Deutungs des Gedichts haben.

____

____

5. Bestimmen Sie in Ihren Unterlagen die Modi, die Fried verwendet, und erläutern Sie, was er damit zum Ausdruck bringt.

Verbal- und Nominalstil sinnvoll verwenden

Wissen und Können

Beim **Verbalstil** bilden Verben relevante Aussageelemente, sodass der Schwerpunkt auf dem Geschehen liegt, das damit lebendiger wirkt: *etwas messen, etwas erwägen*. Beim **Nominalstil** dagegen liegt das Gewicht auf den Nomen. An die Stelle der Verben treten Nomen bzw. Nominalisierungen. Dadurch wirkt der Stil eher unbeweglich, statisch. Er wird oftmals in Verwaltungs- und Behördensprache verwendet: *eine Messung vornehmen, etwas in Erwägung ziehen*.

Amtliche Vorgaben für Schülerzeitungen

§ 63 Schülerzeitung (Auszug)

(1) [1] Schülerzeitungen sind Zeitungen, die von Schülerinnen und Schülern für Schülerinnen und Schüler derselben Schule geschrieben werden. [2] Die Schülerinnen und Schüler machen durch die Herausgabe von Schülerzeitungen vom Recht der freien Meinungsäußerung Gebrauch. [3] Jede Schülerin und jeder Schüler hat das Recht, an der Schülerzeitung mitzuwirken. [4] Die Redaktion der Schülerzeitung hat das Wahlrecht, ob die Schülerzeitung als Einrichtung der Schule im Rahmen der Schülermitverantwortung oder als Druckwerk im Sinn des Bayerischen Pressegesetzes (BayPrG) erscheint. [5] Die Redaktion soll sich eine beratende Lehrkraft wählen, die die Schülerzeitung pädagogisch betreut.

(2) [1] Erscheint die Schülerzeitung als Druckwerk im Sinn des Bayerischen Pressegesetzes, soll die Schulleiterin oder der Schulleiter die Herausgeber und Redakteure über die presserechtlichen Folgen (Art. 3 Abs. 2, Art. 5, 7 bis 10 und 11 BayPrG) informieren. [2] Die Haftung der Erziehungsberechtigten für minderjährige Schülerinnen und Schüler bleibt unberührt. [...]

(3) Die Grundsätze einer fairen Berichterstattung sind zu beachten; auf die Vielfalt der Meinungen und auf den Bildungs- und Erziehungsauftrag der Schule ist Rücksicht zu nehmen.

(4) [1] Soll die Schülerzeitung auf dem Schulgelände verteilt werden, ist der Schulleiterin oder dem Schulleiter rechtzeitig vor Drucklegung ein Exemplar zur Kenntnis zu geben. [2] Sie oder er kann Einwendungen erheben. [3] Berücksichtigt die Redaktion die Einwendungen nicht, so hat sie die Schülerzeitung zusammen mit einer Stellungnahme dem Schulforum vorzulegen. [4] Das Schulforum soll auf eine gütliche Einigung hinwirken; scheitert die gütliche Einigung, kann das Schulforum die Verteilung der Schülerzeitung auf dem Schulgelände untersagen. [...]

1. Dieser Auszug aus § 63 des Bayerischen Gesetzes über das Erziehungs- und Unterrichtswesen (BayEUG) zeigt die Schwerfälligkeit des Nominalstils. Schreiben Sie den Text in „Klartext" um, indem Sie die unterstrichenen Nomen ersetzen. Sie können dafür geeignete Verbletztsätze, Infinitivkonstruktionen oder auch Adjektive verwenden.

2. Erklären Sie, warum dennoch in der Verwaltungs- und Behördensprache der Nominalstil bevorzugt wird.

Die stilistische Funktion von Wortarten bestimmen

Wissen und Können

Zu den wichtigsten **Wortarten** gehören: Verb, Nomen, bestimmter und unbestimmter Artikel, Adjektiv, Adverb, Präposition, Konjunktion, Subjunktion und Pronomen. Auch Interjektionen (Ausrufe-, Empfindungswörter) können in poetischen Texten eine bestimmte stilistische Funktion haben.

Rainer Maria Rilke (1875 – 1926)

Liebes-Lied

Wie soll ich meine Seele halten, dass
sie nicht an deine rührt? Wie soll ich sie
hinheben über dich zu andern Dingen?
Ach gerne möcht ich sie bei irgendwas
Verlorenem im Dunkel unterbringen
an einer fremden stillen Stelle, die
nicht weiterschwingt, wenn deine Tiefen schwingen.
Doch alles, was uns anrührt, dich und mich,
nimmt uns zusammen wie ein Bogenstrich,
der aus zwei Saiten *eine* Stimme zieht.
Auf welches Instrument sind wir gespannt?
Und welcher Spieler hat uns in der Hand?
O süßes Lied.

(1907)

1. Bestimmen Sie zunächst die Wortarten folgender Wörter:

soll (V. 1 und 2)	Verb (Modalverb)	Tiefen (V. 7)	
hinheben (V. 3)		doch (V. 8)	
Ach (V. 4)		sind (V. 11)	
gerne (V. 4)		wir (V. 11)	
Verlorenem (V. 5)		gespannt (V. 11)	
Dunkel (V. 5)		O (V. 13)	

2. Beschreiben Sie, welche Stimmung am Anfang des Gedichts vorherrscht. Welche Wörter erzeugen diese Stimmung? Schreiben Sie in Ihr Heft.

3. Erläutern Sie, wo eine Wende im Gedicht stattfindet und durch welches Wort dies sprachlich angezeigt wird.

4. Das Gedicht wird dem Symbolismus zugeordnet. Erläutern Sie, welches „Symbol“ für die gegenseitigen Liebesgefühle hier gefunden wird. Nennen Sie die Wörter, die zum Wortfeld dieses Symbols gehören.

5. Beschreiben Sie, welche Stimmung am Ende (V. 13) vorherrscht.

Fehlerschwerpunkte in der Rechtschreibung erkennen

Varianten in der Getrennt- und Zusammenschreibung kennen

Verbindungen mit einem Verb

Regel

Verbindungen aus einem Nomen/Substantiv und einem Verb

1	Verbindungen aus einem Nomen/Substantiv und einem Verb werden in der Regel getrennt geschrieben.	**Auto fahren, Ski laufen, Spannung erzeugen, Kraft rauben**
2	Wenn eine Verbindung aus einem Nomen/Substantiv und einem Verb wie ein Adjektiv gebraucht wird und z. B. als Attribut ein Nomen/Substantiv näher bestimmt, können Sie getrennt oder zusammenschreiben.	**Kraft raubende** Tätigkeiten/ **kraftraubende** Tätigkeiten
3	Wird der Ausdruck insgesamt als Nomen/Substantiv gebraucht, müssen Sie groß- und zusammenschreiben.	das **A**utofahren, beim **S**kilaufen
4	In einigen Fällen bilden ein ursprüngliches Nomen/Substantiv und ein Verb eine Zusammensetzung, weil das Nomen/Substantiv nicht mehr als eigenständiges Wort angesehen wird.	**leidtun**, **eislaufen**, **teilnehmen**, **heimkommen** Es **tut** mir **leid**.

Verbindungen mit dem Hilfsverb sein

5	Verbindungen mit dem Hilfsverb *sein* werden immer getrennt geschrieben.	– **da sein**, **hier gewesen** – Er wird um 17:00 Uhr **zurück sein**.

Verbindungen aus zwei Verben

6	Verbindungen aus zwei Verben werden in der Regel getrennt geschrieben.	– **schwimmen gehen**, **lesen lernen**, (auf dem Stuhl) **sitzen bleiben**, **holen lassen**
7	Verbindungen mit den Verben *lassen* und *bleiben* können dann zusammengeschrieben werden, wenn sich eine neue, übertragene Bedeutung ergibt. Auch bei der Verbindung *kennenlernen/kennen lernen* ist die Schreibweise freigestellt.	– in der Schule **sitzenbleiben/sitzen bleiben** – jemanden links **liegenlassen/ liegen lassen**

Verbindungen aus einem vorangestellten Adjektiv und einem Verb

8	Verbindungen aus einem vorangestellten Adjektiv und einem Verb werden in der Regel getrennt geschrieben.	– **laut lachen**, **ruhig bleiben**, **grün anmalen**, beim Referat **frei sprechen**
9	Zusammenschreiben müssen Sie dann, wenn Adjektiv und Verb eine neue, übertragene Bedeutung ergeben.	– sich **kranklachen** – eine Entscheidung **freistellen**
10	Verbindungen aus einem Verb und einem vorangestellten Adjektiv können sowohl getrennt als auch zusammengeschrieben werden, wenn das Adjektiv ein Ergebnis des im Verb ausgedrückten Vorgangs bezeichnet.	– **kaputtmachen/kaputt machen** – **kleinschneiden/klein schneiden** – **blankputzen/blank putzen**

1. Schauen Sie sich die Regeln zuvor noch einmal genau an und schreiben Sie die Sätze in der richtigen Form auf. Tragen Sie in die Klammern die passende Ziffer für die jeweilige Regel ein (1 – 10).

- Bist du schon einmal HIERGEWESEN? (______)

  ____

- Wer täglich eine halbe Stunde RADFÄHRT, lebt gesünder. (______)

  ____

- Es wird ihr noch LEIDTUN, dass sie sich so wenig bewegt. (______)

  ____

- Das THEATERSPIELEN hat sie bereits im Kindergarten geliebt. (______)

  ____

- Wer SCHWARZARBEITET, verstößt gegen das Arbeitsrecht. (______)

  ____

- Wir werden alle an dem Wettkampf TEILNEHMEN. (______)

  ____

- Ella hat ihr Rad SCHWARZANGESTRICHEN. (______)

  ____

- Durch den Unfall wurde der gesamte Verkehr LAHMGELEGT. (______)

  ____

- Du solltest das Essen zunächst auf dem Herd WARMMACHEN. (______)

  ____

- Die EISENVERARBEITENDE Industrie hat mit Verlusten zu kämpfen. (______)

  ____

- Sie hat sich für den Plan der Schülervertretung STARKGEMACHT. (______)

  ____

- Ich habe meine Freundin im Urlaub KENNENGELERNT. (______)

  ____

- Manche Pädagogen befürworten, dass Kinder bereits im Kindergarten LESENLERNEN, und sie fordern, dass Schülerinnen und Schüler in der Schule nicht mehr SITZENBLEIBEN. (______)

  ____

  ____

- Die Führerscheinprüfung ist schon wieder SCHIEFGEGANGEN. (______)

  ____

Regel

Die Partikel *zu* in Verbindung mit Verben

Eine häufige Fehlerquelle ist die Zusammen- oder Getrenntschreibung der Partikel ***zu*** in Verbindung mit Verben. Dieses Rechtschreibproblem taucht vor allem in **Infinitivgruppen** (s. S. 96 f.) auf.

1. Getrennt geschrieben wird, wenn **die Partikel *zu* vor einem einfachen Verb** im Infinitiv steht.
   Beispiel: Marie versuchte, laut **zu rufen**, aber ihr versagte die Stimme. (Infinitiv: rufen)
   Versuch bitte, bei deinem Referat frei **zu sprechen**. (Infinitiv: sprechen)
2. Handelt es sich um ein **zusammengesetztes Verb**, steht in Infinitivgruppen **die Partikel *zu*** meistens zwischen den beiden Bestandteilen des Verbs, und es wird zusammengeschrieben.
   Beispiel: Ella versuchte, ihren Freund **anzurufen**. (Infinitiv: anrufen)
   Sie hatten die Absicht, noch am Abend **herabzusteigen**. (Infinitiv: herabsteigen)
   Die Richterin hatte nicht die Absicht, den Angeklagten **freizusprechen**. (Infinitiv: freisprechen)
3. In einigen Fällen wird **die Partikel *zu* getrennt von einem zusammengesetzten Verb** geschrieben. Das ist dann der Fall, wenn der vom Verb gebildete Teil deutlich betont ist.
   Beispiel: Versuchen Sie bitte, die Baustelle weiträumig **zu umfahren**. (Infinitiv: um**fahren**)
   Er verspricht, ihm das Buch **zu überlassen**. (Infinitiv: über**lassen**)

2. Im Folgenden finden Sie einen Auszug aus einer Interpretation zu Juli Zehs Roman „Corpus Delicti“ unter dem Aspekt der Rolle der Medien innerhalb der Romanhandlung. Schreiben Sie die entsprechenden Verbindungen mit der Partikel *zu* jeweils über den großgeschriebenen Ausdruck.

Sabine Mayr

Die Bedeutung der Medien im Roman

Der Roman thematisiert u. a. die Rolle der Medien bei der Hexenjagd auf Mia Holl. Im konventionellen Verständnis haben Medien die Aufgabe, ZUINFORMIEREN und zur Meinungsbildung BEIZUTRAGEN. Sie werden daher oft neben den offiziellen drei Gewalten Legislative, Judikative und Exekutive als eine „vierte Gewalt“ im Staat angesehen. Dieses HERVORZUHEBEN ist das Anliegen jedes Demokraten und jeder Demokratin.

Eine Gewaltenteilung, die in Demokratien eine Begrenzung der Macht jeder einzelnen Gewalt und damit Gerechtigkeit gewährleisten soll, ist in der Romanhandlung nicht VORZUFINDEN. Mia Holl hat keine Chance, sich gegen die Macht der Medien ZUWEHREN bzw. die Medien erfolgreich für ihre Zwecke der Aufklärung über die Fehler des Systems ZUNUTZEN; ihr Versuch, eine Gegendarstellung der *fake news* in Gestalt einer Misstrauenserklärung ZUVERÖFFENTLICHEN und damit das System ZUKRITISIEREN, wird von Kramer pervertiert: Er nutzt die Erklärung zugunsten des Systems und gegen Mia selbst. Trotz dieser schlechten Erfahrungen hat Mia nach ihrer Festnahme wegen des fingierten Giftfunds in ihrer Wohnung die Absicht, eine Gegendarstellung ZUVERÖFFENTLICHEN, doch Kramer verweigert ihr dies. Als Bürgerin hat sie also keinen Zugang zu den Medien, und diese sind auch nicht daran interessiert, Sachverhalte differenziert DARZUSTELLEN, kritische Positionen AUFZUGREIFEN und unterschiedliche Meinungen ZUDISKUTIEREN, wie es in einer demokratischen Gesellschaft ihre Aufgabe wäre.

Regel

Unsicherheiten bei der Getrennt- und Zusammenschreibung betreffen vor allem **Verbindungen aus Adjektiv und Verb sowie aus Nomen und Verb**.
Wenn sich aus **Adjektiv und Verb eine neue übertragene Bedeutung** ergibt, wird zusammengeschrieben: *klarmachen* (erklären), *richtigstellen* (korrigieren) usw.
Verbindungen aus verblassten Nomen und Verben werden immer zusammengeschrieben: *eislaufen, leidtun, stattfinden* usw.
In einigen Fällen ist sowohl die Getrennt- als auch Zusammenschreibung möglich: *Halt machen/haltmachen* usw.

1. Entscheiden Sie, welche der Schreibweisen die richtige ist. Streichen Sie die nicht zulässige Schreibweise durch.

Kurzarbeiten oder kurz arbeiten?

1 a) Ich muss daran denken, die Getränke für die Feier rechtzeitig kaltzustellen/kalt zu stellen.

1 b) Wenn er sich weiter so verhält, werden wir ihn durch entsprechende Einschränkungen der Redefreiheit kaltstellen/kalt stellen.

2 a) Wegen der schlechten Geschäftslage musste fast die gesamte Belegschaft der Firma für einen Monat kurzarbeiten/kurz arbeiten.

2 b) Am Montag muss ich nur kurzarbeiten/kurz arbeiten, weil ich nachmittags frei habe.

3 a) Wer krankgeschrieben/krank geschrieben ist, verliert seinen Versicherungsschutz, wenn er trotzdem am Arbeitsplatz erscheint.

3 b) Es wäre besser gewesen, wenn ich die Klausur nicht krankgeschrieben/krank geschrieben hätte.

4 a) Durch seine gezielten Nachfragen versuchte er, mich auf eine bestimmte Aussage festzunageln/fest zu nageln.

4 b) Versucht man, empfindliche Hölzern miteinander zu verbinden, darf man nicht zu festnageln/fest nageln.

5 a) Die letzte Aufgabe wird dir nicht schwerfallen/schwer fallen, da wir den Stoff noch letzte Woche geübt haben.

5 b) Kai wird eine Woche nicht in die Schule gehen können, da er beim Eislaufen schwergefallen/schwer gefallen ist.

6 a) Auf dem Verkehrsübungsplatz muss man besonders achtgeben/Acht geben.

6 b) Generell ist das Achtgeben/Acht geben beim Autofahren das Wichtigste.

Varianten in der Groß- und Kleinschreibung kennen

Regel

Im Deutschen gibt es eine Vielzahl von **Verbindungen** mit den Bestandteilen **recht/Recht** bzw. **unrecht/Unrecht**. Ihre Groß- und Kleinschreibung bereitet den Schreibenden oftmals Schwierigkeiten, nicht zuletzt, weil in der neuen Rechtschreibung viele **Varianten** zulässig sind.

Die Frage der Groß- oder Kleinschreibung lässt sich zuverlässig klären, wenn man bestimmt, ob es sich bei dem Bestandteil *recht* bzw. *Recht* in der jeweiligen Verbindung um ...

- ein **Adjektiv** (*recht* als attributives Adjektiv, also als Beifügung zu einem Nomen, z. B.: *das rechte Knie,* oder in festen Verbindungen mit dem Verb *sein*, z. B.: *Das ist mir recht.)*
- ein **Adverb** (ein Adjektiv oder ein Verb wird näher bestimmt, z. B.: *Er ist recht hübsch.*) oder ein **Nomen** handelt, z. B.: *(das) Recht sprechen.*

Groß- und Kleinschreibung ist zulässig, wenn *Recht/recht* in Verbindung mit den Verben **behalten, bekommen, geben, haben, tun** vorkommt und sowohl ein Nomen als auch ein Adjektiv ist.

1. Setzen Sie in die Lücken *recht* oder *Recht* ein und begründen Sie Ihre Schreibung. Denken Sie daran, dass Sie die Wörter ggf. anpassen müssen.

Ein Winkel von 90° wird auch mit „______________________ Winkel“ bezeichnet.

Du hast die Kleidung ______________________ geschickt gewählt.

Das hat er ______________________ gemacht.

Es war ______________________ und billig, dir ein Lob auszusprechen.

Mit ______________________ hat er gestern den Prozess gewonnen.

Der Schlag seiner ______________________ hat den Gegner umgehauen.

Mit diesem Buchgeschenk habe ich das ______________________ bei meiner Freundin getroffen.

Er hat zu ______________________ gegen die Noten geklagt.

Ich hoffe, dass sie in dem Verfahren ______________________ bekommt.

Sie hat in der Angelegenheit ______________________.

Angesicht der aktuellen Situation hat die Freundin ______________________ daran getan, eine Auslandskrankenversicherung abzuschließen.

Plurale bei Fremdwörtern bilden

Regel

Einige deutsche Nomen haben **Sonderformen in der Pluralbildung.** Manche von ihnen haben die Pluralformen der Herkunftssprache behalten. Andere Fremdwörter bilden den Plural auch oder nur nach den Regeln für deutsche Wörter. Diese müssen gelernt werden, z. B. *das Album, die Alben, der Atlas, die Atlasse* oder *Atlanten*. Teilweise gibt es auch **mehrere Formen**.

Bastian Sick (geb. 1965)

Visas – die Mehrzahl gönn ich mir

Neulich im Café, Mutter und Tochter bringen sich bei Schokosahnetorte mit Schlag (Mutter) und Vollkorn-Möhrenkuchen (Tochter) auf den neuesten Stand der Dinge. Die Mutter löst vier Stück Würfelzucker in ihrem Tee auf und sagt:

„Ach, ihr wollt in die Türkei? Na ja, machen ja viele in letzter Zeit. Die Hotels sollen ja auch ganz anständig sein. Aber sag mal, Kleines, die Türkei ist ja nicht EU, braucht ihr denn da keine Visas?" Da war es wieder, dieses Wort mit der doppelten Pluralendung. Nicht erst seit PISA leidet Deutschland am Visa. Die massive Werbung der gleichnamigen Kreditkarte hat offenbar dafür gesorgt, dass die Einzahl Visum weiträumig in Vergessenheit geraten ist. So steht dem „Veni, vidi, vici!" (Ich kam, sah und siegte) des humanistisch gebildeten Einzelfalls heute das „Visums, Visas, Visi?" der orientierungslosen Mehrheit gegenüber.

Ganz betroffen sind wir auch von all den vielen „Praktikas", die junge Menschen heute absolvieren müssen, um herauszufinden, was sie später definitiv nicht machen wollen. Musiker spielen gerne „Solis", und jeder weiß, dass „Internas" vertraulich zu behandeln sind.

Kann man es den Deutschen aber überhaupt zum Vorwurf machen, wenn sie Fremdwörter falsch benutzen? Immerhin hat Mutti im Café doch gewusst, dass man an Wörter, die mit einem Vokal enden, ein -s anhängen muss, um die Mehrzahl zu bilden. So wie bei Galas, Omas, Kobras und Zebras. Woher soll sie wissen, dass die Endung -a in diesem Fall bereits die Pluralform markiert? Muss man das kleine Latinum gemacht haben, um mitreden zu können?

Der Umgang mit Fremdwörtern stellt die Deutschen immer wieder vor große Herausforderungen. Erstens gilt es in Erfahrung zu bringen, was das fremde Wort genau bedeutet. Dann ist es nützlich zu wissen, wie man es richtig ausspricht.

Und schließlich soll man es noch korrekt beugen und in die Mehrzahl bringen können.

Schon gibt es Menschen, die meinen, das Visa-Prinzip begriffen zu haben, und sich anschicken, andere Begriffe nach demselben Prinzip in die Mehrzahl zu wuchten: „Wir leben einfach in verschiedenen Universa", gab ein deprimierter Freund als Grund für das Scheitern seiner letzten Beziehung an. „Universa" ist der Plural im Lateinischen, und so heißen vielleicht Sportvereine und Versicherungen, aber auf Deutsch spricht man von Universen, daran hat sich auch durch die Rechtschreibreform nichts geändert.

1. Legen Sie eine Tabelle zur Pluralbildung an und füllen Sie sie mit den Beispielen und Informationen aus dem Text. Ergänzen Sie weitere Beispiele.

2. Versuchen Sie, Gruppen zu bilden und Regeln zu formulieren. Tipp: Vielleicht können Sie auf Ihre Lateinkenntnisse zurückgreifen.

Das Komma

Kommaregeln im Überblick

Das Komma

in Aufzählungen			bei Anreden und Ausrufen	bei Einschüben und nachgestellten Erläuterungen	bei Infinitivgruppen	in Satzgefügen	
1	**2**	**3**	**4**	**5**	**6**	**7**	**8**
Das Komma steht zwischen gleichrangigen, unverbundenen Wörtern und Wortgruppen.	Das Komma steht zwischen gleichrangigen, unverbundenen Sätzen (auch Gliedsätzen/Nebensätzen).	Das Komma steht vor entgegensetzenden Konjunktionen oder Konjunktionaladverbien.	Anreden, Ausrufe oder Ausdrücke, die eine Stellungnahme (Bedauern, Zustimmung …) des Schreibers/der Schreiberin verdeutlichen, werden durch Komma abgetrennt.	Einschübe (Appositionen) oder nachgestellte Erläuterungen werden durch Komma vom übrigen Satz abgetrennt.	Das Komma trennt in der Regel Infinitivgruppen vom übergeordneten Satz ab. Es muss gesetzt werden, wenn ein Wort im übergeordneten Satz auf die Infinitivgruppe hinweist. Es muss auch gesetzt werden, wenn die Infinitivgruppe mit *um zu*, *anstatt zu*, *ohne zu …* eingeleitet wird.	Das Komma steht zwischen Haupt- und Nebensatz.	Das Komma trennt Gliedsätze/Nebensätze, die voneinander abhängig sind.
• Im Regal stehen: Romane, Sachbücher, CDs. • Sie liest das Buch, schreibt eine Rezension und widmet sich dem nächsten Werk.	• Rosalie liest, Marie arbeitet, Mike schläft und Jonas kümmert sich um das Frühstück. • Ich bleibe, weil es schneit, weil kein Bus mehr fährt und weil es mir bei euch gut gefällt.	• Er kam nicht, aber er rief wenigstens an. (Konjunktionaladverb, weil „aber“ auch an eine andere Stelle rücken kann) • Ich möchte nicht nur einen Tag, sondern eine Woche bleiben. (Konjunktion)	• Paul, kommst du mit? • Mist, jetzt ist schon wieder der PC abgestürzt. • Mir fällt nichts ein, leider.	• Ella, meine beste Freundin, besucht mich häufig. • Die Prüfung, es war meine erste, ist sehr gut verlaufen. • Ich komme bereits morgen, und zwar mit dem Fahrrad. • Sie liest fast alles, außer Fantasy-Ge- …	• Sie erinnert ihn *daran*, die Unterlagen mitzubringen. • Die gute *Idee*, eine Arbeitsgruppe zu bilden, stammt von Marie. • Sie geht in die Unibibliothek, *um* sich Material für das Referat *zu* besorgen.	• Ich mag dich, weil du so freundlich bist. • Paul fragte ihn, was für eine Idee er habe. • Sie weiß noch nicht, ob sie kommen kann.	• Weil ihr das Buch, das er ihr geschenkt hat, so gut gefällt, hat sie es zweimal gelesen.

Die Regeln der Kommasetzung – Kennen Sie sich aus?

1. Im Folgenden finden Sie den ersten Teil einer Inhaltsangabe zu der Tragödie „Antigone“ des antiken Dichters Sophokles. Schauen Sie in der Übersicht zuvor nach und versuchen Sie, stichwortartig schriftlich zu erklären, warum die mit einer Hochzahl versehenen Kommas gesetzt werden müssen. Erscheint zweimal die gleiche Zahl, bedeutet dieses, dass die Kommas aus einer Regel resultieren.

Alexandra Wölke (geb. 1978)

Sophokles: Antigone – Eine Inhaltsangabe (1. Teil)

Antigone (Andrea Wenzl) und Kreon (Günter Franzmeier), Volkstheater Wien, 2011

Die Handlung spielt in Griechenlands mythischer Vorzeit in der Stadt Theben. Um die Herrschaft in dieser „Polis“,[1] einem antiken griechischen Stadtstaat,[1] ist gerade ein erbitterter Kampf zwischen den Königssöhnen Eteokles und Polyneikes zu Ende gegangen. Die Vereinbarung,[2] die Herrschaft im jährlichen Wechsel auszuüben,[2] ist gescheitert,[3] weshalb der daraufhin vertriebene Polyneikes die Stadt gewaltsam zurückerobern wollte. Die Brüder haben sich im Kampf gegenseitig ermordet und so kommt ihr Onkel Kreon an die Macht. Die Königsbrüder haben noch zwei lebende Schwestern namens Antigone und Ismene,[4] die allerdings als Frauen keinen Anspruch auf den Thron haben.

Vor dem Palast sucht Antigone das Gespräch mit Ismene,[5] um sie zur Mithilfe ihres noch geheimen Planes zu bewegen. Sie will dem Gebot Kreons,[6] den Bruder Polyneikes unbestattet den Vögeln zum Fraß zu überlassen,[6] zuwiderhandeln. Ismene lehnt jedoch aus Angst vor der Staatsgewalt ab und sieht keinen Sinn darin,[7] sich aufzulehnen. Als der neue Herrscher Thebens vor den Stadtältesten seine Antrittsrede hält,[8] hat Antigone seine Anweisung bereits übertreten und an dem Toten die heiligen Bestattungsriten vollzogen,[9] ohne ihn jedoch vollständig begraben zu können. Ein Wächter,[10] den Kreon bei der Leiche postiert hat,[10] berichtet von der Zuwiderhandlung und wird abermals losgeschickt,[11] um den Täter zu finden. Alle Beteiligten können sich für diese kühne Tat nur einen Mann als Schuldigen vorstellen. Der Chor,[12] der aus den Stadtältesten besteht,[12] besingt in seinem ersten sogenannten Standlied die „ungeheuren“ Fähigkeiten des Menschen.

Der Wächter kommt zurück und beschuldigt Antigone der Tat. Sie sei abermals bei der Leiche gewesen,[13] die die Wächter vom Sand befreit haben,[13] und habe die Bestattungsrituale am Leichnam,[14] nämlich das Bestreuen mit Sand und den Weiheguss,[14] wiederholt. Als sie befragt wird,[15] rechtfertigt sie ihre Tat mit dem Verweis auf das göttliche,[16] ungeschriebene Gebot,[17] Tote zu bestatten. Kreon kündigt es an,[18] sowohl Antigone als auch ihre Schwester Ismene mit dem Tod zu bestrafen. Daraufhin solidarisiert sich Ismene mit Antigone und bekennt sich zu der Tat,[19] obwohl sie daran keinen Anteil hat. Antigone hört sie an,[20] aber sie weist ihr Ansinnen zurück und will allein in den Tod gehen. Der Chor besingt in seinem zweiten Standlied die leidvolle Geschichte der königlichen Familie,[21] der Labdakiden,[21] und die Macht des Schicksals über den Menschen.

1 *Einschub (Apposition)* ________________

2 ________________

3 ________________

4 ________________

5 ________________

6 ________________

2. Hier ist nun der zweite Teil der Inhaltsangabe abgedruckt. Setzen Sie die fehlenden Kommas. Überprüfen Sie anschließend mithilfe des Lösungsteils, wie sicher Sie in der Kommasetzung sind.

Sophokles: Antigone – Eine Inhaltsangabe (2. Teil)

Kreons Sohn Haimon ist der Verlobte Antigones. Er unternimmt den Versuch den Vater umzustimmen und argumentiert damit dass dies auch der heimliche Wille des thebanischen Volkes sei. Als Kreon unnachgiebig bleibt droht der Sohn mit Selbstmord. Der Chor besingt in seinem dritten Standlied die Macht des Eros des Gottes der begehrlichen Liebe.

(5 Kommas)

Antigone wird dazu verurteilt lebendig in ein Felsengrab gesperrt zu werden wo sie sterben soll. Sie stimmt selbst ihre Totenklage an und beweint sowohl ihr persönliches als auch das Schicksal ihrer Familie. Der Chor erinnert in seinem vierten Standlied an jene mythischen Figuren die ein ähnliches Schicksal erdulden mussten wie jetzt Antigone.

(3 Kommas)

Ein blinder Seher Teiresias wendet sich an Kreon und warnt ihn. In seiner Vogelschau einer Weissagungsmethode bei der aus der Art des Vogelflugs die Zukunft gedeutet wird habe er gesehen dass sich die Götter von der Stadt abwendeten. Dies sei Kreons Schuld weil er durch sein Bestattungsverbot zugelassen habe dass die Opferaltäre entweiht würden. Dieser lässt sich zunächst nicht beeindrucken und unterstellt dem Seher ein eigennütziges Motiv. Er wirft ihm vor dass er von seinen Gegnern mit Geld bestochen worden sei und sich ihm deshalb entgegenstelle. Erst als Teiresias den Untergang seines gesamten Hauses voraussagt lenkt Kreon er-

schüttert ein. Er will den Ratschlag des Chors befolgen Polyneikes zu bestatten und Antigone aus der Felsengruft zu befreien. In seinem fünften und letzten Standlied beschwört der Chor den Gott Dionysos und bittet um Heil für die Stadt.
(11 Kommas)

Für eine Wendung des Schicksals ist es jedoch bereits zu spät. Ein Bote berichtet davon dass sich Antigone in ihrem steinigen Grab erhängt habe. Haimon richtet darauf in seiner Verzweiflung das Schwert zuerst gegen seinen eintreffenden Vater aber diesem gelingt die Flucht. Haimon begeht daraufhin Selbstmord. Als Eurydike die Gattin Kreons davon erfährt verflucht sie ihren Mann als Kindesmörder und ersticht sich. Kreon bleibt allein als gebrochener Mann zurück und erkennt seine Verfehlung an.
(5 Kommas)

(2011)

Das Komma in Aufzählungen

Regel

1. Das Komma steht zwischen **unverbundenen Wörtern und Wortgruppen**, die eine Aufzählung beinhalten.
   Beispiel: Sie liest Krimis, historische Romane von Tanja Kinkel, Biografien und romantische Gedichte besonders gern.

2. Werden einzelne Wörter, Wortgruppen oder Sätze durch eine **nebenordnende Konjunktion** miteinander verbunden, steht in der Regel kein Komma. Solche nebenordnenden Konjunktionen sind: **und**, **oder**, **beziehungsweise**, **sowie**, **entweder ... oder**, **sowohl ... als auch**, **weder ... noch**.
   Beispiel: Kinder **sowie** ältere Menschen sind im Straßenverkehr besonders gefährdet.
   Er hatte **weder** eine SMS geschrieben **noch** angerufen.
   Ella fährt in den Ferien **entweder** nach Weimar **oder** nach Dresden.

3. Vor nebenordnenden Konjunktionen oder Konjunktionaladverbien[1], die einen **Gegensatz oder eine Einschränkung** ausdrücken, muss ein Komma gesetzt werden. Dazu zählen: **aber**, **trotzdem**, **doch**, **jedoch**, **sondern**, **nicht nur ...**, **sondern auch**.
   Beispiel: Er will **nicht nur** faulenzen, **sondern** sich auch in der Gemeinde engagieren.
   Komm schnell zurück, **aber** fahre vorsichtig!

4. Werden **vollständige** Hauptsätze durch nebenordnende Konjunktionen miteinander verbunden, kann ein Komma gesetzt werden, um die Gliederung des Gesamtsatzes zu verdeutlichen oder Missverständnisse zu vermeiden.
   Beispiel: Er wollte zunächst eine Ausbildung machen(,) **und** später wollte er noch ein Studium beginnen.
   Sie war **weder** unzufrieden(,) **noch** war sie demotiviert.
   Ella fährt in den Ferien **entweder** nach Weimar(,) **oder** sie fährt nach Dresden.

[1] Im Gegensatz zu den nebenordnenden Konjunktionen können Konjunktionaladverbien ihre Satzposition verändern und als adverbiale Bestimmungen auch innerhalb des Satzes stehen: Beispiel: Komm schnell zurück, fahre aber vorsichtig!

1. Tragen Sie in die folgenden Sätze die fehlenden Kommas ein. In einigen Fällen können Sie sich entscheiden, ein Komma zu setzen. Lesen Sie zuvor noch einmal sorgfältig die Regeln in dem Kasten auf S. 86.

- Füllen Sie zunächst den Fragebogen aus und errechnen Sie dann die erreichte Punktzahl bzw. den Mittelwert.
- Im Programmkino sind folgende Filme zu sehen: „Die Bücherdiebin" „Der Medicus" „Der Vorleser" und „Casablanca".
- Nach dem Abitur will Marie entweder sofort mit dem Studium beginnen oder ein Praktikum in einem Architekturbüro einem Verlag oder einer Buchhandlung absolvieren.
- Leonas fotografiert einen Goldhamster und seine Freundin Lara liest ein Buch.
- Jonas studiert nicht nur Psychologie sondern er macht gleichzeitig eine Ausbildung zum Telefonseelsorger.
- Später wird er entweder in einer deutschen Klinik arbeiten oder er wird sich im Ausland im Rahmen des Entwicklungsdienstes engagieren.
- Die Software ist weder funktionsfähig noch für uns geeignet aber sehr teuer.
- Sollen wir für das Referat eine digitale Präsentation erstellen oder ist das nicht notwendig?
- Rosalie will in den Ferien nicht in Urlaub fahren sondern sich um einen Schülerjob kümmern.
- Lukas hat seinen Urlaub bereits gebucht jedoch erst für die letzte Ferienwoche.

Regel

5. **Gleichrangige Nebensätze**, die von *einem* Hauptsatz grammatisch abhängen, dürfen nicht durch Komma getrennt werden, wenn sie durch eine **nebenordnende Konjunktion** wie **und** bzw. **oder** verbunden sind.
   Beispiel: Er fragte sich, ob die Entscheidung richtig war **oder** ob er nicht doch besser etwas anderes hätte wählen sollen.

6. **Vor einer nebenordnenden Konjunktion** wie **und**, **oder**, **sowie** ... steht ein Komma, wenn ein eingeschlossener Nebensatz vorausgeht und der Hauptsatz fortgesetzt wird. In diesem Fall zeigt das Komma an, dass der Nebensatz beendet ist.
   Beispiel: Sie macht zunächst ihre Hausaufgaben, weil sie am Abend keine Zeit dafür hat, **und** will anschließend ihren Freund besuchen.

Weitere Informationen zur **Zeichensetzung bei Nebensätzen bzw. in Satzgefügen** finden Sie auf der S. 86 bzw. 93.

2. Tragen Sie in die folgenden Sätze die fehlenden Kommas ein. Denken Sie dabei auch daran, dass Nebensätze durch Kommas vom Hauptsatz abgetrennt werden.

- Er fragte sich ob die Entscheidung richtig war ob er nicht doch besser etwas anderes hätte wählen sollen oder ob er sich nicht zuvor von einem Experten hätte beraten lassen sollen.
- Der alte Mann vollführt merkwürdige Gesten am Fenster weil er den Jungen aufheitern will und löscht anschließend das Licht.

- Während sie gemütlich auf dem Sofa ein Buch liest einen Espresso trinkt und während sie nebenbei im Hintergrund Musik hört wird im Erdgeschoss eingebrochen.
- Der Busfahrer bremst so stark ab dass sich die Fahrgäste festhalten müssen und das Gepäck auf den Boden fällt.
- Esra ist sich nicht sicher ob er studieren oder eine Ausbildung beginnen soll und deshalb besorgt er sich einen Termin bei der Arbeitsagentur bzw. bei der Berufsberatung in der Schule.
- Du solltest am besten ins Bett gehen wenn du dich nicht wohlfühlst oder einen Arzt aufsuchen.
- Lea schließt eine Handyversicherung ab nachdem sie sich zum Kauf des teuren Geräts entschieden hat und besorgt sich zusätzlich eine Schutzhülle die preiswert ist und außerdem auch noch elegant aussieht bzw. zu ihrer Schultasche passt.

3. Tragen Sie in den folgenden Text die fehlenden Kommas ein. Es handelt sich dabei um einen Auszug aus einer Textanalyse zu Sophokles' antiker Tragödie „Antigone".

Der Gang der Handlung wird immer wieder von Liedern des Chores unterbrochen. Mit diesen Liedern wird das Geschehen reflektiert und die zugrunde liegende Thematik wird verdeutlicht. Die ersten beiden Lieder handeln vom Menschen von seinen Fähigkeiten aber auch von seinen Begrenzungen. Für die Deutung ist Folgendes wichtig: Das erste Standlied ist zwar nach der Tat Antigones jedoch vor ihrer Entdeckung angesiedelt das zweite indes nachdem Antigone ein weiteres Mal die Bestattungsriten am Leichnam vollzogen hat und dabei gefasst worden ist und anschließend vor Kreon geführt und zum Tode verurteilt worden ist. Der Chor weiß also erst beim Vortrag bzw. beim Singen des zweiten Standliedes von Antigones unheilvollem Schicksal.

Antigone bedeckt den Leichnam Polyneikes mit Erde.

Das Komma bei Einschüben und nachgestellten Erläuterungen

Regel

1. Einschübe und an das Satzende angehängte Erläuterungen werden durch Komma abgetrennt und dadurch besonders hervorgehoben. Einschübe und Nachträge lassen sich in der Regel aus einem Satz heraushören, weil sie durch Sprechpausen verdeutlicht werden. Manchmal werden sie durch Wörter wie **also**, **nämlich**, **und zwar**, **z. B.** eingeleitet. Handelt es sich um einen Einschub (Apposition), achten Sie unbedingt darauf, ein Komma davor und dahinter zu setzen.
   Beispiel: Goethe, **einer der bedeutendsten deutschen Dichter**, starb 1832 in Weimar.
   Bertolt Brecht, **1898 in Augsburg geboren**, hat eine eigene Theaterform entwickelt, **und zwar das sogenannte epische Theater**.
2. In einigen Fällen ist es Ihnen überlassen, ob Sie innerhalb eines Satzes bestimmte Teile durch Komma abtrennen und somit hervorheben möchten. Häufig ist dieses bei adverbialen Bestimmungen der Fall. Mit dieser Möglichkeit sollten Sie jedoch sparsam umgehen, weil der Lesefluss dadurch auch zu sehr unterbrochen werden kann. Steht der Ausdruck am Satzanfang, wird kein Komma gesetzt.
   Beispiel: Sie kaufte sich(,) **wegen des niedrigen Preises**(,) das Buch.
   Wegen des niedrigen Preises kaufte sie sich das Buch.

1. Tragen Sie in die folgenden Sätze die fehlenden Kommas ein. Überprüfen Sie zunächst, ob es sich um Einschübe oder nachgestellte Erläuterungen handelt, die durch Kommas abgetrennt werden müssen, oder ob Sie sich im Einzelfall entscheiden können, einen Einschub durch Kommas hervorzuheben.

- Der Autor Bertolt Brecht geboren am 10.02.1898 in Augsburg und gestorben am 14. August 1956 in Berlin gilt als der Erfinder des sogenannten epischen Theaters.
- Bertolt Brecht vereinte in dem Begriff episches Theater zwei Großgattungen der Literatur die Epik und die Dramatik also die erzählende Literatur und das Theaterspiel.
- Was der Erzähler in einem epischen Text leistet nämlich die Kommentierung des Geschehens sollte in einem Theaterstück durch besondere Effekte z. B. das Heraustreten der Schauspieler aus ihrer Rolle ermöglicht werden.
- Durch sogenannte Verfremdungseffekte z. B. das Einfügen von kommentierenden Songs in die Handlung oder das Präsentieren von Spruchbändern sollte im Zuschauer und in der Zuschauerin eine Distanz zum Geschehen aufgebaut werden.
- Auf diese Weise sollten die Zuschauer/-innen nach den Vorstellungen Brechts Menschen aus dem einfachen Volk ein kritisches Bewusstsein erhalten und zwar hinsichtlich ihrer eigenen gesellschaftlichen Gegebenheiten.

- Brechts berühmtes Schauspiel „Mutter Courage und ihre Kinder – Eine Chronik aus dem Dreißigjährigen Krieg“ geschrieben in den Jahren 1938 und 1939 und zwar kurz vor Ausbruch des Zweiten Weltkriegs wurde am 19. April 1941 am Schauspielhaus Zürich uraufgeführt.
- Darin geht es um eine Frau genannt „Mutter Courage“ die während des Dreißigjährigen Krieges skrupellos auf ihren geschäftlichen Profit bedacht ist und dadurch ihre Kinder es sind insgesamt drei verliert.
- Von Willy Haas einem deutschen Publizisten Drehbuchautor und Filmkritiker wurde das Schauspiel „Mutter Courage“ wegen seiner inhaltlichen Gestaltung und wegen seines Aufbaus als „Brechts Meisterwerk“ bezeichnet.

Das Komma in Satzgefügen

Regel

1. Das Komma trennt **Haupt- und Nebensatz** voneinander (einfaches Satzgefüge). Der Nebensatz kann vor dem Hauptsatz stehen, dahinter oder in ihn eingeschoben sein.
   Beispiel: **Weil das Buch so erfolgreich war**, wird es einen Nachfolgeband geben.
   Das Haus, **das gerade renoviert wird**, kann ab Februar vermietet werden.
   Er wollte wissen, **ob sie mit der Facharbeit schon fertig sei**.
2. Das Komma steht zwischen Nebensätzen, die **voneinander abhängig** sind (komplexes Satzgefüge).
   Beispiel: **Als sie den Computer, den sie sich gerade gekauft hatte, aus der Verpackung nahm**, stellte sie fest, **dass das Kabel, welches der Händler kostenlos hinzulegen wollte, fehlte**.
3. **Verkürzte Nebensätze**, bei denen z. B. die Subjunktion eingespart wird, werden ebenfalls durch Komma vom Hauptsatz abgetrennt.
   Beispiel: **Hätte er besser zugehört**, wüsste er es jetzt. Ich hoffe, **ihr habt zugehört**.
   Wenn er besser zugehört hätte, wüsste er es jetzt. Ich hoffe, **dass ihr zugehört habt**.
4. Zu den **verkürzten Nebensätzen** gehören auch die **Partizipialsätze**, die nicht mit einem finiten (gebeugten) Verb enden, sondern mit einer Form des Partizip I oder II.
   Beispiel: **In der Stadt angekommen**, begab er sich sofort zum Rathaus.
   Als er in der Stadt angekommen war, begab er sich sofort zum Rathaus.
5. Bei **formelhaft gebrauchten, kurzen Wendungen**, die einen Nebensatz ersetzen, kann das Komma weggelassen werden. Zu solchen Wendungen gehören z. B.: **wie vorausgesagt, wie immer, wie angenommen, wenn möglich** …
   Beispiel: Ihr solltet(,) **wenn möglich**(,) etwas früher kommen.
   Ihr solltet, **wenn es möglich ist**, etwas früher kommen.

1. Tragen Sie in die folgenden Sätze die fehlenden Kommas ein. Als Hilfe sollten Sie zunächst die Hauptsätze unterstreichen und die Nebensätze (auch die verkürzten) mit einer Wellenlinie versehen. Alle Sätze beziehen sich auf das antike Drama „Antigone“ von Sophokles.

- Im Drama „Antigone“ das im Jahre 442 oder 441 v. Chr. von Sophokles geschrieben und erstmals aufgeführt wurde geht es um die Frage nach den sittlichen Maximen für das Zusammenleben der Menschen.

- Dargestellt wird der Widerstand einer jungen Frau mit Namen Antigone gegen das vom Herrscher Kreon erlassene Verbot dass Polyneikes der sein Feind ist bestattet wird.
- Polyneikes der gleichzeitig Antigones Bruder ist hat die gewaltsame Unterwerfung der Stadt Theben versucht.
- Da Antigone an dem getöteten Bruder die heiligen Bestattungsrituale gegen den Willen Kreons vollzieht wird sie von diesem dazu verurteilt dass sie lebendig in einer Grabkammer eingeschlossen wird.
- Dieses Urteil wird sowohl von dem Sohn des Herrschers (Haimon) welcher mit Antigone verlobt ist als auch von dem Seher Teiresias infrage gestellt.
- Beide warnen Kreon vor den Folgen seines Tuns mit welchem er das heilige Recht der Götter missachtet und seine eigene Macht überschätzt.
- Kreon hört in seiner Verblendung erst zu spät auf die unheilvollen Zeichen und wird grausam bestraft indem seine Frau Eurydike und sein Sohn Haimon Selbstmord begehen.
- Wäre er dem Rat des Sehers gefolgt hätte das Geschehen für ihn einen anderen Ausgang genommen.
- Das Drama zeigt dass die Menschen obwohl sie über ungeheure Fähigkeiten verfügen dem Schicksal nicht entgehen können.

2. Tragen Sie in die folgenden Sätze ebenfalls die Kommas ein. In einigen Fällen können Sie sich entscheiden, ob Sie ein Komma setzen oder nicht.

- Die Aufführung der Theater-AG fand wie vorausgesagt in der voll besetzten Aula statt.
- Leo übte die Textvorlage in der Hand haltend kurz vorher noch einmal seinen Auftritt.
- Das Geschehen immer im Blick habend unterstützte der Souffleur konzentriert die Darstellerinnen und Darsteller.
- Wie erwartet musste er jedoch nur an wenigen Stellen eingreifen.
- Es waren nämlich alle wie immer sehr gut vorbereitet.
- Entspannt den Beifall auskostend verbeugten sich die Schülerinnen und Schüler am Schluss zahlreiche Male.
- Zwei weitere Aufführungen fanden wie geplant in der Folgewoche statt.
- Auch diese Aufführungen waren wie eigentlich von allen im Vorfeld erwartet ausverkauft.

3. Schreiben Sie die Sätze aus Aufgabe 2 so um, dass die verkürzten Nebensätze vervollständigt werden. Achten Sie darauf, dass Sie in diesem Fall die Kommas setzen müssen.

4. In dem folgenden, in verschiedene Abschnitte unterteilten Text fehlen die Kommas. Überwiegend geht es um Satzgefüge, es sind jedoch auch einige Aufzählungen und Einschübe enthalten, die durch Kommas abgetrennt werden müssen.

Alexandra Wölke

Von Göttern und Menschen: Antike Mythologie

Das Weltbild der Antike wie es sich im Drama „Antigone“ darstellt fußt auf mythologischen (sagenhaften) und religiösen Vorstellungen die unseren heutigen sehr fremd sind. Daher werden im Folgenden einige diesbezügliche Grundlagen erläutert die für das Gesamtverständnis der Tragödie die eine Form des Dramas darstellt relevant sind.

(6 Kommas)

Die griechische Religion kennt viele verschiedene Gottheiten sie ist also polytheistisch. Die Götter haben dabei deutlich menschliche Eigenschaften worin ein entscheidender Unterschied zu den monotheistischen (von einer Gottheit ausgehenden) Religionen Judentum Christentum und Islam besteht. Die griechischen Götter können leidenschaftlich eifersüchtig zornig ausgelassen und kampfeslustig sein. Auch intime Verhältnisse zu den Menschen aus denen zuweilen Kinder hervorgehen kommen vor. Deshalb gibt es auch den Zwischenstatus des Halbgotts.

(8 Kommas)

Den Menschen der Antike erschienen die sie umgebende Natur und ihre eigene Geschichte als gottgegeben und durch die Götter bzw. das Schicksal bestimmt. Deshalb gibt es mythologische Erzählungen die das konkrete Leben und die Erfahrungen der Menschen durch die Existenz göttlicher Mächte erklärbar machen. So ranken sich um die Schicksale einzelner Königsfamilien von denen es heißt dass sie von den Göttern abstammten sagenhafte Geschichten die zunächst mündlich und später auch in Form von Epen (Erzählungen in Versform) und Dramen überliefert wurden. Die Antigone-Figur etwa stammt aus dem Mythenzyklus welcher sich um die Herrscherfamilie des Stadtstaates Theben rankt dem sogenannten thebanischen Sagenkreis.

(7 Kommas)

Zeustempel (Rekonstruktion), Holzstich von Georg Rehlender, 1903

Auch die Entstehung der Welt und ihre Ordnung wurden durch das Wirken der Götter erklärt. Aus dem Kampf der Gottheiten resultierte der Zerfall der Welt in verschiedene Bereiche. In der Forschung existiert die Theorie dass die ältesten Gottheiten weiblich waren und mit dem Glauben an sie eine völlig andere Gesellschaftsform korrespondierte in welcher den Frauen die größte Macht zugestanden wurde. In diesem Zusammenhang spricht man vom sogenannten „Matriarchat“. Mit dem Aufkommen der männlichen Vorherrschaft in Familie und Staat veränderte sich auch die Vorstellung der Menschen vom göttlichen Kosmos. Weibliche Gottheiten wurden zunehmend verdrängt und mit dem Element der Erde gleichgesetzt während männliche Gottheiten dem Himmel bzw. dem Olymp zugeordnet wurden. Deshalb kennt das antike Griechenland die Unterscheidung zwischen erdhaften und himmlischen (olympischen) Gottheiten. Daneben unterscheidet man noch das Element des Meeres. Dem Mythos nach ist der gesamte Kosmos unter den drei Götterbrüdern Zeus dem Beherrscher des Himmels und der Erde Poseidon dem Herrn des Meeres und Hades dem Herrn der Unterwelt aufgeteilt. Der Name Hades wird auch als Synonym für die Welt der Toten gebraucht.

(9 Kommas)

Damit der Mensch in das Schattenreich gelangen kann muss der Unterweltfluss Acheron überquert werden. Antigone benutzt in ihrer Klage dessen Namen als Synonym für den Tod. Der Fährmann Charon wartet am Ufer und nimmt nur diejenigen mit in sein Boot welchen eine rituelle Bestattung zuteil wurde und denen zudem eine Münze für die Überfahrt unter die Zunge gelegt wurde. Unbestattete hingegen können nicht an den Ort kommen der für sie bestimmt ist was sowohl ihr persönliches Recht auf eine Weiterexistenz als körperlose Wesen (Schatten) als auch das Recht der unteren Götter auf den Leichnam verletzt.

(4 Kommas)

Das Komma bei Infinitivgruppen

Regel

Unter einer **Infinitivgruppe** versteht man einen **Infinitiv mit zu**, zu dem **weitere Wörter bzw. Satzglieder** hinzukommen. Eine Infinitivgruppe hängt von einem übergeordneten Hauptsatz ab. Die Infinitivgruppe kann vor oder hinter dem Hauptsatz stehen oder darin eingefügt sein. In diesem Fall steht vor und hinter der Infinitivgruppe ein Komma.

Beispiel: Die Frau verbirgt ihr Gesicht, um ihre Angst nicht **zu zeigen**.
Um ihre Angst nicht **zu zeigen**, verbirgt die Frau ihr Gesicht.
Die Frau verbirgt, um ihre Angst nicht **zu zeigen**, ihr Gesicht.

In folgenden Fällen **muss** eine Infinitivgruppe durch Komma vom Hauptsatz **abgetrennt werden**:

1. Die Infinitivgruppe bezieht sich auf ein **Nomen/Substantiv** im übergeordneten Satz.
   Beispiel: Jana hat nicht die **Möglichkeit**, ihrem Wunsch entsprechend **zu studieren**.

2. Die Infinitivgruppe bezieht sich auf ein Wort wie **daran, darauf, dazu, damit, es** im übergeordneten Satz.
   Beispiel: Sie schafft **es** nicht, sich gegen den autoritären Herrscher **durchzusetzen**.
   Sie achtet **darauf**, nicht erkannt **zu werden**.

3. Die Infinitivgruppe wird mit **um (zu), anstatt (zu), statt (zu), ohne (zu), außer (zu), als (zu)** eingeleitet.
   Beispiel: Antigone bestattet den Bruder, **ohne** sich um den Befehl des Herrschers **zu kümmern**.
   Um Rache **zu üben**, verurteilt Kreon Antigone zum Tod.

In den anderen Fällen kann eine Infinitivgruppe durch Komma **abgetrennt werden**.
Beispiel: Sie erwartet nicht(,) begnadigt **zu werden**.

Ein einfacher Infinitiv mit zu kann abgetrennt werden, wenn ein Nomen/Substantiv oder ein anderes Wort im übergeordneten Satz darauf hinweist. Das Komma muss jedoch nicht gesetzt werden.
Beispiel: Sie hat nicht die **Absicht(,) wiederzukommen.**
Der Junge vermeidet **es(,) aufzuschauen**.

1. Tragen Sie in die folgenden Sätze die fehlenden Kommas ein. Überlegen Sie zuvor, ob die Infinitivgruppe eingeleitet wird oder ob im Hauptsatz ein hinweisendes Wort steht und sie demnach ein Komma setzen müssen oder ob es freigestellt ist, dieses zu tun.

- Mit seinen Fähigkeiten mit der Gottheit zu kommunizieren und die Zukunft vorauszusagen gilt der blinde Seher Teiresias als Mittler der Götter- und der Menschenwelt.
- Ein Knabe begleitet ihn um den Blinden zu führen.
- Anstatt sich wie Kreon von seinen Emotionen leiten zu lassen agiert Teiresias sehr bedächtig und überlegt.
- Er macht Kreon den Vorwurf unbelehrbar und verblendet zu sein.
- Kreon denkt nicht daran sich in die göttliche Ordnung einzufügen und vertut am Schluss seine letzte Chance gerettet und geheilt zu werden.
- Die Schülerinnen und Schüler des Leistungskurses Deutsch beabsichtigen einige Szenen aus der Tragödie einzustudieren und aufzuführen.
- Um die Beziehungen der Figuren besser verstehen zu können bauen sie zunächst einige Standbilder.
- Dabei geht es darum den Text genau zu untersuchen und anschließend mit eingefrorenen Gesten und Körperhaltungen das Beziehungsgefüge zu verdeutlichen.
- Im Einzelfall kann es auch sinnvoll sein die Beziehung zunächst in einer Skizze festzuhalten um dann anschließend mit dem Standbildbau zu beginnen.
- Wichtig ist es die Personen bis in die kleinste Nuance (Handhaltung, Blick …) aufzustellen um auf diese Weise auch eine Deutung vorzunehmen.
- Dabei muss immer wieder versucht werden einen unmittelbaren Bezug zur Textvorlage herzustellen.

2. Im Folgenden finden Sie einen Auszug aus einer Charakterisierung der Hauptfigur der antiken Tragödie „Antigone“ von Sophokles. Tragen Sie die fehlenden Kommas ein. Es geht dabei um alle Kommaregeln, die Sie zuvor geübt haben.

Alexandra Wölke
Antigone – Eine Charakterisierung

Antigone entstammt einem königlichen Geschlecht und zwar dem Haus der Labdakiden. Den Mitgliedern ihrer Familie widerfährt seit Generationen immer wieder neues Unheil ein Umstand der auf einen Fluch zurückgeführt wird. So hat z. B. ihr Vater Ödipus unwissentlich seinen Vater erschlagen und seine Mutter geheiratet. Hiermit hat sich an ihm das Schicksal erfüllt das ihm vorausgesagt wurde und dem er entfliehen wollte.

(4 Kommas)

Als er dies erkennt blendet er sich selbst und verlässt seinen Herrschaftsbereich Theben um mit seiner Tochter Antigone in den Bergen umherzuziehen. Schon in der Vorgeschichte des Dramas wird somit Antigones Familiensinn als ein zentraler Bestandteil ihres Wesens erkennbar. Die weibliche Hauptfigur des Dramas hat drei Geschwister: Ismene Eteokles und Polyneikes. Nach dem Tod ihrer beiden Brüder in der Schlacht um die Herrschaft in Theben übernimmt nun ihr Onkel Kreon als neuer König die Regierungsgeschäfte.

(3 Kommas)

Da dieser es als sein erstes Gesetz verkündet die Leiche des Polyneikes unbestattet zu lassen und ihn damit als Landesverräter zu ächten entschließt sie sich dazu Widerstand zu leisten. Sie vollzieht die heiligen Bestattungsriten an seinem toten Körper zweifach und wird dabei gefasst und von Kreon zum Tode verurteilt.

(3 Kommas)

Marie Spartali Stillman (1844–1927): Antigone

Antigones Denken und Handeln ist in erster Linie durch die tiefe und innige Verbundenheit mit ihrer Familie motiviert. So bezeichnet sie diese auch nach deren Tod als ihre „Lieben“ (V. 10) und ist stolz darauf ihre verstorbenen Körper „alle einst gewaschen und geschmückt“ (V. 901) zu haben. Da für sie die Philia die Familienliebe als zentrales Prinzip gilt ist es für sie völlig unerheblich ob ihr Bruder Polyneikes der Verräter und Aggressor ist als der er von Kreon diffamiert wird. Sie bestattet ihn weil ihr schon allein die Vorstellung ihn den Vögeln und Hunden zum Fraß zu überlassen Schmerzen bereitet.

(9 Kommas)

(2011)

Rhetorische Figuren – Stilfiguren

Wissen und Können

- Wenn Sie einen Text, z. B. eine Rede, einen Sachtext, eine Werbeanzeige, eine Erzählung oder ein Gedicht analysieren bzw. interpretieren wollen, kommt es auch darauf an, die **sprachlichen Besonderheiten** zu kennzeichnen, um Ihre Aussagen zur Deutung informativ zu belegen.
- Diese sprachlichen Besonderheiten, die auch **rhetorische Figuren**, **Stilfiguren oder Stilmittel** genannt werden, sollten Sie immer mit den entsprechenden **Fachausdrücken** benennen.
- Welche Funktion diese rhetorischen Figuren im Textzusammenhang haben, kann man nicht allgemein sagen. In jedem Fall unterstützen sie eine bestimmte Aussageabsicht, die mit dem jeweiligen Text verbunden ist.

1. Im Folgenden finden Sie die Umschreibung unterschiedlicher rhetorischer Figuren. Ordnen Sie der Umschreibung den passenden Fachausdruck zu. Wählen Sie diesen aus dem Wortspeicher auf S. 100 aus und tragen Sie ihn in die rechte Spalte der Tabelle ein. Wenn Sie sich unsicher sind, schlagen Sie in einem Lexikon nach oder recherchieren Sie im Internet. Es lohnt sich auch ein Blick auf die Umschlaginnenseiten.

Umschreibung	**Fachausdruck**
Mehrere Sätze, Satzteile oder Verse beginnen mit dem gleichen Wort:	
Das Negative eines Sachverhalts wird durch positive Bezeichnungen verhüllt:	
Eine Reihe von Ausdrücken ist steigernd angeordnet:	
Allgemeinen Begriffen, Gegenständen, Tieren oder Pflanzen werden Eigenschaften und Verhaltensweisen zugeordnet, die nur Menschen zukommen:	
Ein Text besteht aus Sätzen, die so gebaut sind, dass überwiegend Hauptsätze aneinandergereiht werden:	
Eine Frage, auf die keine Antwort erwartet wird, weil die Übereinstimmung mit dem Angesprochenen vorausgesetzt wird:	
Der Sprecher meint das Gegenteil dessen, was er sagt:	
Wörter oder kurze Sätze stehen unverbunden nebeneinander:	
Mehrere Wörter bzw. betonte Silben beginnen mit dem gleichen Laut:	
Neuschöpfung eines Wortes, das es so bisher noch nicht gab und das manchmal nur in einem bestimmten Text verwendet wird:	
Eine deutliche Übertreibung: Ein Ausdruck wird so übersteigert, dass er wörtlich genommen nicht mehr zutrifft:	
Ein Wort wird aus dem üblichen Sprachgebrauch gelöst und so in einen anderen Zusammenhang eingeordnet, dass eine neue, übertragene Bedeutung entsteht:	

Umschreibung	**Fachausdruck**
Ein Text besteht überwiegend aus Satzgefügen:	
Ein konkreter Gegenstand oder eine Farbe stehen für einen allgemeinen Sinnzusammenhang:	
Durch *wie*, *als ob* u. Ä. wird eine Beziehung hergestellt zwischen zwei Bereichen, zwischen denen es Gemeinsamkeiten gibt:	
Ein abstrakter Begriff wird in einem figürlichen Bild veranschaulicht:	
Die Bedeutung eines Wortes wird bereits durch den Klang ersichtlich:	
In aufeinanderfolgenden Sätzen werden die Satzglieder in gleicher Weise angeordnet:	
Wörter bzw. Satzglieder stehen innerhalb eines Satzes an ungewöhnlicher Stelle:	
Mehrere Wörter enthalten gleichklingende Vokale:	

die Hypotaxe/der hypotaktische Satzbau   der Vergleich   die rhetorische Frage
die Assonanz   die Lautmalerei/die Onomatopoesie   das Symbol   die Ironie
die Personifikation   die Alliteration   die Klimax   das Asyndeton   die Anapher
der Euphemismus   die Parataxe/der parataktische Satzbau   die Allegorie
die Hyperbel   der Neologismus   die Metapher   der Parallelismus   die Inversion

2. Im Folgenden ist die erste Strophe von Conrad Ferdinand Meyers Ballade „Die Füße im Feuer“ abgedruckt. Bestimmen Sie die rhetorischen Figuren. Schreiben Sie die Fachausdrücke jeweils an den Rand.

Conrad Ferdinand Meyer (1825 – 1898)

Die Füße im Feuer

Wild zuckt der Blitz. In fahlem Lichte steht ein Turm.
Der Donner rollt. Ein Reiter kämpft mit seinem Ross,
springt ab und pocht ans Tor und lärmt. Sein Mantel saust
im Wind. Er hält den scheuen Fuchs am Zügel fest.
Ein schmales Gitterfenster schimmert goldenhell,
und knarrend öffnet jetzt das Tor ein Edelmann [...] *(1882)*

3. Erläutern Sie, wozu die rhetorischen Figuren in diesem Fall überwiegend dienen.

___

___

___

Zitieren

Grundregel

Regel

1. Wörtliche Übernahmen (Zitate) aus Büchern, Briefen, Schriftstücken u. a. müssen durch **Anführungszeichen** kenntlich gemacht werden.
2. Im Rahmen des Deutschunterrichts zitieren Sie vor allem dann, wenn Sie Aussagen zur Erklärung oder Deutung **durch den Text belegen** wollen.
3. Hinter das Zitat wird in Klammern immer die Quelle vermerkt, in der Regel handelt es sich dabei um die Zeilen- (Z. 7) oder bei einem Gedicht um die Verszahlen (V. 5). Zitieren Sie aus einem mehrseitigen Werk, muss auch die Seite angegeben werden (S. 46, Z. 15).
4. Endet das Zitat mit einem Satzschlusszeichen, kommt hinter die schließende Klammer der Quellenangabe kein weiteres Schlusszeichen: „...!" (S. 12, Z. 4) In diesem Fall zitieren Sie das Satzschlusszeichen also mit.
5. Fehlt am Ende des Zitats ein Satzschlusszeichen, steht dieses hinter der schließenden Klammer der Quellenangabe: „..." (S. 12, Z. 19).

Im Folgenden werden die wichtigsten Zitierweisen und weitere Besonderheiten anhand der ersten Strophe von Conrad Ferdinand Meyers Ballade „Die Füße im Feuer" erläutert (s. S. 104).

Zitierweisen

Regel

1. Zitate mit hinweisendem Begleitsatz

Steht vor, innerhalb oder hinter dem Zitat ein hinweisender Begleitsatz, erfolgt die Kennzeichnung wie bei der wörtlichen Rede. Das gilt vor allem für den Fall, dass ganze Sätze zitiert werden.

Beispiel: Die Ballade beginnt mit folgender Naturbeschreibung: „Wild zuckt der Blitz." (V. 1)
„Wild zuckt der Blitz." (V. 1), so beginnt die Ballade.
Möglich ist auch:
„Wild zuckt der Blitz" (V. 1). So beginnt die Ballade.

2. Eingebaute Zitate

Eleganter kann es oft sein, wenn Zitate in den eigenen Satzbau eingefügt werden. Ein Doppelpunkt wird in diesem Fall nicht gesetzt.

Beispiel: Mit der Aussage „Wild zuckt der Blitz." (V. 1) wird von Beginn an eine unheimliche Atmosphäre erzeugt.
Die Verbformen „kämpft" (V. 2), „lärmt" (V. 3) und „saust" (V. 3) bringen zum Ausdruck, dass der Reiter gehetzt ist und sich in einer emotionalen Ausnahmesituation befindet.

Besonderheiten

Regel

1. Manchmal erfordert es der eigene Satzbau, die Endung zitierter Wörter zu verändern. In diesem Fall werden die geänderten Wortendungen in eckige Klammern gesetzt. Das gilt auch, wenn der Satzbau innerhalb des Zitats verändert wird. Die in das Zitat eingefügten oder innerhalb des Zitats umgestellten Wörter werden in eckige Klammern gesetzt.

   Beispiel: Das „fahle[m] Licht[e]" (V. 1) erzeugt eine gespenstische Stimmung.
   Dass „Ein schmales Gitterfenster [goldenhell] schimmert" (V. 5), bringt zum Ausdruck, dass im Inneren des Gebäudes eine ganz andere Stimmung vorherrscht.

2. Wenn Teile eines zitierten Satzes ausgelassen werden, werden die Auslassungen durch drei Punkte und eckige Klammern gekennzeichnet.
   Beispiel: Der Mann „springt ab […] und lärmt." (V. 3) Auf diese Weise wird deutlich, wie gehetzt er ist.

3. Eine wörtliche Rede, ein Titel oder ein Zitat innerhalb eines Zitats werden durch halbe Anführungszeichen kenntlich gemacht.
   Beispiel: Die Rednerin begann ihren Vortrag mit der Feststellung: „Conrad Ferdinand Meyers Ballade ‚Die Füße im Feuer' eignet sich in besonderer Weise dazu, sie szenisch aufzuführen oder in ein Hörspiel umzuarbeiten."

4. Wenn unmittelbar auf einen Textteil Bezug genommen wird, aber nicht wörtlich zitiert wird, verwendet man für die Quellenangabe die Abkürzung „vgl." (= vergleiche).
   Beispiel: Mehrere lautmalerische Formulierungen (vgl. V. 1, V. 3, V. 6) verdeutlichen, wie unheimlich die Szenerie ist.

5. Geht ein Zitat über zwei Zeilen, können als Quelle entweder beide Zeilen angegeben werden (Z. 1 – 2) oder man kann mit der Abkürzung f. (für: folgende Zeile) arbeiten (Z. 1 f.).
   Erstreckt sich das Zitat über mehrere Zeilen, können ebenfalls die Zeilen angegeben werden (Z. 1 – 3) oder man kann mit der Abkürzung ff. (für: folgende Zeilen) arbeiten (Z. 1 ff.).

6. Werden mehrere Verse zitiert, wird das jeweilige Versende im Zitat mit einem Schrägstrich (/) markiert.
   Beispiel: Das Enjambement „Sein Mantel saust / im Wind" (V. 3 f.) verdeutlicht, wie gehetzt der Reiter ist.

7. Ist im zitierten Text ein Fehler oder eine ungewöhnliche Schreibweise enthalten, wird originalgetreu zitiert. Der Fehler wird also mitzitiert, dahinter kann der Schreiber jedoch ein [sic] in eckigen Klammern setzen (sic = so, wirklich so), um zu verdeutlichen, dass er den Fehler nicht zu verantworten hat.
   Beispiel: In seiner Rezension mit dem Titel „Gespenstisch – Die Füsse [sic] im Feuer" legt der Verfasser den Schwerpunkt auf die besonders anschauliche Darstellungsweise Conrad Ferdinand Meyers.

Im Folgenden ist die Schlussstrophe der Ballade „Die Füße im Feuer" von Conrad Ferdinand Meyer abgedruckt. Der Beginn der Ballade befindet sich auf der Seite 100.

Sie reiten durch den Wald. Kein Lüftchen regt sich heut.
Zersplittert liegen Ästetrümmer quer im Pfad.
Die frühsten Vöglein zwitschern, halb im Traume noch.
Friedselge Wolken schwimmen durch die klare Luft,
als kehrten Engel heim von einer nächtgen Wacht.
Die dunklen Schollen atmen kräftgen Erdgeruch.
Die Ebne öffnet sich. Im Felde geht ein Pflug.
Der Reiter lauert aus den Augenwinkeln: „Herr,
Ihr seid ein kluger Mann und voll Besonnenheit
Und wisst, dass ich dem größten König eigen bin.
Lebt wohl. Auf Nimmerwiedersehn!" Der andre spricht:
„Du sagst! Dem größten König eigen! Heute ward
Sein Dienst mir schwer … Gemordet hast du teuflisch mir
Mein Weib! Und lebst! … Mein ist die Rache, redet Gott."

(1882)

Jens Thiele: Illustration zu „Die Füße im Feuer", 2010

1. Tragen Sie in die folgenden Sätze aus einer Interpretation der Ballade die fehlenden Zitate in der richtigen Form ein.

- Zu Beginn der letzten Strophe erfährt der Leser, dass beide nebeneinander ______________________________ (V. 1). Hier wird deutlich, dass der Hausherr nicht untergeordnet ist.
- Im Gegensatz zum Beginn der Ballade hat sich die Atmosphäre vollkommen gewandelt, denn ______________________________ (V. 1)
- Die Verkleinerungsform ______________ (V. 1) findet eine Entsprechung im dritten Vers. Dort ist nämlich von den ______________________ (V. 3) die Rede.
- Zusammen mit den ______________________ (V. 4) wird auf diese Weise eine von Ruhe und innerem Frieden geprägte Stimmung verdeutlicht.
- Dass in der vorausgegangenen Nacht etwas Furchtbares passiert sein muss, bringen die ______________________________ (V. 2) zum Ausdruck.
- Mit dem Vergleich ______________________________ (V. 5) nimmt der Autor Bezug auf ein mögliches göttliches Eingreifen in das vergangene Geschehen.
- Die weiterhin existierende Angst des Reiters wird durch folgendes Zitat ersichtlich: ______________________________ (V. 8).
- Mit dem abschließenden Satz ______________________________ (V. 14) verweist der Edelmann auf eine höhere Gerechtigkeitsinstanz.

Schriftliche Prüfungen vorbereiten

In diesem Kapitel geht es darum, Strategien zur Vorbereitung auf schriftliche Prüfungen im Abitur kennenzulernen und anzuwenden sowie die im Abitur geforderten Aufgabenstellungen an Beispielen zu üben. Bei der schriftlichen Abiturprüfung gehen Sie ähnlich wie bei Schulaufgaben vor. Die Lösungen zu den Aufgaben schreiben Sie in Ihre Unterlagen.

Wie gehe ich beim Schreiben einer schriftlichen Prüfung vor?

1. Nutzen Sie den folgenden Selbstreflexionsbogen, um persönliche Stärken und Schwächen beim Verfassen von schriftlichen Prüfungen (z. B. Schulaufgaben) festzustellen.

Schreibstrategien	**immer**	**manchmal**	**nie**	**Anmerkungen (z. B. positive oder negative Erfahrungen)**
Ich überprüfe vor der Schulaufgabe mein Arbeits- und Schreibmaterial (Klausurbögen, Stift, Lektüre …).				
Ich lese meine Schreibaufgabe genau durch und kläre, was ich genau machen soll.				
Ich kläre, welches Aufgabenformat verlangt wird.				
Ich mache mir einen Zeitplan.				
Ich nehme mir ca. 5 Minuten und notiere kurz, was ich z. B. über den/die Autor/-in, das Thema, den Zeithintergrund etc. weiß.				
Ich plane meinen Text vorher, indem ich eine Gliederung oder eine Mind-Map erstelle.				
Ich schreibe einzelne Teile der Schulaufgabe vor (z. B. Einleitung).				
Ich kenne Schreibstrategien, falls ich beim Schreiben nicht mehr weiterkomme.				
Ich überprüfe, ob meine Schulaufgabe inhaltlich stimmig ist.				
Ich nehme mir genügend Zeit, um meine Schulaufgabe am Ende noch einmal auf sprachliche Richtigkeit zu überprüfen.				

Ihre Texte aus der schriftlichen Abiturprüfung, aus Schulaufgaben oder anderen Schreibaufgaben sollen im Hinblick auf inhaltliche und formale Anforderungen überarbeitet werden. Die Überarbeitung sollte in zwei Schritten erfolgen:

Wissen und Können

Checkliste zur inhaltlichen Überarbeitung

Habe ich die Vorgaben der Aufgabenstellung entsprechend berücksichtigt?
- inhaltliche Vorgaben: Texte, Themen, Schreibaufgaben (1 und 2)
- methodische Anweisungen: Operatoren

Hat meine Arbeit einen roten Faden?
- klare Gliederung
- präzise Zuordnung der Ergebnisse zu den einzelnen Gliederungspunkten
- keine Ausführungen, die nicht zum Thema gehören

Ist meine Arbeit widerspruchsfrei?
- sachliche Richtigkeit
- schlüssige Argumentation

Habe ich mein fachliches Vorwissen eingebracht und logisch mit den neu gewonnenen Untersuchungsergebnissen verknüpft?
- allgemeine Kenntnisse zum Thema
- (literarische) Fachkenntnisse zu Thema, Epoche, Autor/-in, Vergleichstexten

Wissen und Können

Checkliste zur formalen Überarbeitung

Entspricht meine Arbeit den Vorgaben der vorgegebenen Textsorte (Interpretation, Analyse, Kommentar, Vortragstext etc.)?
- Aufbau: Einleitung, Hauptteil, Schluss
- Einteilung in Abschnitte, die aufeinander Bezug nehmen
- logische Verknüpfungen zwischen den einzelnen Abschnitten durch verbindende Wörter oder Formulierungen

Entspricht meine Arbeit den sprachlichen und formalen Erwartungen an eine Schulaufgabe?
- präzise Wortwahl
- Verwendung von Fachvokabular
- verständlicher, abwechslungsreicher Satzbau
- Vermeidung von Umgangssprache
- korrektes Arbeiten mit Zitaten und Textbelegen
- sprachliche Korrektheit in Bezug auf Grammatik, Rechtschreibung und Zeichensetzung

2. Erstellen Sie Ihre persönlichen Checklisten zur Textüberarbeitung, indem Sie Ihren Blick gezielt auf Ihre persönlichen Problemfelder lenken.

3. Bearbeiten Sie die einzelnen Aufgaben für die Abiturprüfung auf den folgenden Seiten schriftlich.

Interpretieren literarischer Texte (Lyrik)

1. Interpretieren Sie das Gedicht „Der Abend“ von Georg Heym.

2. Vergleichen Sie die Gestaltung der Natur-Erfahrung in Heyms Gedicht mit der in Selma Meerbaum-Eisingers Gedicht „Abend“. Berücksichtigen Sie dabei inhaltliche sowie sprachliche und formale Aspekte.

Georg Heym (1887 – 1912)

Der Abend

Versunken ist der Tag in Purpurrot,
Der Strom schwimmt weiß in ungeheurer Glätte.
Ein Segel kommt. Es hebt sich aus dem Boot,
Am Steuer groß des Schiffers Silhouette.

Auf allen Inseln steigt des Herbstes Wald
Mit roten Häuptern in den Raum, den klaren.
Und aus der Schluchten dunkler Tiefe hallt
Der Waldung Ton, wie Rauschen der Kitharen[1].

Das Dunkel ist im Osten ausgegossen,
Wie blauer Wein kommt aus gestürzter Urne.
Und ferne steht, vom Mantel schwarz umflossen,
Die Nacht auf schattigem Kothurne[2].

(1910)

Selma Meerbaum-Eisinger (1924 – 1942)

Abend

Der Himmel ist vom hellsten Blau
und weiße Wolken lächeln mit ihm.
Und schlanke Bäume, dunkel oder grün,
sehen dich an und sagen lautlos: schau!

Alles ist eingehüllt in weiche Luft,
die still ist, so als ob sie einem Märchen lausche.
Und alle Vögel horchen wie im Rausche –
man hört nur Duft.

Die weißen Wolken blinken wie der Schnee,
der auf Vergissmeinnicht gefallen ist.
Und ganz so blau liegt auch das weiche Weh,
das sich über die Bäume gießt.

Und – sind die Bäume dunkel oder grün?
Sie wissen es wohl selber nicht genau.
In einem Fenster zittert aus dem Blau
ein Tropfen Rot. Sie blühn.

(1941)

Selma Meerbaum-Eisinger (oder auch: Selma Merbaum) wurde 1924 als rumänische deutschsprachige Jüdin in Czernowitz, im ehemaligen Königreich Rumänien (heute in der Ukraine) geboren. Sie begann mit 15 Jahren, Gedichte zu schreiben, insgesamt 57 bis zu Ihrem frühen Tod mit 18 Jahren im Zwangsarbeitslager Michailowka.

[1] **Kithara:** Leier, antikes Saiteninstrument
[2] **Kothurn:** Schuh mit erhöhter Sohle für Schauspieler im antiken Theater

Interpretieren literarischer Texte (Dramatik)

1. Interpretieren Sie diesen Dramenausschnitt aus „Groß und Klein“ von Botho Strauß unter besonderer Berücksichtigung der Kommunikationssituation.

2. Zeigen Sie ausgehend von Ihren Ergebnissen vergleichend die Gestaltung von Kommunikationsproblemen in einem anderen literarischen Werk auf. Beziehen Sie dabei jeweils die zeit- und literaturhistorischen Hintergründe mit ein.

Botho Strauß (geb. 1944)

Groß und klein

Die in Scheidung lebende arbeitslose Grafikerin Lotte reist durch die Bundesrepublik; sie ist auf der Suche nach ihrem Mann Paul, nach Liebe und Anerkennung. Ihre Fahrt wird zu einer Odyssee durch die Gesellschaft der 1970er-Jahre. In ihren Begegnungen mit Freunden, Verwandten und Bekannten ist sie bemüht, Anschluss zu finden, aber auch selbst Hilfe und Liebe zu geben. Eine der Stationen auf Lottes Reise ist Essen, wo sie ihre alte Schulfreundin Meggy wiedersehen will. Über die Sprechanlage des Mietshauses sucht sie Kontakt.

Personen: Lotte • Meggy • [...]• Hausbewohner

Vor der Glastür eines Mietshauses. Eine Sprechanlage über der Klingeltabelle. Lotte im Regenmantel mit der Zeichenmappe unter dem Arm. Lotte sucht nach einem Namen auf der Klingeltabelle: Niedschläger ... Steht gar nicht drauf. Muss aber draufstehen. Virchowstraße 85. Stimmt. Tillmann, Karnap, Kutnewski, von Roel ... Von Roel! ... Könnte sein, von Roel. Der Sohn vom Kinopächter. Umstrittenes Kind. Niedschläger wird von Roel durch späte Heirat erster Liebe. Die hat ja für nur einmal Quo vadis[1] umsonst Zungenkuss gemacht mit dem und der hatte weißgott einen wässrigen Mund ... Victor Mature hat auch einen wässrigen Mund! ... Ach, Meggy, du kannst mir viel erzählen ...

Sie drückt einen Klingelknopf. Ein Knacken im Lautsprecher der Sprechanlage.

Lotte *spricht in die Anlage:* Ja, hier die Lotte Kotte aus Lennep ...

Keine Antwort. Erneutes Knacken in der Anlage. Hallo? Irrtum. Irrtum sagte der Igel und sprang von der Kleiderbürste. *Sie drückt einen anderen Klingelknopf.*

Anlage *männliche Stimme:* Wer spricht?

Lotte: Lotte.

Anlage *freudig:* Lotti?!

Lotte: Nein, Lotte.

Anlage: Lotti? Ja, gibt's dich noch?

Lotte: Nein, nein. Ich bin jemand anders. Sie verwechseln mich. Ich suche die Mechthild Niedschläger ...

Anlage: Ach ...

Knacken in der Anlage. Lotte drückt einen anderen Klingelknopf. Niemand antwortet. Sie drückt den nächsten ...

Anlage *Stimme einer alten Frau:* Ja?

Lotte: Entschuldigen Sie bitte, ich suche ein Fräulein Niedschläger –

Anlage: Nein.

Lotte: Oder Frau –, Frau!

Anlage: Nein. Wie heißt die?

Lotte: Ich weiß nicht genau, es könnte sein – falls inzwischen verheiratet.

Anlage: Wissen Sie, mein Mann und ich, wir kommen von drüben. Wir kennen hier praktisch kaum jemanden. Unsere Tochter ist Amtsgerichtsrätin, aber sie ist leider gerade nicht da. Fragen Sie mal bei Hein. Die wissen allgemein gut Bescheid.

[1] **Quo vadis?** wörtlich: Wohin gehst du?, drückt Besorgnis und Skepsis aus

Lotte: Danke ... Hein, danke. *Sie sucht den Namen und drückt die Klingel.*

Anlage *Frauenstimme:* Bitte!

Lotte: Frau Hein?

Anlage: Ja. Welche?

Lotte: Bitte entschuldigen Sie die Störung – kennen Sie Niedschläger, Meggy? Mechthild.

Anlage *die Frau ruft in die Wohnung nach ihrer Schwester:* Gunilla! *Zu Lotte.* Warten Sie.

Lotte: Danke.

Anlage *andere Frauenstimme:* Ja?

Lotte: Bitte ... hier muss eine Frau wohnen im Haus mit dem Mädchennamen Niedschläger. Aber es scheint, vielleicht hat sie plötzlich doch geheiratet und ich kann sie nicht finden. Weiß aber, dass sie hier wohnt, durch Brief des Vaters! *Sie hält das Ohr an die Anlage.* Man sagte mir bei Braun, Sie wüssten gut Bescheid.

Anlage: Einen kleinen Augenblick, bitte. *Sie ruft in die Wohnung:* Lore! Lore! *Nach einer Weile.* Haben wir richtig verstanden: Tannsieder, ja?

Lotte: Niedschläger. Nied wie niedlich.

Anlage: Oh, das ist ein ganz anderer Name. Warten Sie bitte. *Nach einer Weile die Stimme der ersten Frau.* Hören Sie?

Lotte: Ja ...

Anlage *träge Stimme einer Frau:* Wir wissen es nicht. [...]

Lotte *drückt mit ausgestrecktem Zeigefinger auf einen Klingelknopf:* Nein!

Anlage *trägt Stimme einer Frau:* Ja?

Lotte *müde:* Guten Abend. Entschuldigen Sie die Störung. Ich suche Niedschläger, Frau, jetzt aber eventuell nicht mehr Niedschläger ...

Anlage: Ja. Und?

Lotte: Und ... und ... Wohnt in Numero 85, aber wo?

Anlage: Ja, ja. Ich bin das.

Lotte *freudig:* Meggy! Meggy! Na, Meggy, also weißt du – da heißt du jetzt glücklich .... wie? *Sieht auf die Klingeltabelle.* Also was? ... Wittich. Wittich!

Anlage: Wer sind Sie?

Lotte: Ich bin die Lotte-Kotte ... *Sie schweigt, horcht, keine Antwort. Sie spricht im rheinischen Dialekt.* Dä Griffelklau ... dat Düftgen ... die hätt dat Dingens folle laasse in uns 200-Meter-Staffel ... die Jute! Die Gute, die Gute!

Anlage: Ah – ja.

Lotte: Oh Meggy ...

Anlage: Die Lotte-Kotte.

Lotte: Na klar! Wie geht's, wie geht's?

Anlage *eintönig träge*: Es geht so. Bist du auf Besuch hier?

Lotte: Ja. Nein. Ich kam gerade durch Essen und ich dachte, sieh mal nach, wie's der Meggy so geht.

Anlage: Hm.

Lotte: Also, komm ich eben mal rauf, ja?

Anlage: Mir geht's nicht besonders.

Lotte: Bist du krank?

Anlage: Weiß auch nicht.

Lotte: Nur auf ein Wörtchen, auf ein Wörtchen nur.

Anlage: Ich weiß nicht ...

Lotte: Was gibt es nicht alles zu erzählen! Meggy! Überleg doch mal!

Anlage: Erzählen ... hm. Viel?

Lotte: Na klar, du. Was nicht alles.

(1987)

Die Schauspielerin Nina Hoss als Lotte, aufgenommen am 12.03.2009 im Deutschen Theater in Berlin während einer Probe der Szenen „Groß und klein" von Botho Strauß.

Interpretieren literarischer Texte (Epik)

1. Interpretieren Sie den vorliegenden Textauszug aus Thomas Manns Roman „Buddenbrooks“, indem Sie besonders auf die Präsentation der Tony Buddenbrook eingehen. Erläutern Sie anhand des Textauszugs, welchen Frauentypus Tony Buddenbrook repräsentiert und wie ihr Selbstbild ist. Gehen Sie auch auf die sprachliche Gestaltung des Textes ein.

2. Nehmen Sie ausgehend von Ihren Ergebnissen eine begründete literaturhistorische Einordnung des Romans vor.

Thomas Mann (1875 – 1955)

Buddenbrooks

Der Roman „Buddenbrooks: Verfall einer Familie“ erzählt vom allmählichen, sich über vier Generationen hinziehenden Niedergang einer wohlhabenden Kaufmannsfamilie. Antonie Buddenbrook, genannt Tony, ist die erste Tochter von Jean und Elisabeth Buddenbrook, Schwester von Thomas, Christian und Clara. In dem Romanauszug spricht die bereits von Bendix Grünlich geschiedene Tony mit der Kinderfrau Ida über Alois Permaneder, den sie auf einer Reise nach München kennengelernt hat und ein möglicher Kandidat für eine erneute Heirat ist.

„Magst ihn leiden Tonychen? Sag mal ehrlich!“

„Ja, Ida. Da müßte ich lügen, wenn ich das leugnen wollte. Er ist nicht schön, aber darauf kommt es nicht an, in diesem Leben, und er ist ein grundguter Mann und keiner Bosheit fähig, das glaube mir. Wenn ich an Grünlich denke ... o Gott! er sagte beständig, daß er rege und findig sei, und bemäntelte in tückischer Weise seine Filouhaftigkeit[1] ... So ist Permaneder nicht, siehst du. Er ist, möchte ich sagen, zu bequem dazu, und nimmt das Leben zu gemütlich dazu, was übrigens andererseits auch wieder ein Vorwurf ist, denn Millionär wird er sicher nicht werden und neigt, glaube ich, ein bißchen dazu, sich gehenzulassen und so weiterzuwursteln, wie sie da unten sagen ... [...]“

„In München, Tonychen; aber hier?“

„Aber hier, Ida! Du merkst schon, was ich sagen will. Hier, wo er so ganz aus seiner eigentlichen Umgebung herausgerissen ist, wo alle anders sind, strenger und ehrgeiziger und würdiger, sozusagen ... hier muß ich mich oft für ihn genieren, ja, ich gestehe es dir offen, Ida, ich bin ein ehrliches Weib, ich geniere mich für ihn, obgleich es vielleicht eine Schlechtigkeit von mir ist! Siehst du ... mehrere Male ist es ganz einfach vorgekommen, daß er im Gespräche ‚mir‘ statt ‚mich‘ gesagt hat. Das tut man da unten, Ida, das kommt vor, das passiert den gebildetsten Menschen, wenn sie guter Laune sind, und tut keinem weh und kostet nichts und läuft so mit unter, und niemand wundert sich. Aber hier sieht Mutter ihn von der Seite an, und Tom zieht die Augenbraue hoch, und Onkel Justus gibt sich einen Ruck und pruscht beinah, wie die Krögers immer tun, und Pfiffi Buddenbrook wirft ihrer Mutter oder Friederike oder Henriette einen Blick zu und dann schäme ich mich so sehr, daß ich am liebsten aus der Stube laufen möchte, und kann mir nicht denken, daß ich ihn heiraten könnt ...“

„Ach wo, Tonychen! Sollst ja auch in München mit ihm leben.“

„Da hast du recht, Ida. Aber nun kommt die Verlobung, und die wird gefeiert, und nun bitte ich dich, wenn ich mich vor der Familie und vor Kistenmakers und Möllendorpfs und den anderen beständig schämen muß, weil er so wenig vornehm ist ... ach, Grünlich war vornehmer, wofür er allerdings innerlich schwarz war, wie Herr Stengel seinerzeit immer gesagt haben soll ...“ [...]

„Schließlich soll es ja doch sein“, sagte sie wieder, indem sie aufatmend den kalten Umschlag entgegennahm, „denn die Hauptsache ist und bleibt, daß ich wieder unter die Haube komme und hier nicht länger als geschiedene Frau herumliege ... ach Ida, ich muß so viel zurückdenken in diesen Tagen, an damals, als Grünlich zuerst erschien, und an die Auftritte, die er mir mach-

[1] **Filou:** Gauner, Betrüger

te – skandalös Ida! –, und dann Travemünde, Schwarzkopfs ...“ sagte sie langsam, und ihre Augen ruhten eine Weile träumerisch auf der gestopften Stelle von Erika's Strumpf ... „und dann die Verlobung und Eimsbüttel, und unser Haus – es war vornehm, Ida; wenn ich an meine Schlafröcke denke ... So werde ich es nicht wieder haben, mit Permaneder; das Leben macht einen immer bescheidener, weißt du – und Doktor Klaaßen, und das Kind, und Bankier Kesselmeyer ... und dann das Ende – es war entsetzlich, du machst dir keinen Begriff, und wenn man so grauenhafte Erfahrungen gemacht hat im Leben ... Aber Permaneder wird sich nicht auf schmutzige Sachen einlassen; – das ist das letzte, was ich ihm zutraue, und geschäftlich können wir uns gut auf ihn verlassen, denn ich glaube wirklich, daß er mit Noppe bei der Niederpaurschen Brauerei ziemlich viel verdient. Und wenn ich seine Frau bin, Ida, das sollst du sehen, dann will ich schon dafür sorgen, daß er ehrgeiziger wird und uns weiterbringt und sich anstrengt und mir und uns allen Ehre macht, denn die Verpflichtung übernimmt er schließlich, wenn er eine Buddenbrook heiratet!“

Sie faltete die Hände unterm Kopf und sah zur Decke hinauf.

„Ja, das ist nun gut und gern seine zehn Jahre her, seit ich Grünlich nahm ... Zehn Jahre! Und nun bin ich wieder soweit und soll wieder jemandem mein Jawort erteilen. Weißt du, Ida, das Leben ist doch furchtbar ernst! ... Aber der Unterschied ist, daß damals ein großes Wesen gemacht wurde und alle mich drängten und quälten und daß sich jetzt alle ganz still verhalten und es als selbstverständlich nehmen, daß ich Ja sage; denn du mußt wissen, Ida, diese Verlobung mit Alois – ich sage schon Alois, denn es soll ja schließlich doch sein – ist gar nichts Festliches und Freudiges, und um mein Glück handelt es sich eigentlich gar nicht dabei sondern indem ich diese zweite Ehe eingehe, mache ich nur in aller Ruhe und Selbstverständlichkeit meine erste Ehe wieder gut, denn das ist meine Pflicht unserem Namen gegenüber. So denkt Mutter, und so denkt Tom ...“ *(1901)*

Familienfoto aus dem Kinofilm „Buddenbrooks – Ein Geschäft von einiger Größe“ (Bavaria Film-Produktion) mit Mark Waschke (von links nach rechts) als Thomas Buddenbrook, Iris Berben als Konsulin Bethsy Buddenbrook, Armin Mueller-Stahl als Konsul Jean Buddenbrook, Jessica Schwarz als Tony Buddenbrook und August Diehl als Christian Buddenbrook.

Analysieren eines pragmatischen Textes mit Zusatzauftrag

1. Analysieren Sie die Glosse „Das Streiflicht“ aus der Süddeutschen Zeitung hinsichtlich ihres gedanklich-argumentativen Aufbaus, der sprachlich-stilistischen Gestaltung und ihrer Intention.

2. Setzen Sie sich anschließend mit der geäußerten Forderung auseinander, dass die „kleine [...], schnelle[...] Entschuldigung in keinem Werkzeugkasten fehlen“ (Z. 32) dürfe.

Glosse

Das Streiflicht

Die Influencerin Tara-Louise Wittwer findet, man sollte sich nicht dauernd entschuldigen. Dabei ist das schnelle „Sorry“ als Schmiermittel des täglichen Umgangs nicht zu verachten.

Auch die Laienlinguistik hat ihre Standards und Klassiker. Zum Beispiel geht es, wenn Hinz und Kunz sprachkritische Leserbriefe schreiben, überproportional oft darum, dass man nicht „von daher“ sage, sondern „deshalb“, dass es „sterben“ heiße und nicht „versterben“, und dass skandalöserweise schon wieder irgend so ein Ignorant „den Opfern“ statt „der Opfer“ gedacht habe. Zu den Dauerbrennern dieses Genres gehört der Ausdruck „sich entschuldigen“. Gegen ihn wird, und zwar oft mit höhnischer Erbitterung, ins Feld geführt, man könne „eigentlich“ nur um Entschuldigung bitten, sich jedoch nicht aus eigener Macht entschuldigen, also der Schuld entledigen. In der Praxis bewirken derlei Einwendungen wenig bis nichts, weil das wörtlich vielleicht Falsche in aller Regel ja als sachlich richtig aufgefasst und angenommen wird.

Die deutsche Entschuldigungskultur ist von milder Einförmigkeit, sieht man von Altkanzler Gerhard Schröder ab, der einmal sagte, „mea culpa“ sei nicht sein Ding. Ansonsten aber ist man mit Entschuldigungen derart schnell zur Hand, dass für die Frage, ob da wirklich – und möglicherweise sogar aus zerknirschtem Herzen – um Vergebung gebeten wird, überhaupt keine Zeit bleibt. Im Alltag gerinnt diese Bereitschaft zu hingenuschelten Formulierungen à la „Tschuldigung, wie komm‘ ich hier zum Bahnhof?“, die der Bitte um Entschuldigung insofern nicht bedürften, als man weder bei der Orientierungslosigkeit eines Reisenden noch bei der kurzen Störung beliebiger Passanten von konkreter Schuld sprechen kann. Es ist diese anstrengungsfreie und sinnentleerte Allgegenwart des „Sorry“-Sagens, die nun die Autorin und Influencerin Tara-Louise Wittwer sagen lässt: „Sorry, so geht es nicht weiter!“ Das heißt, so banal sagt sie es natürlich nicht, aber sie hat ein Buch geschrieben, mit dem sie die Menschen, insbesondere die Frauen, von der ständigen Entschuldigerei abbringen will – die Frauen deshalb, weil sie darauf konditioniert seien, „irgendwie kleiner zu sein und weniger aufmerksamkeitserregend“ und sich ständig zu entschuldigen.

Nun weiß aber jeder, der schon einmal mit eingerosteten Schrauben zu tun hatte, dass man diesen mit Kriechöl, markenübergreifend bekannt unter dem aufmunternden Namen „Caramba“, besser beikommt als mit sturer Gewalt. Der Umgang der Menschen untereinander gleicht nicht selten einem System mit lauter ein- oder zumindest angerosteten Schrauben, und wer das mit sprachlicher Grobheit wieder flottzumachen versucht, wird schneller vor einem Haufen abgedrehter Schraubenköpfe stehen, als ihm und den anderen lieb sein kann. Bei aller Hochachtung vor der Kraft, zur Schuld zu stehen und um Vergebung zu bitten, sollte das Schmiermittel der kleinen, schnellen Entschuldigung in keinem Werkzeugkasten fehlen. „Sorry“ ist, so gesehen, das neue „Caramba“.

Süddeutsche Zeitung *(2024)*

Erörtern eines pragmatischen Textes

1. Stellen Sie den Argumentationsgang des Textes von Dietmar Neuerer und Teresa Stiens „Deepfakes. Wenn KI die Gesellschaft spaltet" von 2023 dar und erläutern Sie die Intention.

2. Erörtern Sie, ob die im Text geäußerte Forderung Immanuel Kants „Trau dich, selbst zu denken" (Z. 72) im Zeitalter der Digitalisierung und im Umgang mit Inhalten, die von KI produziert wurden, hilfreich sein kann.

Dietmar Neuerer/Teresa Stiens

Deepfakes
Wenn KI die Gesellschaft spaltet

Mit KI lassen sich Videos fälschen und Chatbots programmieren, die Rassismus, Sexismus und Verschwörungstheorien verbreiten. Die Innenministerin warnt vor den Gefahren für die Demokratie.

Die Bilder sind auf den ersten Blick eindeutig: Bundeswirtschaftsminister Robert Habeck tritt vor die Kameras und verkündet, die Bundesregierung habe sich zu einem „sehr extremen, aber wichtigen Schritt entschieden". Das Video, das im Internet kursiert, scheint vom Fernsehsender Phoenix zu stammen, wie das Logo am oberen Bildrand verrät. Es sei ein „Notfallgesetz" zur Schließung aller Freibäder in Deutschland verabschiedet worden, erklärt Habeck darin. Die Begründung: „Übergriffe" und „unliebsame Vorkommnisse" in der Vergangenheit.
Doch das hat Habeck niemals so gesagt. Es handelt sich um einen sogenannten Deepfake, der eine echte Videosequenz mit einer neuen Audiospur ausstattet, um so den Inhalt des Gesagten zu verändern. Das Perfide dabei: Die verwendete Stimme klingt wie die des Wirtschaftsministers, seine Lippenbewegungen wurden an den neuen Inhalt angepasst. Eine Veränderung, die nur mithilfe Künstlicher Intelligenz (KI) möglich ist.
Faktenchecker auf der Jagd nach Falschinformationen
Sarah Thusts Job ist es, Fälschungen wie diese zu finden und zu erkennen. Auf ihrer Internetsite und in den sozialen Medien entlarven sie und ihr Team der Nichtregierungsorganisation Correctiv die Deepfakes und beschreiben, anhand welcher Indizien ein Original von einer KI-Kopie unterschieden werden kann. Dabei liegt die wichtigste Waffe der Faktenchecker in ihrem menschlichen Verständnis davon, wie die Welt funktioniert, was logisch ist und was nicht. „Man muss sehr stark auf die Details achten", erklärt Thust. Etwa darauf, ob die Lippenbewegungen zum Gesagten passen, ob die Wand im Hintergrund plötzlich einen Knick bekommt oder ob eine Hand zu viele Finger aufweist.
Habeck etwa scheint bei genauerem Hinsehen für einige Millisekunden die Oberlippe zu entgleisen. Doch Thust befürchtet, dass der menschliche Vorteil, Realitätsabweichungen, sogenannte „Glitches", zu erkennen, schwinden könnte. Denn: „Die KI ist in der Lage, aus ihren eigenen Fehlern zu lernen."
Software, mit deren Hilfe sich gefälschte Fotos und Videosequenzen erstellen lassen, ist innerhalb kürzester Zeit massentauglich geworden. Die damit erzeugten Deepfakes kursieren im Internet ohne Kennzeichnung, dass es sich dabei nicht um echte Inhalte handelt. Wenn die Fälschungen einmal in der Welt sind, haben es Faktenchecker schwer, die Falschinformation wieder einzufangen, denn über die sozialen Medien verbreiten sie sich rasend schnell. Die Befürchtung: Täuschend echte Deepfakes können dazu beitragen, die gemeinsame Faktenbasis der Bevölkerung zu erodieren und langfristig die Demokratie zu gefährden.
Alarmiert ist deswegen auch Bundesinnenministerin Nancy Faeser. „KI kann es Kriminellen oder Geheimdiensten ermöglichen, Bürgerinnen und Bürger leichter zu manipulieren und öffentliche Debatten mit Lügen und Propaganda zu überschwemmen", sagt die SPD-Politikerin dem Handelsblatt. „Deepfakes, die Stimmen oder Gesichter imitieren oder verfälschen, können hier ein sehr gefährliches Mittel sein."
Wie schwierig es jedoch ist, bei der Verbreitung gefälschter Inhalte schnell genug zu reagieren,

zeigte sich im Mai. Im Internet kursierte ein vermutlich von einer KI manipuliertes Foto, das eine vermeintliche Explosion am Pentagon zeigen sollte. Ehe das US-Verteidigungsministerium dementieren konnte, hatten die Börsen bereits mit sinkenden Kursen reagiert.

Faktencheckerin Thust geht davon aus, dass einige Fälschungen überhaupt nicht entlarvt werden. Vor allem in digitalen Räumen, in denen sich Leute treffen, die kaum noch seriöse Nachrichten konsumieren, vermutet sie viele gefälschte Inhalte, die nie als solche entdeckt werden. Deshalb fordert sie: „Es wäre sehr wichtig, dass die Menschen selbst lernen, diese zu durchschauen." Bisher sei diese digitale Medienkompetenz allerdings noch nicht besonders ausgeprägt.

Auch Ministerin Faeser betont, wie wichtig die „Aufklärung und Sensibilisierung unserer Gesellschaft" bei dem Thema sei. Sie spricht sich allerdings auch für strengere Regeln im Umgang mit KI aus – um auch mögliche Gefahren für die Demokratie einzudämmen. „Wir brauchen gesetzliche Antworten wie klare Kennzeichnungspflichten", sagte Faeser dem Handelsblatt.

Armin Grunwald, Professor für Technikphilosophie am Karlsruher Institut für Technologie, beobachtet allerdings, dass viele Staaten „hilflos" auf die Herausforderungen reagieren, die sich durch die Massentauglichkeit Künstlicher Intelligenz ergeben. „In Italien wurde die Anwendung kurzzeitig vor lauter Schreck verboten."

KI radikalisiert sich selbst

Grunwald, der auch das Büro für Technikfolgenabschätzung beim Deutschen Bundestag leitet, hat beobachtet, dass die Faktenbasis der Gesellschaft schon vor der Verbreitung von KI erodiert ist – vor allem durch Falschnachrichten in den sozialen Medien. Doch durch selbstlernende Technologien könne eine neue Dimension von Fake News entstehen. „Von KI gesteuerte Chatbots können sich durch Feedback auf ihre Falschnachrichten weiterentwickeln", erklärt Grunwald. Hinzu kommt der „automation bias". Dahinter steckt die nachgewiesene Tendenz von Menschen, maschinengenerierten Inhalten übermäßig viel Vertrauen zu schenken.

Gleichzeitig zeigen sich viele Menschen besorgt über die Auswirkungen von KI auf die Gesellschaft. Jeder zweite Mensch in Deutschland im Alter zwischen 16 und 75 Jahren sieht in KI-Anwendungen wie der Nutzung des Textroboters ChatGPT eine Gefahr für die Demokratie. Das geht aus einer kürzlich veröffentlichten repräsentativen Umfrage des Meinungsforschungsinstituts Forsa hervor, für die 1021 Menschen befragt wurden. „Die Bürgerinnen und Bürger befürchten eine Welle von Falschnachrichten, Propaganda und manipulierten Bildern, Texten und Videos", sagte Joachim Bühler, der Geschäftsführer des Tüv-Verbands. Der Verband hatte die Erhebung bei dem Institut in Auftrag gegeben. [...]

Der Technikfolgenberater des Deutschen Bundestags Grunwald zitiert den Philosophen Immanuel Kant, der sagte: Trau dich, selbst zu denken. „Das Wichtigste ist", so Grunwald, „dass wir uns selbst ein Urteil zutrauen und nicht nur nachplappern, was irgendwelche digitalen Systeme von sich geben." *(2023)*

Handelsblatt Nr. 124

Materialgestütztes Informieren

1. In Ihrem Deutschunterricht haben Sie gerade das Thema „Internetmobbing“ behandelt. Relativ schwer ist Ihnen dabei die Antwort auf die Frage gefallen, inwiefern die Internetkonzerne eine Mitverantwortung an der Entwicklung tragen. Daraufhin haben Sie beschlossen, dass jemand aus dem Kurs dieser Frage nachgehen und einen Vortrag erarbeiten soll.
   Verfassen Sie diesen Vortragstext mit dem Titel „Internetmobbing – Ursachen und Hintergründe“. Gehen Sie dabei der Frage nach, was unter dem Begriff „Internetmobbing“ zu verstehen ist, und klären Sie, welche Ursachen und Auswirkungen Internetmobbing hat. Gehen Sie dabei auch auf mögliche Lösungsansätze ein.

Material 1

Interview mit Peter Sommerhalter, Initiative gegen Cybermobbing

In Ihrem Buch „Du verdienst den Tod“ thematisiert Lijana Kaggwa (25) das Problem des Cybermobbings, mit dem sie als Kandidatin der TV-Sendung *Germany's Next Topmodel* konfrontiert wurde und das sie letztlich zum Rückzug aus der Sendung zwang. In dem Buch spricht sie u. a. mit Peter Sommerhalter, bundesweiter Referent in der Jugend- und Erwachsenenbildung und Experte für Cybermobbing.

Welche Persönlichkeiten stecken hinter den Menschen, die im Netz andere beschimpfen oder gar bedrohen?
Man stellt sich automatisch einen fiesen und unsympathischen Menschen vor. Aber das stimmt so nicht. Ein typisches Psychogramm des Mobbers gibt es so nicht. Ein Beispiel ist die Krankenschwester, die deine Mutter beleidigt hat. Sie hat ihren Frust einfach mit der Legitimation der Masse rausgelassen. Wahrscheinlich ist sie bei ihrem Streifzug durch das Netz an einem Hasskommentar gegen dich hängen geblieben und fand ihn überzeugend. Es gehört zur Gesetzmäßigkeit des Shitstorms, dass jemand sich der Menge anschließt. Fängt einer an, draufzuhauen, dann schließen sich mit der Zeit immer mehr an.
Was ist dir bei deinen Beratungen besonders aufgefallen?
Gerade in den Schulen bekomme ich Kontakt mit den unterschiedlichsten Gruppen von Mobbern. Der Unterschied zeigt sich in der Argumentation. Die einen erklären, sie würden den Mitschüler nur mobben, weil sie einfach keinen Bock auf ihn haben. Die anderen sagen, das war doch gar nicht so böse gemeint, sie wollten doch gar nicht mobben. Andere wiederum reden sich geschickt raus. Man wolle den Gemobbten doch nur stark machen und abhärten, er sei doch das typische Opfer. Wenn die- oder derjenige mal ins Visier von „echten“ Mobbern gerate, könne sie oder er sich dann auch wehren. [...]
Welche unterschiedlichen Mobbertypen sind dir bisher begegnet?
Einen Typus nenne ich das „Kalte Herz“. Für mich ist das die schwierigste Gruppe der Mobber, denn sie wissen, was sie tun. Und sie wollen es – ohne Rücksicht auf Verluste, bei sich und bei anderen. Diese Mobber sind sehr auf sich bezogen. Bei einem anderen Mobbertyp ist der Hauptantrieb der Spaß an der Sache. Er braucht keinen weiteren Grund von außen, denn Mobben bringt diesen Menschen schlicht Freude. Sie wissen auch, dass das, was sie tun, nicht richtig ist. Aber für sie ist es schlicht ein Spiel. Es kann jeden treffen, der ihnen über den Weg läuft. Dabei muss es dem Opfer nicht unbedingt schlecht gehen, damit sich dieser Mobbertypus besser fühlt. Deshalb will er auch nicht zwanghaft einen Kollateralschaden. Aber es kann zu einer Spirale der Abstumpfung kommen. Um mehr Spaß zu empfinden, muss er sein Gegenüber immer stärker beschämen. Dann gibt es noch den „Wettkampf-Mobber“. Er findet sich dort, wo es um Gruppendynamik geht. Er will andere Hater mit seinen Äußerungen und Taten überbieten und den Wettstreit für sich entscheiden. Er kann sich festbeißen und dabei alle Grenzen überschreiten. [...]

Was ist mit denjenigen, die zuschauen?
[...] Hier dominiert das Gemeinschaftsgefühl. Sie sind diejenigen, die andere bejubeln und die Hasstiraden anderer beklatschen. Ohne Publikum würde es wahrscheinlich gar nicht erst so weit kommen, oder der Kampf wäre schnell beendet.
Aber woraus ziehen Cybermobber ihre Befriedigung?
Diejenigen, die andere wüst beleidigen und abwerten, sie als Opfer sehen, werten sich selbst damit auf. Sie erleben Macht über jemand anderen, und das bewirkt in ihnen ein Gefühl der Aufwertung. Ich nenne das die Egotankstelle. Das fehlende oder nicht stabile Selbstwertgefühl wird hier kompensiert, das eigene Ego wieder aufgeladen. Eine andere menschliche Reaktion ist die Schadenfreude. Wir kennen sie alle. Wenn jemandem ein Ungeschick passiert, müssen wir anfangs lachen. Aber wir empfinden gleichzeitig Mitleid. Zwar lachen wir innerlich und manchmal auch sichtbar, aber wir helfen demjenigen danach wieder auf die Füße, klopfen ihm auf die Schulter und fragen, ob alles in Ordnung ist. Viele Mobber können von der Schadenfreude nicht in die Empathie wechseln. Ganz im Gegenteil, bei ihnen ist diese Selbstregulierung gestört. [...]
Manchmal zeigen sich meiner Meinung nach fast sadistische Verhaltensweisen. Je mehr Schmerzen der andere hat, umso lustiger finden es manche Mobber. Ein klassisches Beispiel ist das „Happy Slapping", das als belustigendes Schlagen übersetzt werden kann. Es war in den Anfängen des Cybermobbings im Netz sehr verbreitet. Dabei wurde jemand von einer oder einer ganzen Gruppe angegriffen, vermöbelt, geschlagen und dabei gefilmt.
Danach haben die Täter das Video über digitale Medien und Social Media veröffentlicht. Abgesehen davon, dass sich die Täter strafbar machen, verstärkt das Zurschaustellen im Netz die Schmerzen des Opfers. Das Video kann dann immer wieder und wieder abgespielt werden. Gruppendynamik spielt dabei oft eine große Rolle. Sich gemeinsam diesen Film anzuschauen und über jemanden zu lachen, das verbindet. [...]
Man hat das Gefühl, dass Cybermobbing zunimmt und auch schlimmer wird. Hat sich die Motivation der Mobber im Laufe der Jahre verändert?
Früher wurde noch viel mehr aus Langeweile gomobbt. Beim Mobbing aus Zeitvertreib gibt es kein konkretes Ziel. Zuerst wird ein Testballon gestartet. Wenn man sieht, derjenige wehrt sich nicht, dann wird weiter gemobbt. Heutzutage machen wir bei den Beratungen oft die Erfahrung, dass die Mobber es zunehmend wollen. Der Typus „Kaltes Herz" hat stark zugenommen. Das Ziel ist oft, dem Opfer zu schaden. Dieser Mensch habe es verdient, der ist so scheiße, so das Gedankenmodell. Das kann so weit gehen, dass man demjenigen, wie bei dir auch, sogar den Tod wünscht und aktiv darauf hinarbeitet, ihm wehzutun. Der Giftköder für deinen Hund ist hier ein klassisches Beispiel dafür, dass die digitale Gewalt sich im realen Leben zeigt. Hier gibt es keine moralischen Grenzen mehr.

Lijana Kaggwa: „Du verdienst den Tod!". Wie #Cybermobbing Menschen und die Gesellschaft zerstört und wie wir wieder mehr Respekt ins Netz bringen. *(2023)*

Material 2

Julia Kopatzki

Ist doch nur Internet

Beschimpfungen, Drohungen, Mordaufrufe: In den vergangenen Jahren nahm in den Sozialen Medien der Hass immer mehr zu. Muss man das hinnehmen? Eine Recherche bei Behörden und Menschen, die sich gegen die Hetze engagieren

Die erste Welle kam im Frühjahr, ein Jahr nach Beginn der Pandemie. „Vollkoffer", schrieb eine Frau und dazu vier kotzende Emojis. „Dummschwätzer" eine andere. „Ich glaube, dir haben sie zu oft das Stäbchen ins Gehirn gerammt", „Bist du krank oder so?" und „Ab auf die Anklagebank, das fordern wir". Das alles galt Dario Schramm. Im April 2021, als ihn diese Nachrichten erreichen, ist er Generalsekretär der Bundesschülerkonferenz, er setzt sich für die Interessen von acht Millionen Schülern und Schülerinnen ein. Kurz zuvor hatte er eine Testpflicht an Schulen gefordert – und Hass geerntet. Die Kommentare sind bis heute öffentlich und damit auch die Namen der Absender. Wenig Pseudonyme, so scheint es, sondern die tatsächlichen

Namen. Da ist Guido, der auf seinem Profilfoto mit seinem kleinen Sohn posiert, Manuela, die sich erst um die Kulturbranche sorgte und jetzt verkündet, ungeimpft zu bleiben, und Yasemin, die Armbänder aus Alpakawolle verkauft. Solche Menschen wünschen Dario Schramm, 21 Jahre alt, Schmerzen, Verletzungen und manche sogar den Tod. Er bekommt Morddrohungen per Privatnachricht oder E-Mail. „Alle Postfächer sind übergequollen", sagt er.

Wer sich öffentlich äußert, auf einem Podium, in der Zeitung oder im Internet, kennt diesen Hass. Die Kommunalpolitikerin kennt ihn genauso wie der Musiker, die Influencerin oder der Sportler. [...] Wer ist da eigentlich noch zuständig?

Es geht schon los mit der Benennung: Hass im Netz. Hatespeech. Das klingt harmlos. Es sind doch nur Worte im Internet. Dabei sind es ganz oft Straftaten: Beleidigung ist eine Straftat. Bedrohung ebenfalls. Und Volksverhetzung kann mit bis zu fünf Jahren Haft bestraft werden. [...]

Wie schnell aus verbalen Übergriffen physische Gewalt werden kann, zeigte der Mord an dem Politiker Walter Lübcke, der vor seinem Tod in Netzwerken Morddrohungen bekam. Trotzdem melden viele Menschen, die bedroht werden, es nicht mal den Behörden. [...] Was sie nicht machen, macht zum Beispiel Leonhardt Träumer. Er ist der Gründer von „Hassmelden". Auf der Website kann jeder Postings oder Kommentare melden, die er oder sie für gesetzeswidrig hält, und das Team von „Hassmelden" zeigt diese an, wenn es den Inhalt als strafbar bewertet. [...] Jede dritte Meldung bringt „Hassmelden" im Schnitt zur Anzeige und damit im Idealfall den Absender vor Gericht. [...]Ein Versuch, Ordnung in die Sozialen Netzwerke zu bringen, war das Netzwerkdurchsetzungsgesetz (NetzDG). Seit 2017 müssen die Netzwerke rechtswidrige Inhalte löschen, wenn sie ihnen gemeldet werden. Was gelöscht wird, ist zwar weg, aber es ist eben auch: weg ohne jegliche Konsequenzen. Deswegen gilt seit Februar 2022 eine Änderung dieses Gesetzes: Die Netzwerke müssen potenziell rechtswidrige Posts nicht mehr nur löschen, sondern sind jetzt auch verpflichtet, alle Inhalte, die User bei ihnen als Verstoß gegen das NetzDG melden, zu prüfen und, wenn sie sie ebenfalls als strafbar einschätzen, ans Bundeskriminalamt weiterzuleiten – inklusive letzter bekannter IP-Adresse.

Für diese Meldungen hat das BKA eine neue Sektion geschaffen: die ZMI, die „Zentrale Meldestelle für strafbare Inhalte im Internet". Ansgar Tolle leitet diese Abteilung aus rund 200 Kriminalbeamten. [...] Sie prüft die Meldungen, die über Plattformen und Bürger eingehen, und ermittelt, wenn der Inhalt justiziabel ist, den Absender. Denn eines der größten Probleme bei der Ermittlung ist, dass man in vielen Fällen nicht weiß, wer hinter dem Account steckt. Das Team um Tolle sucht also nach Informationen über die Identität, es gleicht Hinweise mit Personendatenbanken ab. „Sind wir erfolgreich, schicken wir den Fall zum zuständigen LKA", erklärt er. Gelingt ihnen das nicht, kommt die Abteilung von Frank Heimann dazu. Er arbeitet im Bereich Staatsschutz des BKA. Sein Team ermittelte beim Attentat in Hanau – und dann beim Anschlag auf die Synagoge in Halle. Und wenn die Identität von Verfassern politisch motivierter Straftaten, zum Beispiel Volksverhetzung, nicht so leicht herauszufinden ist. „Der erste Schritt ist eine OSINT-Recherche", sagt Heimann. OSINT steht für „Open Source Intelligence". Das Team sucht also nach öffentlich zugänglichen Informationen. Vielleicht hat jemand ein Foto mit Autokennzeichen gepostet, vielleicht erkennt man etwas am Halsband des Hundes auf dem Foto. „Wir haben noch mehr, aber dazu kann ich aus taktischen Gründen nichts sagen", so Heimann.

Schon ohne ein neues Gesetz gibt es theoretisch die Möglichkeit, Nutzerdaten bei den Sozialen Medien abzufragen. Welche E-Mail-Adresse ist hinterlegt? Welche Handynummer? Das Problem ist aber, dass die Netzwerke selber beurteilen wollen, was sie strafbar finden und was nicht. Hakenkreuze zu verbreiten ist in Deutschland eine Straftat, in den USA, wo Meta sitzt, nicht. [...]

Ein Blick in die Aufklärungsquoten der BKA-Statistik: 76 Prozent der Beleidigungen im Internet, 82 Prozent der Fälle von Volksverhetzung und 85 Prozent der Bedrohungen konnte die Polizei aufklären. Doch damit ist noch niemand verurteilt, denn oft verpufft die Arbeit der Beamten vor Gericht – etwa wenn Richter Hass und Hetze als erlaubte Meinungsäußerungen einstufen. Der LKA-Mann Georgi wünscht sich deshalb „eine Gerichtsbarkeit, die sich klar positioniert".

Wenn die Posts zwar voller Hass, aber noch nicht strafbar sind, gibt es die sogenannte Gefährderansprache oder das Gefährderanschreiben. Das heißt: Polizisten sprechen die Verfasserinnen und Verfasser von Hateposts an – zu Hause oder schriftlich –, um ihnen zu sagen, dass jetzt auch mal gut ist und sonst Konsequenzen drohen.

fluter Nr. 82 *(2022)*

Material 3

Schwarmintelligenz

In der Biologie wird von Schwarmintelligenz gesprochen, wenn Schwärme von (kleinen) Tieren ein gemeinsames Verhalten zeigen, dass allen im Schwarm nützt und dem einzelnen Individuum alleine nicht möglich wäre (z.B. Abwehr von Feinden, Nahrungsquelle erschließen). Der Duden definiert Schwarmintelligenz knapp als „Fähigkeit eines Kollektivs zu sinnvoll erscheinendem Verhalten“. Inzwischen wird Schwarmintelligenz auch auf das gemeinsame Agieren von Menschen insbesondere im Internet übertragen: Was der einzelne hier nicht leisten kann (z.B. Plagiate nachweisen, Petitionen verbreiten, Informationen sammeln), kann der Scharm etwa in Sozialen Medien. Es ist aber fraglich, ob das gemeinsame Erreichen eines Ziels schon ein hinreichendes Kriterium für intelligentes Verhalten ist. Darüber hinaus gibt es auch negative Folgen gemeinsamer Internetaktivitäten (z.B. Verbreitung von Beleidigungen in Form eines Shitstorms bzw. kollektives Cyber-Mobbing).

Bundeszentrale für politische Bildung *(o.J.)*

Material 4

Karikatur von Thomas Plaßmann

Material 5

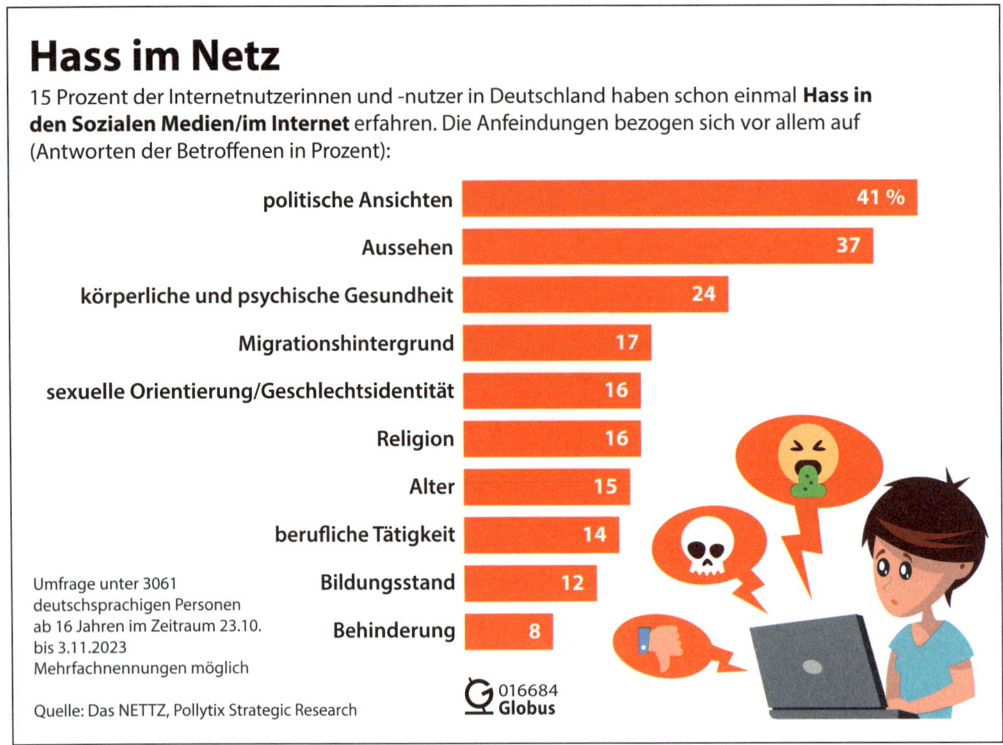

Material 6

Mauro Mùnafo

Der Teufelskreis der Gewalt

Mobbing und Cybermobbing können gewissermaßen mit einer Krankheit verglichen werden: Sie verursachen Schmerzen und sind „ansteckend". Bei Opfern von Mobbing ist die Wahrscheinlichkeit höher, dass sie selbst gewalttätig werden. Eine Studie der American Academy of Pedriaties im Jahr 2016, durchgeführt bei zufällig ausgewählten Jugendlichen zwischen zehn und siebzehn Jahren, ergab, dass über ein Drittel der Jugendlichen, die traditionellem Mobbing oder Cybermobbing ausgesetzt waren, anschließend ebenfalls aggressives Verhalten zeigte: verbale Beleidigungen, körperliche Übergriffe auf Menschen, Vandalismus. In vielen Fällen lernen die Opfer von Cybermobbing die Techniken aus erster Hand und wenden sie schließlich ihrerseits auf andere Personenen an, wodurch eine Kettenreaktion ausgelöst wird. Das ist wie bei einem Schneeball, der einen Abhang hinunterrollt und sich Schritt für Schritt in eine Lawine verwandelt.

Außerdem hört die Ansteckung, von der wir gesprochen haben, nicht beim Opfer und beim Täter auf, sondern betrifft auch die Zuschauer, die zusehen ohne zu handeln. Diese Menschen leben in einem Zustand der Furcht und sozialen Angst, der sie oft zu Gleichgültigkeit und mangelnder Empathie gegenüber den Opfern erzieht – eine weitere, sehr beunruhigende Nebenwirkung der verschiedenen Formen von Mobbing.

Fake News, Cybermobbing und Internet-Hass. Wie erkennen und wie sich dagegen wehren? *(2021)*

Materialgestütztes Argumentieren

1. Immer wieder wird der Schutz der Privatsphäre im Zusammenhang mit der Nutzung sozialer Medien thematisiert. Deshalb plant Ihre regionale Tageszeitung eine Wochenendbeilage zur Frage „Sollten persönliche Daten bei der Nutzung von Social-Media-Plattformen besser geschützt werden?“. Darin sollen auch Beiträge junger Leserinnen und Leser veröffentlicht werden.
Verfassen Sie einen argumentierenden Beitrag in Form eines Kommentars, in dem Sie sich zu dieser Frage positionieren. Nutzen Sie dazu die folgenden Materialien und beziehen Sie eigene Erfahrungen und eigenes Wissen ein. Wählen Sie eine geeignete Überschrift. Ihr Kommentar soll etwa 800 Wörter umfassen.

Wissen und Können

Einen Kommentar verfassen

Der **Kommentar** gehört zu den journalistischen Textsorten und bezieht sich häufig auf ein aktuelles Thema. Dieses wird kritisch kommentiert, indem verschiedene Argumente und weitere Hintergrundinformationen vorgebracht werden.
Ein Kommentar wird in der Regel so aufgebaut:
Überschrift: mit Positionierung
Lead (Vorspann): Kurzeinführung zu Thema und Positionierung
Hauptteil: argumentierende Auseinandersetzung mit Pro- und Kontra-Argumenten
Fazit mit abschließender Positionierung
Ziel des Kommentars ist es, die eigene Meinung klar darzustellen. Die Leserin / Der Leser soll zum Nachdenken angeregt und ihr/ihm soll geholfen werden, sich seine eigene Meinung zu bilden. Daher ist es notwendig, dass die eigene Meinung inhaltlich richtig und logisch dargestellt werden muss. Auch müssen die vorgebrachten Argumente überzeugen können. Ein Kommentar kann **informierende, argumentierende**, aber auch **erzählende Passagen** enthalten, z. B. in Form von Schilderungen von eigenen Erfahrungen in der Einleitung des Kommentars. Die **Sprache** sollte verständlich sein und der Satzbau nicht zu kompliziert. Bei den Satzverknüpfungen ist auf die richtige Verwendung von Subjunktionen und Adverbien (*weil, obwohl, da … - aber, dennoch, dagegen …*) zu achten. Da es um die Überzeugung der Leserschaft geht, sollten durchaus rhetorische Mittel verwendet werden (z. B. Hyperbeln, rhetorische Fragen, Alliterationen - vgl. Umschlaginnenseite).
Um einen Kommentar überzeugend zu schreiben, sollte man auf folgende Gestaltungsmittel achten:

- **Argumenttypen gezielt einsetzen:** Um zu überzeugen, sind gute Argumente zentral. Folgende seriösen Argumenttypen können unterschieden werden: **Faktenargument** (wissenschaftliche Fakten, die überprüft werden können); **Normatives Argument** (allgemein anerkannte Regeln und Werte, wie sie z. B. im Grundgesetz stehen); **Autoritätsargument** (Aussagen von Autoritäten, Experten und Expertinnen); **Analogisierendes Argument** (Vergleich zu einem ähnlichen Bereich); **Indirektes Argument** (Aufgreifen und Entkräften eines Arguments der Gegenseite); **Plausibilitätsargument** (eine logische Schlussfolgerung, die besonders plausibel erscheint)
- **Erzählende Abschnitte einbauen:** Erfundene oder tatsächlich erlebte Geschichten sind nicht nur unterhaltsam, sondern sind auch eine anschauliche Möglichkeit, bestimmte Themen und Standpunkte nachvollziehbar zu gestalten. Die Position oder These, die vermittelt werden möchte, wird so indirekt miterlebt und nachvollzogen.
- **Humor, Satire, Ironie nutzen:** Ein Kommentar kann auch dadurch überzeugender werden, indem er sich um eine besonders pointierte, witzige und humorvolle Darstellung seines Standpunkts bemüht. Wenn der Leser oder die Leserin durch ironische, witzige oder humorvolle Stellen und unerwartete Wendungen lächeln muss, sind das positive Gefühle, die den Text lebendiger machen.
- **Appellative (auffordernde) Passagen einbauen:** Im Rahmen von Kommentaren kann es je nach gesellschaftlicher, politischer oder sozialer Relevanz der gestellten Aufgabe sinnvoll sein, mit appellativen Textbausteinen zu arbeiten, die eine Handlungsanweisung beinhalten oder auf eine Verhaltensänderung abzielen.
- **Rhetorische Stilmittel einsetzen** (vgl. Umschlaginnenseite): Nicht nur Argumente überzeugen, sondern auch sprachlich-stilistische Mittel, die die Argumente wirkungsvoll unterstützen, z. B.:
  - Wörter, die gewünschte Assoziationen auslösen (z. B. „Freiheit“)
  - Wörter zur Bekräftigung: *selbstverständlich, sicher, wahrscheinlich, bestimmt, offenbar …*
  - umgangssprachliche Wörter je nach Adressatengruppe
  - Wiederholungen, Parallelismen, Antithesen, Alliterationen

Material 1

Was sind persönliche Daten?

Persönliche oder personenbezogene Daten sind sensible Daten, die eine Person erkennbar machen. Zu persönlichen Daten gehören z. B. Angaben auf dem Personalausweis, aber auch Hobbys und Vorlieben. Gerade die Kombination verschiedener persönlicher Daten macht es Außenstehenden und Fremden möglich, etwas über Verhaltensweisen und Vorlieben einer Person herauszufinden. Das bedeutet: Je mehr Daten man über sich selbst preisgibt, desto leichter macht man sich erkennbar und auffindbar. Das gilt vor allem im Internet, z. B. in Social-Media-Angeboten. Beispiele für persönliche Daten sind: Name, Adresse, Telefonnummer, Körpergröße, Geschlecht, Augenfarbe, Wohnort, KFZ-Kennzeichen, Alter, Geschlecht, Konto-, Kreditkartennummer, Personalausweisnummer, Hobbys und Vorlieben, Genetische Daten, Krankendaten, Standort.

Stiftung Medienpädagogik Bayern *(2022)*

Material 2

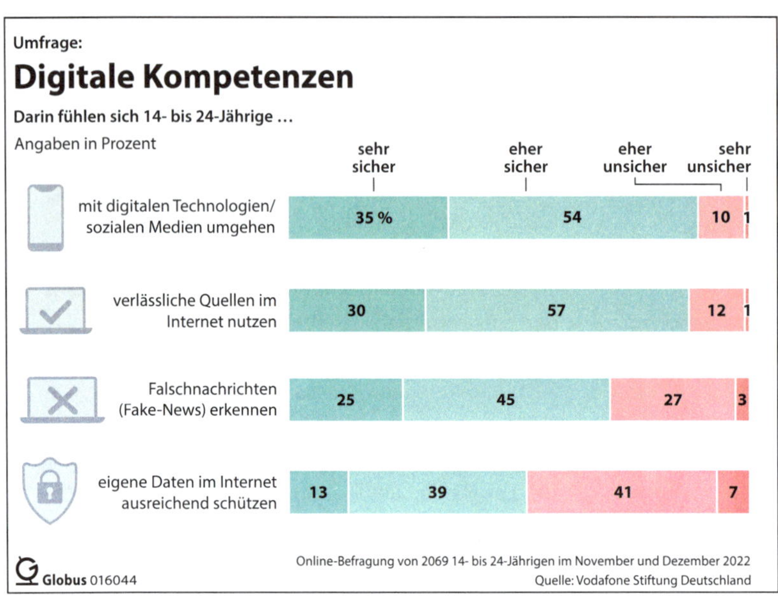

Material 3

Social Media
Sind die sozialen Medien noch zu retten?

Intransparent, willkürlich, machtzentriert: Soziale Medien wie Facebook und Twitter bringen viele Probleme. Kann man die lösen? Ja! Drei Experten erklären, wie.

Ein Gastbeitrag von Christian Stöcker (Kognitionspsychologe und Professor an der Hochschule für Angewandte Wissenschaften Hamburg [HAW]). Julia Ebner (forscht am Institute for Strategic Dialogue in London sowie am Centre for the Study of Social Cohesion an der Universität von Oxford zu Extremismus) und Christian Montag (Professor für Molekulare Psychologie an der Universität Ulm und Gastprofessor an der University of Electronic Science and Technology of China in Chengdu).

Was ist aus Ihrer Sicht das zentrale Problem heutiger sozialer Medien?

Christian Stöcker: Wir wissen genau, dass Inhalte, die Leute wütend machen, besonders geeignet sind, um Interaktionen anzustoßen, also Aufmerksamkeit zu binden. Diese Aufmerksamkeit monetarisieren soziale Medien. Die Inhalte kommen aus einem gigantischen Pool, den Millionen Profis, Semiprofis und Laien permanent weiter befüllen und für den es so gut wie keine Qualitätskontrolle gibt. Das erzeugt zwar zwangsläufig Kollateralschäden, wird von den Optimierungssystemen der sozialen Medien aber nach oben geschoben.

Julia Ebner: Die zunehmende Hyperpolarisierung unserer Gesellschaft hetzt Menschen gegeneinander auf, mischt rationale mit emotionalen Interaktionen und erzeugt gefährliche, exklusive Gruppenidentitäten. Hatespeech, Radikalisierung und Desinformation in den sozialen Medien sind Nebenprodukte dieser Dynamik.

Christian Montag: Das Geschäftsmodell der sozialen Medien verträgt sich nicht mit dem Grundgedanken von Privatsphäre und sparsamem Datensammeln. Stattdessen motiviert es die Plattformbetreibenden, die sozialen Medien so weiterzuentwickeln, dass sich unsere Onlinezeit immer weiter verlängert und unser digitaler Fußabdruck sich zunehmend vergrößert. In der Wissenschaft wird auch darüber diskutiert, inwieweit soziale Medien süchtig machen können. Allerdings ist der Sucht-Begriff in diesem Kontext noch umstritten.

Was müsste sich an sozialen Medien ändern?

Christian Stöcker: Ändert man die Optimierungsziele – was eine alles andere als triviale Aufgabe ist – könnte das dafür sorgen, dass Empfehlungssysteme nicht mehr den aufmerksamkeitsträchtigsten Schrott nach oben spülen. Wie gut Algorithmen funktionieren können, wenn der Pool nicht aus allem besteht, was irgendjemand mal ins Netz gestellt hat, sondern aus vorsortierten Inhalten, sieht man beispielsweise bei Video- und zum Teil auch bei Musikstreamingdiensten.

Julia Ebner: Es müsste neue Formen der Vernetzung geben [...]. Menschen werden heute zunehmend auf ihre politische Einstellung reduziert. Wir müssen Wege finden, um diese Entwicklung zu reversieren und die Menschlichkeit wieder in den Mittelpunkt zu stellen.

Christian Montag: Die Probleme der sozialen Medien gehen meines Erachtens auf ihr Datengeschäftsmodell zurück. Ich bin davon überzeugt, dass das Prinzip Daten im Austausch gegen Nutzungsrechte stark überholungsbedürftig ist.

Wie sieht Ihr soziales Wunschmedium aus?

Christian Stöcker: Mein Wunschmedium würde mir transparent erklären, warum es mir bestimmte Inhalte zeigt und erwiesenermaßen falsche, Hass fördernde, justiziable und andere unerfreuliche Hinweise mit einer möglichst geringen Reichweite strafen. Und es hätte ein Publikum, das sich der Tatsache bewusst ist, dass es an einem gemeinsamen Werk arbeitet, was ein gewisses Verantwortungsgefühl mit sich bringt. Noch fehlt nämlich eine Etikette im Umgang mit sozialen Medien. Was ein soziales Wunschmedium außerdem unbedingt leisten sollte: Es muss sich der wissenschaftlichen Forschung so weit wie möglich öffnen.

[...]

Christian Montag: Ich hoffe, dass die Zukunft der sozialen Netzwerke vor allem darauf abzielt, dass das menschliche Grundbedürfnis nach sozialem Austausch befriedigt werden kann. Kurzum, dass das „sozial" in soziale Medien endlich wieder stärker betont wird. Mein Wunschmedium sollte die Privatsphäre der Nutzenden achten, dezentral wie das Fediverse[1] sein und natürlich trotzdem Spaß machen (ohne dabei sinnlos Onlinezeiten zu verlängern). Und es sollte Wissenschaftlern und Wissenschaftlerinnen ermöglichen, empirisch das Wohlbefinden der Nutzenden überprüfen zu können. [...]

Was wünschen Sie sich von der Politik?

Christian Stöcker: Die Politik muss weiter Druck ausüben, damit unabhängige Wissenschaftlerinnen und Wissenschaftler Zugang zu den großen Plattformen bekommen. Außerdem braucht es Aufsichtsgremien, idealerweise nichtstaatlich, aber öffentlich finanziert, die ausreichend ausgestattet sind, die schlimmsten Auswüchse schnell zu erkennen und die Betreiber über privilegierte Zugänge darauf hinzuweisen. Und die Politik darf alternative, nicht kommerzielle Modelle [...] nicht verhungern lassen. Ein Beispiel: Hochschulen waren die ersten und lange die einzigen, die E-Mail-Server betrieben haben, natürlich ohne kommerziellen Hintergrund. Warum sollten sie das nicht auch mit [...] vergleichbaren Plattformen tun?

Julia Ebner: Obwohl Meta und Google in den letzten Jahren signifikante Fortschritte beim Entfernen von gewalt- und hassvollen Inhalten gemacht haben, ist es leider nach wie vor so, dass man selbst bei Themen, die nur ansatzweise politisch sind, zunehmend radikalere Inhalte angezeigt bekommt. Da muss die Politik mehr Druck machen, was die algorithmische Infrastruktur der großen Techplattformen angeht. Außerdem sollte die Politik die kleineren, teilweise deutlich extremeren, Plattformen ins Auge fassen.

[1] **Fediverse:** Netzwerk föderierter, voneinander unabhängiger sozialer Netzwerke

Christian Montag: Die Politik muss mehrere Themen begleiten und anstoßen, etwa dass Nutzende von sozialen Netzwerken über die jeweiligen Plattformen hinweg kommunizieren können. Wir können uns ja auch von unterschiedlichen Telefonanbietern gegenseitig anrufen. Außerdem muss es möglich sein, problemlos mit unseren Daten von einer Plattform zur nächsten Plattform umzuziehen. Die Schnittstellen zu den Plattformen müssen für unabhängige Forschende geöffnet werden, damit wir verstehen, was momentan in einigen sozialen Medien passiert. Das ist leider aktuell häufig nicht der Fall. Die sozialen Netzwerke stellen in vielerlei Hinsicht noch immer eine Blackbox dar.

ZEIT ONLINE *(2023)*

Material 4

Warum ist Selbstdatenschutz wichtig?

Preisgabe von Daten

Viele Angebote im Internet, z. B. Social-Media-Angebote, ermöglichen es, sich selbst darzustellen, mit anderen auszutauschen und sich zu vernetzen. Wer die Angebote nutzen will, gibt persönliche Daten preis. Schon bei der Anmeldung werden viele Daten abgefragt, wie Name, Geburtsdatum, E-Mail und Telefonnummer. Im eigenen Profil möchte man anderen oft möglichst viele verschiedene Dinge von sich und dem eigenen Leben zeigen, um interessant zu wirken. Daher werden oft persönliche Daten preisgegeben, die man in einem persönlichen Gespräch oder einer anderen Alltagssituation eher nicht gleich erzählen würde, wie Beziehungsstatus, Geschlechterzuordnung, sexuelle oder politische Orientierung oder Religionszugehörigkeit.

Spannungsfeld: Selbstdarstellung und Datenschutz

Besonders für Kinder und Jugendliche ist es schwierig, ihr Bedürfnis nach Selbstdarstellung und den Schutz der eigenen Privatsphäre unter einen Hut zu bringen. Problem: Es ist ihnen oft nicht bewusst, welche Nachteile es für sie haben kann, wenn Fremde auf ihre Daten zugreifen.

Persönliche Daten – ein gutes Geschäft

Persönliche Daten sind wie Gold für die Betreiber von Social-Media-Angeboten. Marktdatenhändler, Internet-Tracking-Unternehmen und die Werbewirtschaft freuen sich über wertvolle Daten der einzelnen Nutzerinnen und Nutzer, wie Wohnort, Hobbys, Nutzungsgewohnheiten und vieles mehr. Diese Daten weiterzuverkaufen, ist ein sehr gutes Geschäft. Daher sollte man sich die Datenschutzerklärung und die Allgemeinen Geschäftsbedingungen der Angebote genau anschauen. Besonders die Anbieter vieler Apps von Spielen und Social-Media-Angeboten stehen hier in der Kritik. Dort müssen die Nutzerinnen und Nutzer oft in die Weitergabe ihrer Daten einwilligen, sonst können sie das Angebot nicht nutzen. […]

Missbrauch von Daten

Im Internet hinterlässt man – oftmals unbemerkt – viele Spuren, die schwerwiegende Folgen haben können. Daten können durch Fremde missbraucht werden, wenn an einem Profil keine oder zu wenig Privatsphäre-Einstellungen vorgenommen wurden. Persönliche Informationen sind dann öffentlich und können leicht gestohlen und missbraucht werden. Doch auch mit den richtigen Privatsphäre-Einstellungen können Daten gestohlen werden, etwa wenn sich Hacker durch Sicherheitslücken auf der Plattform Zugriff verschaffen.

Identitätsdiebstahl

Eine besondere Form des Datenmissbrauchs ist der Identitätsdiebstahl. Hier gibt sich eine Person als eine andere aus. Dazu wird oft ein gefälschtes Profil (Fake-Profil) erstellt. Das Fake-Profil soll der eigentlichen Person schaden, z. B. wenn rufschädigende Nachrichten oder Bilder veröffentlicht werden. Oft werden mit dem Fake-Profil auch andere Nutzerinnen und Nutzer kontaktiert. Sie erkennen oft nicht, dass es nicht die richtige Person ist und geben ebenfalls persönliche Daten preis, die dann auch missbraucht werden.

Konto gehackt?

Durch Identitätsdiebstahl kann auch ein finanzieller Schaden entstehen, z. B. wenn Bezahl- oder Kontodaten gestohlen werden und Geld abgebucht wird. Oft reichen schon Name und Adresse eines Opfers aus, um beispielsweise etwas in seinem Namen online zu bestellen.

Schauen Sie genau hin, bevor Sie Ihre Konto- oder Kreditkarten-Daten im Internet verwenden und prüfen Sie Ihre Kontoauszüge.

Sind gelöschte Daten wirklich weg?

Digitale Daten lassen sich sehr schnell weiterleiten, vervielfältigen und verbreiten. Sind sie erstmal online, kann man sie nicht mehr zurückholen: Das Internet vergisst nichts. Online gestellte Daten können auch nach Jahren wieder auftauchen, obwohl man sie eigentlich gelöscht hat. So können dann auch zukünftige Arbeitgeber oder neue Partnerinnen und Partner diese Daten abrufen. Auch wenn man den Datenschutz ernst nimmt, kann man nie sicher sein, dass Fotos und Informationen der eigenen Person nicht trotzdem irgendwo im Internet herumgeistern – z. B. eingestellt durch Freundinnen oder Freunde. Zum Schutz der Privatsphäre sollte man also grundsätzlich sparsam mit seinen Daten sein. Man sollte sich in jeder Situation fragen, was man wirklich von sich preisgeben möchte und ob es notwendig ist.

Wie lassen sich eigene Daten am besten schützen?

Der beste Schutz von Daten ist es, sie gar nicht erst zu veröffentlichen. Auf jeden Fall sollte man gerade mit persönlichen Daten wie Name, Adresse, Geburtstag oder Telefonnummer sparsam umgehen und sie nicht einfach so herausgeben. Fragt ein Angebot zu viele dieser Daten ab, sollte man sich überlegen, ob man es wirklich nutzen möchte. Manchmal gibt es auch datensparsame Alternativen. Generell gilt: Weniger ist mehr. Daten, die nicht online stehen, können auch nicht so leicht missbraucht werden.

Stiftung Medienpädagogik Bayern *(2022)*

Material 5

Der Fremde im eigenen Social-Media-Kanal

Das Bundesamt für Sicherheit in der Informationstechnik zeigt an einem fiktiven Fall auf, was passieren kann, wenn ein Account gehackt wird, und gibt Tipps für den Schutz vor digitalem Identitätsdiebstahl.

*Olli, was schreibst du da für einen Mist im Internet?!" Die Nachricht meiner Freundin Eva lässt mich stutzen. Im Internet? Dort habe ich seit etwa einem halben Jahr nichts mehr veröffentlicht. Ich navigiere zur App, um mir das genauer anzusehen. In meinem Online-Profil entdecke ich dutzende Nachrichten und Kommentare. Scheinbar habe ich vor zwei Stunden ein Video hochgeladen, das schlimmste Tierquälerei zeigt. Irgendjemand muss sich illegal Zugang zu meinem Social-Media-Account verschafft und dieses Video mit meinem Profil veröffentlicht haben! Was mache ich denn nun?**

Der Social Media-Account von Olli wurde gehackt: Unbefugte haben sich Zugang zu ihm verschafft. So konnten sie in Ollis Namen Inhalte verbreiten. Cyberkriminelle nutzen solch gehackte Accounts zum Beispiel, um rufschädigende Posts, Falschmeldungen oder gar Inhalte mit strafrechtlichen Konsequenzen zu veröffentlichen. In anderen Fällen versuchen sie etwa, das Vertrauen von engen Kontakten wie Familienmitgliedern zu gewinnen, und bitten diese, sie in einer vorgetäuschten Notlage finanziell zu unterstützen.

Olli hatte dabei Glück im Unglück: Das Passwort wurde noch nicht durch die Eindringlinge geändert. Er konnte also weiterhin auf seinen Account zugreifen. Das ist aber nicht immer der Fall. […]

Wie kommen Cyberkriminelle an meine Nutzerdaten?

Es gibt verschiedene Wege, auf denen Cyberkriminelle an Nutzerdaten gelangen. Im Fall von Olli ist zum Beispiel Folgendes denkbar:

- Olli nutzt Social Media-Apps selten und hat keine automatischen Updates eingestellt. Daher hat er mehrere Updates verpasst, die Sicherheitslücken schließen sollten. Das haben Kriminelle genutzt, um seine Daten auszulesen.
- Olli hat vor kurzem eine gefälschte E-Mail im Namen des Social-Media-Anbieters, eine sogenannte Phishing-Mail, erhalten. Er hat einen dort aufgeführten Link geöffnet und seine Zugangsdaten auf einer ebenso gefälschten Webseite eingegeben. Seine Zugangsdaten wurden dabei abgeschöpft.

- Olli nutzt für alle Social-Media-Konten das gleiche Passwort. Da Cyberkriminelle nach einem Datenleck die Daten einer anderen Plattform auslesen konnten, sind nun all seine Profile betroffen.
- Sicherheitsvorkehrungen wie beispielsweise starke Passwörter und Zwei-Faktor-Authentisierung erschweren es, einen Account zu hacken. Sobald Sie wieder die Kontrolle über Ihr Konto haben, ist es daher ratsam, verstärkt auf den Schutz Ihrer Accounts zu achten. Das BSI gibt dabei Tipps für den Schutz vor digitalem Identitätsdiebstahl.

**fiktiver Anwendungsfall*

Bundesamt für Sicherheit in der Informationstechnik

Material 6

Christof Kerkmann

Kommentar
Regulierung von Social Media: Zeit zum Aufrüsten!

Es ist richtig, dass der Staat Einblick in die Mechanismen der sozialen Medien verlangt. Das allein reicht aber nicht: Er muss technisch aufrüsten.

Die Corona-Impfung enthalte einen Microchip, Mobilfunkstrahlung verbreite das Virus, und der große Plan dahinter stamme von Bill Gates. Die Coronakrise zeigt es einmal mehr: Die sozialen Medien sind zu einer Quelle für Halbwahrheiten und Verschwörungsmythen geworden. Die Desinformation hat im digitalen Raum eine neue Dimension erreicht.

Mit dem Löschen von Lügen und Hass kommen Facebook, Youtube und die anderen Anbieter kaum hinterher. Es ist daher richtig, dass Regierungen in aller Welt Einblicke in die Mechanismen der Plattformen fordern.

Um die sozialen Medien effizient zu regulieren und gleichzeitig unerwünschte Nebeneffekte zu vermeiden, muss der Staat aber technische Kompetenz aufbauen – die häufig geforderte Offenlegung von Algorithmen allein bringt wenig.

Dass sich Verschwörungstheorien, Scheingewissheiten und anderer Unsinn so rasant verbreiten, hat mit den Mechanismen der sozialen Medien zu tun: Emotionen sorgen für maximale Reichweite – je krasser, desto besser.

Anders gesagt: Das Geschäftsmodell von Facebook trägt zur Polarisierung der Gesellschaft bei, trotz aller gegenteiligen Beteuerungen. Ein systematischer Ansatz zur Regulierung, der über die Löschung einzelner Beiträge hinausgeht, ist daher wichtig.

Die Materie ist allerdings komplex. Ein Algorithmus ist kein mechanisches Produkt, das immer gleich funktioniert wie ein Dieselmotor, seine Funktionsweise hängt entscheidend von den Daten ab, die zum Einsatz kommen. Die populäre Forderung nach der Offenlegung von Algorithmen allein tut es nicht. Es braucht auch eine systematische und kontinuierliche Analyse – und damit viel technisches Verständnis.

Aus den Analysen müssen die richtigen Schlüsse gezogen werden

Das geht nicht ohne Daten. Daher gilt es, Facebook, Google und Twitter in die Pflicht zu nehmen, Behörden und Forschungseinrichtungen umfangreiche Informationen zur Verfügung zu stellen – natürlich im Einklang mit den Datenschutzregeln, was es nicht unbedingt einfacher macht. Nur so lässt sich jedoch nachvollziehen, wie weit Fake News verbreitet werden, welche Nutzer diese in die Welt setzen und welche Organisationen dafür Anzeigen schalten.

Nicht zuletzt gilt es, aus den Analysen die richtigen Schlüsse zu ziehen. Dass „gut gemeint" nicht unbedingt „gut gemacht" ist, zeigt das Netzwerkdurchsetzungsgesetz, kurz NetzDG, das die Online-Plattformen zur Löschung offensichtlich rechtswidriger Inhalte verpflichtet – eine jüngst veröffentlichte Studie kommt zu dem Ergebnis, dass es häufig zum „Overblocking" kommt, also dem Löschen legaler Inhalte.

Handelsblatt *(2021)*

Mündliche Prüfungen vorbereiten

Die mündliche Prufung (das Kolloquium) gliedert sich in **zwei Prüfungsteile**, die jeweils 15 Minuten dauern. Im ersten Prüfungsteil erstellen Sie auf der Grundlage vorgegebenen Materials ein zehnminütiges Kurzreferat. Für diese Vorbereitung stehen Ihnen 30 Minuten zur Verfügung. Ob dieses Referat interpretierend, informierend und/oder argumentierend sein soll, gibt die Aufgabenstellung vor. Im Anschluss findet ein fünfminütiges Prüfungsgespräch statt, das vom Kurzreferat ausgeht. Der zweite Prüfungsteil beinhaltet ein Prüfungsgespräch zu den Lerninhalten aus zwei weiteren Ausbildungsabschnitten der Jahrgangsstufen 12 und 13, welche die/der zu Prüfende gewählt hat.

In diesem Kapitel geht es darum, Strategien zur Vorbereitung auf mündliche Prüfungen im Abitur kennenzulernen und anzuwenden sowie die im Abitur geforderten Aufgabenstellungen im ersten Prüfungsteil an Beispielen zu üben.

Vor Publikum reden – meine Möglichkeiten verbessern

Stellen Sie Blickkontakt zum Publikum her. ☐

Achten Sie auf einen festen Stand. ☐

Halten Sie Blickkontakt zum gesamten Publikum im Laufe Ihres Vortrags. ☐

Schauen Sie ohne Hektik auf Ihr Manuskript für den nächsten Abschnitt. ☐

Blicken Sie Ihr Publikum vor dem ersten Satz an. ☐

Kontrollieren Sie Ihre Atmung vor dem ersten Satz durch ein längeres Aus- und Einatmen. ☐

Beginnen Sie mit Ihrer Anfangsmotivation, Ihrem Augen- und/oder Ohrenöffner. ☐

Nehmen Sie Ihre Vortragsposition mit ruhigen Schritten ein. ☐

1. Erstellen Sie eine Reihenfolge der Vortragstipps, indem Sie entsprechende Ziffern eintragen.

2. Kategorisieren Sie die Vortragstipps nach denjenigen, die Sie bislang schon beherzigen, und denen, die Sie sich aneignen wollen.

3. Entwickeln Sie weitere Tipps für den Vortrag vor Publikum.

4. Beurteilen Sie, welche Tipps aus Ihrer Sicht für den (möglichst wirkungsvollen) Vortrag besonders wichtig erscheinen.

Checkliste zur Vorbereitung auf das mündliche Abitur im Lernteam

Für das mündliche Abitur kann man sich auch gut in Lernteams vorbereiten. Das gibt Ihnen die Möglichkeiten, die Vortragssituation in einer Prüfung zu erproben und einander Feedback zu geben.

Vorbereitungsschritt	(skizzierte) Fragen und Inhalte
Auswahl eines Mitglieds aus dem Lernteam als Prüfungskandidat/-in	
Auswahl einer alten Schulaufgabe oder Hausaufgabe und der zugehörigen Aufgabe/n (Kriterium: Eignung von Text und Aufgabe für eine mündliche Abiturprüfung, z. B. überschaubarer Umfang)	
Vorbereiten der Aufgabe in einer ruhigen Umgebung mit 30 Minuten Zeit: Erstellen von Notizen für den Vortrag	
Klären der Erwartungen durch ein oder mehrere andere Mitglieder des Lernteams (Teammitglieder nutzen die Unterlagen aus dem Unterricht zur Klausuraufgabe)	
Präsentation der Ergebnisse mithilfe der eigenen Notizen (ca. 10 Minuten): Wiederholen der Aufgabenstellung, Angabe des zu bearbeitenden Textes, Vorstellen der Lösung der Aufgabe mit stetiger Verbindung zur Textgrundlage	
„Beobachten durch das Lernteam während der Präsentation: Erfüllen der Erwartungen, Vortragstechnik (z. B. flüssiges Sprechen und Augenkontakt)“	
Feedback-Runde zu Gelungenem und zu dem, was noch verbessert werden sollte	

1. Erproben Sie die Prüfungssituation im ersten Teil der mündlichen Prüfung im Lernteam. Sie können dazu die Materialien auf den nächsten Seiten nutzen. Gehen Sie dabei so vor:
   - Bilden Sie drei- bis vierköpfige Lernteams.
   - Sichten Sie zunächst Ihr Material aus dem Unterricht (Arbeitsblätter, Mitschriften etc.) und gleichen Sie es untereinander ab.
   - Führen Sie die Simulation des ersten Teils (Präsentation der Arbeitsergebnisse) einer mündlichen Abiturprüfung nach dem oben beschriebenen Muster in der Checkliste durch.
   - Wiederholen Sie die Simulation, bis jedes Mitglied der Lerngruppe die Gelegenheit hatte, als Vortragende/-r zu agieren.
   - Geben Sie sich untereinander Feedback und erarbeiten Sie daraus Tipps für die mündliche Abiturprüfung.

Einen Text für das mündliche Abitur aufbereiten

Für den ersten Prüfungsteil wurde ein Auszug aus Georg Büchners Drama „Woyzeck" gewählt, das im Unterricht erarbeitet wurde. Bereiten Sie folgende Aufgabe für eine zehnminütige Präsentation („Kurzreferat" im mündlichen Abitur) vor.

▶ Aufgabenstellung

Interpretieren Sie den folgenden Textauszug aus Georg Büchners „Woyzeck" und zeigen Sie auf, inwieweit hier exemplarisch gesellschaftlich bedingte Ungleichheiten und Ungerechtigkeiten vorgeführt werden. Gehen Sie dabei auch auf Büchners Menschenbild ein.

Georg Büchner (1813 – 1837)

Woyzeck (Auszug, Szene 18)

Der Hof des Doktors

Studenten und Woyzeck unten, der Doktor am Dachfenster.

Doktor: Meine Herren, ich bin auf dem Dach wie David, als er die Bathseba sah; aber ich sehe nichts als die culs de Paris[1] der Mädchenpension im Garten trocknen. Meine Herren, wir sind an der wichtigen Frage über das Verhältnis des Subjekts zum Objekt. Wenn wir nur eins von den Dingen nehmen, worin sich die organische Selbstaffirmation des Göttlichen, auf einem so hohen Standpunkte, manifestiert, und ihre Verhältnisse zum Raum, zur Erde, zum Planetarischen untersuchen, meine Herren, wenn ich diese Katze zum Fenster hinauswerfe: wie wird diese Wesenheit sich zum centrum gravitationis[2] gemäß ihrem eigenen Instinkt verhalten? – He, Woyzeck, *(brüllt)* Woyzeck!

Woyzeck *(fängt die Katze auf)*: Herr Doktor, sie beißt!

Doktor: Kerl, Er greift die Bestie so zärtlich an, als wär's seine Großmutter. *(Er kommt herunter.)*

Woyzeck: Herr Doktor, ich hab's Zittern.

Doktor (ganz erfreut): Ei, ei ! Schön, Woyzeck ! - Reibt sich die Hände. *(Er nimmt die Katze.)*: Was seh' ich, meine Herren, die neue Spezies Hasenlaus, eine schöne Spezies ... *(Er zieht eine Lupe heraus, die Katze läuft fort.)* Meine Herren, das Tier hat keinen wissenschaftlichen Instinkt ... Die können dafür was anders sehen. Sehen Sie: der Mensch, seit einem Vierteljahr isst er nichts als Erbsen; bemerken Sie die Wirkung, fühlen Sie einmal: Was ein ungleicher Puls! Der und die Augen!

Woyzeck: Herr Doktor, es wird mir dunkel! *(Er setzt sich.)*

Doktor: Courage, Woyzeck! Noch ein paar Tage, und dann ist's fertig. Fühlen Sie, meine Herren, fühlen Sie! *(Sie betasten ihm Schläfe, Puls und Busen.)* Apropos, Woyzeck, beweg den Herren doch einmal die Ohren! Ich hab' es Ihnen schon zeigen wollen, zwei Muskeln sind bei ihm tätig. Allons, frisch![3]

Woyzeck: Ach, Herr Doktor!

Doktor: Bestie, soll ich dir die Ohren bewegen? Willst du's machen wie die Katze? So, meine Herren! Das sind so Übergänge zum Esel, häufig auch die Folge weiblicher Erziehung und die Muttersprache. Wie viel Haare hat dir die Mutter zum Andenken schon ausgerissen aus Zärtlichkeit? Sie sind dir ja ganz dünn geworden seit ein paar Tagen. Ja, die Erbsen, meine Herren!

1. Bearbeiten Sie in maximal 30 Minuten die oben abgedruckte Aufgabenstellung. Verwenden Sie außer einem Rechtschreibwörterbuch keine weiteren Hilfsmittel. Machen Sie sich Notizen und überlegen Sie sich auch eine sinnvolle Gliederung Ihres Referats.

[1] **culs de Paris** (frz.): Polster, die die Frauen der damaligen Mode entsprechend unter den Röcken trugen
[2] **centrum gravitationis** (lat.): eigentlich „centrum gravitatis": Schwerpunkt
[3] **Allons, frisch!** = Auf geht's, frisch!

2. Präsentieren Sie Ihre Arbeitsergebnisse vor Ihrem Lernteam (s. Checkliste auf S. 126).

3. Diskutieren Sie Ihren Vortrag im Lernteam unter den Aspekten inhaltliche Leistung, Vortrags- bzw. Darstellungsleistung und Vorgehen bei der Vorbereitung.

Sie haben für die mündliche Abiturprüfung in Deutsch als Schwerpunkt den Themenbereich „Die Lyrik der Gegenwart – Charakteristika, Strömungen“ gewählt. Für Ihr Referat für den ersten Prüfungsteil erhalten Sie folgende Aufgabenstellung:

▶ Aufgabenstellung

Interpretieren Sie das unten abgedruckte Gedicht und ordnen Sie es der Literatur der zweiten Hälfte des 20. Jahrhunderts zu.

Ulla Hahn (geb. 1945)

Als er zurückkam

Als er zurückkam mein Freund mein Geliebter
blass mager mich in den Arm nahm
begriff ich augenblicks dass er sterblich ist
mitten in seinem lebendigen Kuss. Wie noch nie
versicherte ich mich seiner Lippen der Zunge
ja mir war ich müsste mein Leben einfauchen
dem der mich so warm und verlässlich umschloss.
Wunder gebaren mir plötzlich all seine vierzig
Jahr alten Arme und Beine seine schöne Brust
sein Bauch sein Geschlecht sah ich mit eigenen Augen
nach Jahren so wie sie sind. Nein ich liebte ihn nicht
wie beim ersten Mal blindlings verschlossen. Nein ich liebte ihn
offenen Auges Blutes mit allen Kräften zum ersten Mal.
Seither denke ich anders an ihn wenn er nicht bei mir und
bei mir ist: er ist ein sehr kostbarer sehr vergänglicher Mensch.

(1993)

1. Bearbeiten Sie in maximal 30 Minuten die oben abgedruckte Aufgabenstellung. Verwenden Sie außer einem Rechtschreibwörterbuch keine weiteren Hilfsmittel. Machen Sie sich Notizen und überlegen Sie sich auch eine sinnvolle Gliederung Ihres Referats.

2. Präsentieren Sie Ihre Arbeitsergebnisse vor Ihrem Lernteam (s. Checkliste auf S. 126).

3. Diskutieren Sie Ihren Vortrag im Lernteam unter den Aspekten inhaltliche Leistung, Vortrags- bzw. Darstellungsleistung und Vorgehen bei der Vorbereitung.

Textquellen

Die Seitenzahlen in Klammern beziehen sich auf die Lösungsbeilage.

Seite 5 f.: „Nein, Facebook ist nicht schuld am Mob“ (FAZ.NET; 07.01.2021) © Alle Rechte vorbehalten. Frankfurter Allgemeine Zeitung GmbH, Frankfurt. Zur Verfügung gestellt vom Frankfurter Allgemeine Archiv.; Seite 14: Alfried Schmitz: Romantik, in: https://www.planet-wissen.de/kultur/literatur/romantik/index.html, Stand: 04.12.2019, letzter Zugriff: 18.02.2021 (gekürzt); Seite 17 f.: Christoph Keese: Romantik verzaubert die Wirklichkeit – Interview mit dem Schriftsteller Rüdiger Safranski, Welt online vom 16.09.2007, in: https://www.welt.de/kultur/article1187529/Romantik-verzaubert-die-Wirklichkeit.html, letzter Zugriff: 18.02.2021 (gekürzt); Seite 19: Novalis: Fragmente. In: Ders., Werke, hg. v. G. Schulz, C. H. Beck, München 1969; zit. nach: Best, Otto F./Schmitt, Hans-Jürgen (Hg.), Die deutsche Literatur. Ein Abriss in Text und Darstellung, Bd. 8, Romantik, Reclam, Stuttgart 1974 u. ö., S. 57; Seite 19: E. T. A. Hoffmann: Nachrichten von den neuesten Schicksalen des Hundes Berganza. In: Ders., Sämtliche Werke, hg. v. R. Schönhaar/A. Peine, Phaidon Verlag, Essen o. J., S. 80; Seite 19: Caspar David Friedrich: Äußerungen über die Kunst. In: Schmied, Wieland, Caspar David Friedrich, DuMont Buchverlag, Köln 1992, S. 43; Seite 20: Friedrich Schlegel: 116. Athenäums-Fragment. In: Ders., Kritische Schriften, hg. v. W. Rasch; zit. nach: Best, Otto F./Schmitt, Hans-Jürgen (Hg.), Die deutsche Literatur. Ein Abriss in Text und Darstellung, Bd. 8, Romantik, Reclam, Stuttgart 1974 u. ö., S. 22 ff.; Seite 20: Klassik und Romantik – Eine Übersicht, nach: Deutsche Literaturgeschichte, Verlag J. B. Metzler, Stuttgart 1992, S. 174 ff. (verändert); Seite 21: Novalis: Wenn nicht mehr Zahlen und Figuren. In: Ders., Schriften, Bd. 1, hg. v. Richard Samuel, Kohlhammer, Stuttgart 1960, S. 360; Seite 26: Twitter-Debatte um Autorin: „Satzzeichen machen Millennials Angst“, Kurier.at, pama vom 27.08.2020, in: https://kurier.at/freizeit/leben-liebe-sex/twitter-debatte-um-autorin-satzzeichen-machen-millennials-angst/401012546, Stand: 06.06.2024; Seite 28: Interpunktionszeichen in Schultexten und Chat-Nachrichten, aus: Florian Busch: Digitale Schreibregister. Kontexte, Formen und metapragmatische Reflexionen (Linguistik – Impulse und Tendenzen 92). De Gruyter, Berlin, Boston 2021; Seite 29: Korrektur aus Halle: Jugendliche verlernen mit WhatsApp nicht die Rechtschreibung, Leipziger Zeitung vom 16.7.2021, in: https://www.l-iz.de/bildung/leipzig-bildet/2021/07/korrektur-aus-halle-jugendliche-verlernen-mit-whatsapp-nicht-die-rechtschreibung-400842, Stand: 06.06.2024 (gekürzt); Seite 30: Viola Schenz: Liebe Journalisten, Moderatoren und Schriftsteller, könnt ihr damit aufhören, euch um die Satzzeichen zu foutieren?, Neue Zürcher Zeitung vom 07.03.2022, in: https://www.nzz.ch/feuilleton/liebe-journalisten-moderatoren-und-schriftsteller-koennt-ihr-bitte-damit-aufhoeren-euch-um-satzzeichen-zu-foutieren-ld.1672688, Stand: 06.06.2024; Seite 31: Nadine Conti: Bedeutungsschwere Satzzeichen: Anschreizeichen sind keine Diagnose, Taz 10.09.2023, in: taz.de/Bedeutungsschwere-Satzzeichen/!5955114/, Stand: 06.06.2024; Seite 32: Harald Martenstein: Über ein Satzzeichen, das mehr Aufmerksamkeit verdient, in: ZEIT Nr. 15, 2024 (ZEIT Magazin, S. 8); Seite 35 f.: Marco Beckendorf: Von blauen und roten Krawatten, in: https://lehrerfortbildung-bw.de/u_sprachlit/deutsch/bs/projekte/epik/kurzprosa/beckendorf/, letzter Zugriff: 18.02.2021; Seite 42 (11 Zitate): Ludwig Tieck: Zuversicht, aus: Ludwig Tieck: Gedichte. Teil 2, Lambert Schneider, Heidelberg 1967, S. 198 – 200; Seite 50 (13 Zitate): Mascha Kaléko: Rezept, aus: Mascha Kaléko: Die paar leuchtenden Jahre. Mit einem Essay von Horst Krüger. Hg. v. Gisela Zoch-Westphal. dtv Verlagsgesellschaft GmbH, München 2003, S. 21 f.; Seite 55 f.: Jean Anouilh: Antigone. Ins Deutsche übertragen von Franz Geiger. Albert Langen, Georg Müller Verlag, München, Wien 1993, in: Sophokles, Anouilh, Brecht u. a.: Antigone in Vergangenheit und Gegenwart. Hg. v. Johannes Diekhans. Schöningh, Paderborn 2005, S. 81 f., 88 ff.; Seite 61: Johann Wolfgang von Goethe: Italienische Reise. Ferrara bis Rom. Aus: Italienische Reise. Hg. v. Ch. Michel, Insel Verlag, Frankfurt a. M. 1976; Seite 62: Friedrich Schiller: Der Antritt des neuen Jahrhunderts. An ***. Aus: Werke in drei Bänden, hrsg. von Herbert G. Göpfert, Hanser Verlag, München 1976, S. 822 f.; Seite 63: Theodor Fontane: Mathilde Möhring. Aus: Ders.: Mathilde Möhring. Roman. Aufsätze zur Literatur. Causerien über Theater, Nymphenburger Taschenbuchausgabe in 15 Bänden, München 1969, S. 7 ff.; Seite 65: Jakob van Hoddis: Stadt. Aus: Weltende. Gesammelte Dichtungen. Hg. von Paul Portner. Arche Verlag, Zürich 1958, c Erbengemeinschaft Jakob van Hoddis; Seite 67 f.: Irmgard Keun: Gilgi - eine von uns. Claassen, Hildesheim 1993, S. 24 ff.; Seite 69: Günter Kunert: Der Schatten. Aus: Ders.: So und nicht anders. Ausgewählte Gedichte. Hanser, München 2002; Seite 70: Günter Kunert: Zentralbahnhof. Aus: Ders.: Tagträume in Berlin und andernorts. Hanser, München 1977 (gekürzt); Seite 71: Jana Hensel: Zonenkinder. Rowohlt, Reinbek bei Hamburg 2002 (gekürzt); Seite 72: Lutz Rathenow: Deutschland. Aus: Ders.: Verirrte Sterne oder wenn alles wieder mal ganz anders kommt. Merlin, Vastorf/Lüneburg 1994; Seite 72: Stefan Döring: III/9.

In: Der Deutschunterricht 4/1999: Gegenwartsliteratur, Friedrich Verlag, Hannover 1999; Seite 75: Heinrich von Kleist: Michael Kohlhaas. In: Texte.Medien. Erarbeitet von Wilhelm Große. Schroedel Verlag, Braunschweig 2007; Seite 77: Erich Fried: Nur nicht. Aus: Ders.: Es ist was es ist. Liebesgedichte, Angstgedichte, Zorngedichte. Verlag Klaus Wagenbach, Berlin 1983, S. 24; Seite 78: Amtliche Vorgaben für Schülerzeitungen. Art. 63 Schülerzeitung, zitiert nach: https://www.gesetze-bayern.de/Content/Document/BayEUG-63, Stand: 12.06.2024 (gekürzt); Seite 79: Rainer Maria Rilke: Liebes-Lied. Aus: Neue Gedichte (1907). In. Rainer Maria Rilke: Sämtliche Werke. Hg. vom Rilke-Archiv in Verbindung mit Ruth Sieber-Rilke besorgt durch Ernst Zinn. Erster Band: Gedichte. Erster Teil. Insel Verlag, Frankfurt am Main 1955 (Taschenbuchausgabe: 1987). S. 482; Seite 82f. (33): Sabine Mayr: Die Bedeutung der Medien im Roman, nach: EinFach Deutsch Unterrichtsmodell. Juli Zeh: Corpus Delicti. Erarbeitet von Sabine Mayr, hrsg. von Johannes Diekhans, Schöningh, Paderborn 2013, S. 75ff.; Seite 87, 88f., 91, 95f., 98 (33ff.): Alexandra Wölke: Sophokles: Antigone verstehen. Der Inhalt im Überblick/Beispiel für eine aspektgeleitete Analyse (Auszug)/ Von Göttern und Menschen: Antike Mythologie (Auszüge)/Ein Blick auf die Figuren (Auszug). EinFach Deutsch, hrsg. von Johannes Diekhans, Schöningh, Paderborn 2011, S. 7–9, S. 125, S. 62–65, S. 93–94, mit Veränderungen; Seite 100, 102: Conrad Ferdinand Meyer: Die Füße im Feuer (Auszüge). Aus: Ders.: Sämtliche Werke. Droemersche Verlagsanstalt, o. J.; Seite 106: Georg Heym: Der Abend. Aus: Karl Otto Conrady (Hg.): Das große deutsche Gedichtbuch. Athenäum Verlag, Kronberg 1977, S. 709; Seite 106: Selma Meerbaum-Eisinger: Abend. Aus: Dies.: Ich gehe mit der Nacht vereint. Gedichte. Hg. von Markus May. Reclam, Ditzingen 2013, 2021, S. 31; Seite 107f.: Botho Strauß: Groß und Klein. Spectaculum 33. Suhrkamp, Frankfurt a. M. 1980, S. 102ff. (gekürzt); Seite 109f.: Thomas Mann: Buddenbrooks. Fischer Taschenbuchverlag GmbH, Frankfurt a. M. 1993, S. 338ff. (VI. Teil, 5. Kapitel) (gekürzt); Seite 111: Das Streiflicht, Süddeutsche Zeitung vom 5.5.2024, in: www.sueddeutsche.de/politik/glosse-das-streiflicht-1.6944063?reduced=true, Stand: 12.06.2024; Seite 112 f.: Dietmar Neuerer, Teresa Stiens: Wenn KI die Gesellschaft spaltet. Handelsblatt Nr. 124 vom 30. JUNI/1./2. JULI 2023, HANDELSBLATT MEDIA GROUP GMBH & CO. KG, Düsseldorf (gekürzt); Seite 114: Interview mit Peter Sommerhalter, Initiative gegen Cybermobbing, in: Lijana Kaggwa: „Du verdienst den Tod!“. Wie Cybermobbing Menschen und die Gesellschaft zerstört und wie wir wieder mehr Respekt ins Netz bringen, Komplett Media GmbH, München 2023 (gekürzt); Seite 115: Julia Kopatzki: Ist doch nur Internet, in: fluter Nr. 82, Bildungszentrale für politische Bildung, Bonn (gekürzt), in: https://www.fluter.de/sites/default/files/fluter_82_soziale_medien_40-42.pdf, Stand: 12.06.2024; Seite 117: Schwarmintelligenz, Bundeszentrale für politische Bildung, Bonn, in: https://www.bpb.de/themen/medienjournalismus/medienpolitik/500720/schwarmintelligenz/, Stand: 12.06.2024; Seite 118: Mauro Mùnafo: Der Teufelskreis der Gewalt, aus: Mauro Mùnafo: Fake News, Cybermobbing und Internet-Hass. Wie erkennen und wie sich dagegen wehren? Midas Sachbuch, Zürich 2021, S. 121; Seite 120: Was sind persönliche Daten? Aus: Social Media: Privatsphäre & Selbstdatenschutz. Stiftung Medienpädagogik Bayern, S. 3; Seite 120ff.: Social Media: Sind die sozialen Medien noch zu retten? Ein Gastbeitrag von Christian Stöcker, Julia Ebner und Christian Montag. ZEIT Online vom 17.01.2023, aus: https://www.zeit.de/digital/internet/2023-01/social-media-algorithmen-transparenz-gefahren, letzter Zugriff: 27.07.2023 (gekürzt); Seite 122f.: Warum ist Selbstdatenschutz wichtig? Aus: Social Media: Privatsphäre & Selbstdatenschutz. Stiftung Medienpädagogik Bayern, S. 4ff. (gekürzt); Seite 123f.: Der Fremde im eigenen Social-Media-Kanal. Bundesamt für Sicherheit in der Informationstechnik. Aus: www.bsi.bund.de/DE/Themen/Verbraucherinnen-und-Verbraucher/Informationen-und-Empfehlungen/Wie-geht-Internet/Identitaetsdiebstahl-Social-Media/identitaetsdiebstahl-social-media_node.html, Stand: 12.06.2024 (gekürzt); Seite 124: Christof Kerkmann: Regulierung von Social Media: Zeit zum Aufrüsten! Handelsblatt vom 06.04.2021. Aus: www.handelsblatt.com/meinung/kommentare/kommentar-regulierung-von-social-media-zeit-zum-aufruesten/27062634.html, letzter Zugriff: 27.07.2023; Seite 127: Georg Büchner: Woyzeck, hrsg. v. Johannes Diekhans, Schöningh, Paderborn 2011; Seite 128: Ulla Hahn: Als er zurückkam. Aus: Dies.: Liebesgedichte. Deutsche Verlagsangstalt, Stuttgart 1993, S. 66

Bildquellen

|akg-images GmbH, Berlin: 15.1, 21.1, 67.1, 92.1, 95.1; NordicPhotos 55.1; Quagga Media UG 91.1. |Alamy Stock Photo (RMB), Abingdon/Oxfordshire: GRANGER - Historical Picture Archvie 69.1. |Baaske Cartoons, Müllheim: Thomas Plaßmann 117.1. |bpk-Bildagentur, Berlin: 100.1; GvrPK/Eigentum des Haus Hohenzollern/Anders, Jörg P. 42.1. |Bridgeman Images, Berlin: 98.1. |Domke, Franz-Josef, Wunstorf: 43.1. |Druwe & Polastri, Cremlingen/Weddel: 84.1. |fotolia.com, New York: contrastwerkstatt 12.1; dudadidi 83.1; momius 123.1; Robert Kneschke 49.1; robsonphoto 128.1. |Getty Images (RF), München: blackwaterimages 1.1, 1.2. |iStockphoto.com, Calgary: DMEPhotography 1.3; Steve Debenport 126.1. |Picture-Alliance GmbH, Frankfurt a.M.: APA/picturedesk.com/Techt, Hans Klaus 87.1; Claudia Esch-Kenkel 108.1; dpa Themendienst 33.1; dpa, „Buddenbrooks - Ein Geschäft von einiger Größe" © 2007 Bavaria Film/Stefan Falke 110.1; dpa-infografik GmbH 120.1; dpa/dpa-infografik GmbH 118.1; Imagno 77.1; ZB/Schindler, Karlheinz 17.1; ZUMAPRESS.com/Suarez, Essdras M. 5.1. |Shutterstock.com, New York: Monkey Business Images 35.1. |stock.adobe.com, Dublin: Dierks, Janina 105.1; fotomek 113.1; haiderose 106.1; insta_photos 28.1. |Süddeutsche Zeitung - Photo, München: Scherl 50.2. |Thiele, Jens, Oldenburg: Illustration von Jens Thiele, 2013. www.jensthiele.de 102.1. |ullstein bild, Berlin: Boom 71.1; ddp 69.2; Fotografisches Atelier Ullstein 50.1; Gezett 70.1; Imagno 79.1.